씨앗이 자라는 소리

EDWINA GATELEY
I HEAR A SEED GROWING

Copyright © 1990, 2010 by Edwina Gateley

All rights reserved.

Translated by YOU Jung-Weon

Korean translation copyright © 2014 Benedict Press, Waegwan, Korea.
Korean translation edition is published by arrangement with Orbis Books
Maryknoll, New York.

씨앗이 자라는 소리
2014년 6월 30일 초판 1쇄
2014년 9월 4일 초판 2쇄
지은이 · 에드위나 게이틀리
옮긴이 · 유정원
펴낸이 · 박현동
ⓒ 분도출판사
등록 · 1962년 5월 7일 라15호
718-806 경북 칠곡군 왜관읍 관문로 61
왜관 본사 · 전화 054-970-2400 · 팩스 054-971-0179
서울 지사 · 전화 02-2266-3605 · 팩스 02-2271-3605
www.bundobook.co.kr
ISBN 978-89-419-1412-9 03230
값 15,000원

이 책의 한국어판 저작권은
Orbis Books와 독점 계약한 분도출판사에 있습니다.
저작권법에 의해 한국 내에서 보호를 받는 저작물이므로
무단 전재와 무단 복제를 금합니다.

씨앗이 자라는 소리

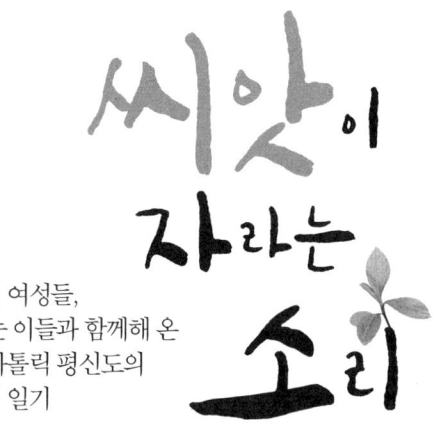

성매매 여성들,
집 없는 이들과 함께해 온
어느 가톨릭 평신도의
사도직 일기

에드위나 게이틀리 지음 | 유정원 옮김

분도출판사

오랫동안 이 여정을 함께한
절친이자 영혼의 자매인
마리아 가브리엘을 기억합니다.

돌로레스, 이렌느, 로리, 낸시, 수잔, 컵케이크,
크리켓, 라우라, 캐롤, 니키, 나딘, 메치와
일찍이 고통을 겪고 이 도시와 거리에서 폭력으로 죽어 간
수많은 여성들도 기억합니다.

또한 수지, 올리비아, 브랜다, 토이, 게일, 캐서린과
'소피아 서클'의 모든 용감한 여성들도 기억합니다.
그들은 끝없는 부조리에 맞서
새로운 삶과 자신의 존엄성을 지키고자
오늘도 싸우고 있습니다.

이 책으로 인해 시각을 새로이 하는 이들이
점점 더 많아지기를 바라 마지않습니다.

차례

개정판(2010년) 발간사 _ 조앤 치티스터   9
초판(1990년) 발간사 _ 로즈메리 래드퍼드 류터   17
감사의 글   23

　들어가며   25
1 오두막   27
2 피정   63
3 거리에서   97
4 테디 베어 이야기   135
5 보금자리   225
6 새로운 창조   373
　맺으며   379

개정판(2010년) 발간사

조앤 치티스터

『씨앗이 자라는 소리』는 참 좋은 책입니다. 그 자체로 충분히 보증할 만한 책이지요. 그런데 이 책은 그 이상의 가치도 담고 있습니다. 우리는 이 한 권의 책에서 두 가지 이야기를 만나게 됩니다.

하나는 우리와 같은 대다수 사람들, 성매매에 대해 거의 혹은 전혀 모르는, 중산층의 교육 혜택을 받고 전문직에 종사하는 표준 시민들의 세계에 대한 이야기입니다.

다른 하나는 중산층 세계에 몰두해 살아가느라 대부분 지나쳐 버려서 극히 일부 사람만 알고 있는 삶에 대한 이야기입니다. 표면적인 이야기 뒤에 감춰진 이 이야기야말로 사람들과 소통하는 사도직의 실상과 위험과 의미에 대해 많은 것을 알려 줍니다.

『씨앗이 자라는 소리』는 대도시 길모퉁이를 배회하고 아무 데서나 잠을 청하는 성매매 여성들의 고통과 갈등을 다룹니다. 그 가운데 '테디 베어'라는 여자는 자신과 친구들이 살아가는 곳으로 우리를 인도합니다. 우리들이 사는 곳과는 너무나 딴판인 세계로 ⋯.

우리는 쪽방과 밤의 쉼터에서 풍겨 나오는 냄새를 맡습니다. 잘 차려 입은 손님들이, 약에 취한 채 속옷 차림으로 늘어선 여자들을 힐끗거리며 그중 한 명을 고르는 모순된 순간을 목격하지요. 그런 식으로 인간의 존엄성을 내동댕이친 채 무가치하고 혼란스럽게 사는 모습에 우리는 눈살을 찌푸리고 맙니다.

이 책은 그런 우리 마음을 헤집어 놓고 일침을 가합니다. 늘 지나다니는 거리와 우리 이웃을 평소처럼 보는 데서 벗어나게 합니다. 이 사회의 보이지 않는 면면을 드리우고 있던 장막을 벗겨 내 버립니다.

이 부분에서 우리는 알 수 없는 호기심에 빠져들게 되지요. 정말로 그렇게 사는 사람들이 있다고? 그런 일이 실제로 일어나고 있단 말이지? 도대체 무슨 이유로? 어째서 여자들이 그런 일을 하는 거지? 왜 그만두지 못하는 걸까? 무엇이 그들을 그렇게 잘못된 길로 접어들게 만들었단 말인가?

여기서 우리는 복음서의 바리사이처럼 "제가 그런 사람들과 같지 않으니, 하느님께 감사드립니다"라고 자위하는 자신과 만나고 시험에 빠집니다. 우리는 자기 자신이 루카 복음서(18,9-14)에 나오는 바리사이와 똑같은 심정이라는 것을 확인하게 됩니다. 우리 자신이 분명 그들보다 낫고, 최소한 그들과는 다르다고 말이지요.

우리는 이 부분에서 지식적으로나 영적으로 많은 것을 깨닫습니다. 이를테면, 성매매는 여자의 직업이 아니고 그랬던 적도 없었다는 사실을 확인하게 됩니다. 오랜 세월 동안 성매매는 여자들을 소유할 수 있었던 남자들의 일이었습니다. 지금도 여전히 성매매를 주선하고 성매매로 재미를 보는 것은 남자들입니다. 포주도 남자들이고, 성매매를 통해 가장 큰 이득을 보는 것도 그들입니다.

길거리를 배회하는 성매매 여성 대다수가 어렸을 때 성적 학대를 받았다는 절망적 현실도 확인할 수 있습니다. 성매매는 여자의 일이 아닙니다. 오히려 여자를 모독하는 행위이지요.

그렇다면 어째서 그들을 돕지 않는 걸까요?

이것이야말로 이 책의 중요한 내용이자 모두가 알아야 할 점입니다. 이 지점에서 우리는 뜨끔하고 좌절하고 분노하고 긴장하게 됩니다. 그러나 이것은 표면적인 이야기 뒤에 감춰진 이 두 번째 이야기의 전초전일 뿐입니다.

그리고 이 두 번째 이야기야말로 우리와 연관이 있습니다. 우리 자신에게 중요한 이야기이자 고민을 불러일으키는 이야기, 우리 자신을 각성시키고 절망으로 허우적거리게 만드는 이야기이지요. 또한 이것은 여성 노숙인들과 성매매 여성들의 보금자리인 '창조의 집' 설립에 관한 이야기이기도 합니다.

이 두 번째 이야기는 지독한 가난과 고질병, 오랜 중독과 학대, 만성적 자포자기에 빠진 이들을 위해 사도직을 수행하는 모든 이를 위한 이야기인 동시에, 오랜 시간 무감각하고 우울하거나 스스로에게 분노하고 있는 우리 자신의 이야기입니다. 이것은 더 나아지길 바라는 우리들 이야기입니다. 더는 궁지에 몰리는 사람들이 없이 그들도 우리처럼 평범하게 살아가길 바라는 이들은 어떠한 형태의 결핍이든 해결해 가면서 모두를 위한 새 세상을 이루어 나갑니다.

이 두 번째 이야기는 에드위나 게이틀리 개인에 관한 이야기이기도 합니다. 참된 그리스도인으로 살려는 이 젊은 여성은 가장 버림받은 이들인 성매매 여성들과 동행하고자 세상의 변방으로 나아갑니다. 몇 달에 걸쳐 망설임과 식별의 과정을 거친 그녀는 특별한 계획 없이 무일푼인 채로, 어떤 일을 해야 하는가에 대한 사전 지식이나 전문적인 도움도 없이 시카고 거리를 찾아갑니다. 그녀는 거리 사도직을 위해 아무런 훈련도 받지 않은 상태였고, 자신이 돕고자 하는 성매매 여성들이 정말 원하는 것이 무엇인지조차 몰랐습니다. 이 이야기는 우리를 저마다의 삶의 변방으로 안내하면서, 우리 자신이 인생을 어떻게 살아가고 있는지 다시금 뒤돌아보게 해 줍니다.

그런데 이 이야기는 에드위나 개인의 틀을 넘어서는 무언가에 대해서도 말해 줍니다. 이것은 고약한 삶의 굴레에 묶인 이들을 도와주려는 모든 사람에 대한 이야기이기도 합니다.

에드위나는 자기 주위에 있는 거리의 여성들을 돕는 사도직에 대해서 고통스러우리만치 솔직하게 털어놓습니다. 이 부분에서 우리는 자신의 사명을 수행할 때 품기 마련인 희망과 목표, 계획과 기대에 대해 숙고해 볼 기회를 가지게 됩니다. 바로 그런 것들이, 활동에 임할 때 가장 힘겹게 붙들고 씨름해야 하는 것인지 모른다는 사실을 발견하게 될 것입니다. 어째서 이제는 그 일이 처음 시작했을 때만큼 즐겁지 않은지, 일의 목표와 가능성에 대해 의심하기 시작하는 까닭은 무엇인지, 문제의 핵심에 놓인 인간적 측면을 어쩌다 놓쳐 버렸는지 확인하게 될지도 모릅니다.

에드위나가 걸어온 몇 년간의 여정을 가까이서 들여다보면서, 우리는 그녀가 처음 일을 시작했을 때의 의욕과 마주하는 한편, 오래고도 힘든 시간을 보내면서 좌절을 겪고 난 후에야 일구어 낸 단단한 승리를 목격합니다. 여기서 우리는 사도직의 진정한 의미를 배웁니다. 우리가 봉사하려는 사람들을 포기하거나 자기 자신이 부적격자라고 포기하기 전에, 우리의 사도직이 진정 무엇을 요구하는지 이해하게 되는 것이지요.

이 책은 흔치 않은 질문을 우리에게 던집니다. 갈릴래아에서 예루살렘까지 나병 환자들을 치유하고 죽은 이를 살려 내면서 걸어가신 예수의 용기를 배우려는 이들을 아주 천천히 영적인 성숙을 향해 나아가게 해 주는 이 질문들은, 또한 사도직과 봉사자에 대한 전형적인 비판들을 다루면서 영혼의 예민한 촉수를 건드립니다.

1. 어떤 사람 혼자서 여러 사람의 마음과 영혼을 상대로 끝없는 레슬링 시합을 펼칠 수 있을까요? 쉴 새 없이 밀려드는 사람들, 저마다 개성이 넘치지만 동시에 비슷한 상황에서 고통 속에 신음하는 이들을 위해, 튼튼한 공동체의 뒷받침 없이 홀로 사도직을 수행하는 것이 가능한 일일까요? 그렇게 사도직에 임하는 이들은 무슨 일을 겪게 될까요? 그들이 열악한 상황 속에서도 굳건히 서 있으려면 어떻게 해야 할까요?

2. 빈곤이나 중독이나 인격 성숙의 문제처럼 도무지 난공불락인 사안들에 대해, 한 사람이 세상에 '인식의 전환을 가져오는 일'이 참으로 가능할까요? 만약 불가능하다면, 어째서 그런 문제들에 달려드는 것일까요? 자기 삶에서 지켜 내야 할 것들을 포기하면서까지 그런 일에 시간을 쏟아붓는 까닭은 무엇인가요?

3. 인간을 변화시키는 기적 같은 일들이 정말 일어날까요? 다른 존재가 되기 위해서 과연 인간은 현재의 모습에서 벗어날 수 있을까요? 아니라면 그저 자신이 살아온 삶 속에 머물러 있을 뿐인가요? 그들이 과거의 삶에 머물러 있을 뿐이라면, 이때 사도직을 수행하는 이들의 역할은 무엇인가요? 행위를 통제하거나 아니면 북돋아 주거나, 사람들이 목표를 향해 열심히 노력하는 한에서 그들의 욕구들을 지탱해 주거나 희망을 가지고 새로운 삶을 살게 해 주는 것이 사도직의 역할일까요? "원하

는 바를 이룰 때까지 이미 이루어진 척하세요"라고 말하는 심리상담사도 있습니다만, 그 말이 맞을까요? 정말로 그렇게 될까요?

4. 이러한 사도직으로 자신을 인도하는 것이 무엇인지 마음속으로 스스로에게 물어본 적이 있나요? 지금 이곳에서 나의 목표는 무엇인가요? 이렇게 해야 한다고 생각하는 나를 조종하는 것은 무엇인가요? 내가 만나는 사람들을 위해 이 자리에서 내가 견지해야 할 목표와 기대는 무엇인가요? 여기 있는 또 다른 이유가 있나요? 내 목표가 이 사람들에게 정말 유익한 것인가요?

5. 자신의 사도직에 대해 마음속에서 일어나는 느낌들을 어떻게 다루고 있나요? 그 느낌들을 손님처럼 여기나요? 내적으로 받아들이나요? 또 어떤 느낌들이 일어나나요? 한 사람으로서, 한 인격체로서, 한 명의 봉사자로서 나에게 이 일은 무엇인가요?

6. 이 모든 것 안에서 하느님은 어디 계실까요? 여기서 내가 하느님께 기대하는 것은 무엇인가요? 또 하느님이 나에게 기대하시는 것은 무엇일까요? 나를 찾아온 이들에게 하느님이 기대하시는 것은 무엇일까요?

7. 나는 성공에 얼마나 집착하고 있나요? 이러한 사도직에서 성공처럼 보이는 것은 무엇일까요?

이 질문들에 전문적인 답변을 준비할 필요는 없습니다. 그 대답은 학문적 인정을 받는 것 너머에까지 닿아 있기 때문이지요. 날마다 일어나서 걸어갈 수 있는 그곳에는 결승점도, 점수도, 이겨야 할 경쟁 상대도, 승리자에게 주는 상금도 없습니다.

다만 우리 영혼의 밭에는 더욱 무성히 자라날 씨앗들이 뿌려지고, 더는 폭풍우와 척박한 대지와 모래사막과 꽃들의 죽음에 굴복하여 나무들이 꺾이지 않게 될 것입니다.

그때, 방탕한 아들이 집으로 돌아오는 것을 환영하고 간음하다 잡힌 여인을 풀어 주시는 하느님을 부르며 오는 누군가가 하느님의 현존을 참으로 보여 줄 수 있을 것입니다.

초판(1990년) 발간사

로즈메리 래드퍼드 류터

이 책에는 에드위나 게이틀리라는 영국 가톨릭 평신도 선교사가 겪은 5년간의 이야기가 담겨 있습니다. 그녀는 1년 가까이 숲 속에서 깊은 명상의 시간을 보내며 하느님이 들려주시는 말씀에 귀 기울이려 노력한 후에, 시카고의 성매매 여성들과 함께하기로 마음먹습니다. 그렇게 사도직을 수행하면서 '창조의 집'이라는 보금자리를 일구어 나갑니다.

한편 이 책에는 '하느님과 인간, 그리고 이 세상'에 대한 더 깊은 이야기가 들어 있습니다. 인간의 삶 가운데, 특히 가부장적인 사회에서 가장 학대받는 이들에게 초점을 맞추어 진지한 통찰을 전개해 나갑니다. 학대를 자행하고도 냉담한 태도를 취하는 이들과도 마주하게 됩니다.

이 책은 하느님께 온전히 자기 자신을 열고서 사도직을 수행하는 그리스도인이 어떤 도전을 받는지 밝혀 줍니다. 또한 사람들, 가장 허물어진 하느님의 자녀들에게 하느님의 치유하시는 힘이 미치도록 사도직을 수행하는 과정에서 어떤 저항에 직면하는지도 보여 줍니다.

에드위나 게이틀리는 시카고 거리에서 살아가는 사람들, 처마 밑이나 공원에서 잠을 청하는 노숙자들, 쉼터 계단과 무료 급식소로 몰려드는 이들 곁으로 우리를 이끌어 그들과 생생하게 만나게 해 줍니다. 거리를 떠돌거나 성매매 업소에서 손님을 기다리는 성매매 여성들, 그들을 학대하는 포주들, 그들의 접대를 받으러 오는 손님들을 우리는 만나게 됩니다. 또 우리는 에드위나가 벌이는 사도직 언저리로 다가오는 이들을 스쳐 지나치거나, 술집과 성매매 업소와 길모퉁이에서 그녀와 대화하는 그들과도 잠시 조우합니다.

에드위나가 방문하는 성매매 업소 업주는 세상을 저주하면서도 에드위나의 사도직을 돕겠다며 20달러를 기부하고 지역 교회에서 설교하는 에드위나의 강론을 듣기 위해 교회로 자기 업소 '아가씨들'을 데려갑니다. 이런 이야기 속에서 종교는 때때로 성매매와 불가해하게 얽혀 들지요. 업주는 업소 사무실 벽에 성화를 걸어 놓는가 하면, 재의 수요일에는 업소 탁자에 달걀을 올려놓고 이마에 재를 묻힌 채 지내기도 합니다. '아가씨들'에게 단식을 강요하기도 하고요.

사제복을 벗은 한 고객은 성적인 환상과 종교를 뒤섞어서 자기 앞에 여성들을 무릎 꿇리고는 '용서를 빌라'고 요구합니다.

이런 부조리 속에서 성매매 여성들은 때때로 하느님과 진실하게 만나기도 합니다. 그들은 자신의 실패를 씁쓸하게 인정하면서도, 하느님이 자신들을 사랑하신다는 사실과 그분이야말로 자신들을 멸시하는 이 세상에서 힘이 되어 주시는 유일한 원천임을 확신합니다. 우리는 창조의 집 공동체가 지하 기도실에 종종 모여 기도하는 것을 봅니다. 사제와 수도자, 성매매 여성과 포주와 단골, 알코올중독자들이 하느님의 백성으로 함께 모입니다. 갈라진 이들의 모든 분열이 이러한 하느님 나라 잔치의 표징을 통해 극복됩니다.

노숙자와 약물중독자와 성매매 여성들의 세상 배후에는 또 다른 세상이 있습니다. 그 세상에서 사회적으로 존경을 받는 이들은 사실, 상처와 고통으로 신음하며 거리로 내몰린 사람들을 학대하고 방치해 버린 근원입니다. 성매매 여성 대부분은 어렸을 때 성적·정신적으로 학대를 당한 이들입니다. 그들은 어린아이였을 때 친아버지나 의붓아버지, 삼촌, 할아버지에게 성폭행을 당했습니다. 그들은 어머니와 아버지에게 얻어맞고 사랑 한 줌 받지 못했습니다. 학대받던 집에서 거리로 뛰쳐나온 그녀들은 포주들과 새로운 학대 관계에 들어갑니다. 포주는 그녀들을 팔아먹고 때리고 돈을 빼앗고 그들의 몸과 영혼을 지배하고 옭아맵니다. 때로는 그들의 목숨을 빼앗기도 합니다.

그런데 이 여성들은 이토록 폭력적이고 비참한 관계를 끊어 내지 못하고 질질 끌려다닙니다. 왜 그런 것일까요? 어린 시절 깊이 각인된 경험이 상처투성이 사랑을 지속하게 하는 걸까요? '그는 나를 사랑해. 비록 나를 때리고 돈을 빼앗고 나를 하찮게 여기긴 하지만 …' 하는 식의 병적인 반복이 이 이야기를 관통하고 있습니다.

학대와 폭력의 희생자는 이 여성들만이 아닙니다. '집시'라는 술주정뱅이 부랑자는 어린 시절 아버지가 몇 시간 동안이나 그를 곡식 낱알이 흩어진 바닥에 무릎을 꿇려 놓았고, 할아버지는 그에게 세 살 때부터 술을 먹였습니다. '에스키모 조'는 베트남전쟁의 살육 현장의 악몽에서 헤어 나오지 못하는 고통을 호소합니다. 고객들은 정장 차림으로 업소를 찾아왔다가 '존경받는' 자기네 세계로 돌아가지만 그들에게도 삶은 녹록지 않다고 털어놓습니다. 성매매 여성들은 학대를 받는 것을 넘어 범죄자로 내몰리기까지 합니다. 정복을 한 채 업소를 찾아와 성 접대를 받던 경찰이 길거리에서는 안면몰수하고 그녀들을 체포합니다.

에드위나 이야기에서 중요한 인물은 일명 테디 베어, 바로 돌로레스입니다. 20대 후반의 멕시코 여성인 돌로레스는 기숙학교로 보내질 때까지 친어머니에 의해 방에 감금된 채 어린 시절을 보냈고, 결국은 거리로 나왔습니다. 이 책의 상당 부분이 돌로레스의 일기이고, 에드위나가 쓴 시와 일기와 어우러져 있습니다. 돌로레스는 삶과 희망을 추구하고, 알코올중독과 절망적인 자기 파괴에서 벗어날 결심을 합니다. 또 그녀는 자기 포기의 늪에 빠지지 않고 맑은 정신으로 살고자 거듭 다짐하면서 자기 자신을 찾아가고자 애씁니다. 에드위나와 함께하는 동안 그녀는 숲 속 오두막에서 치유되어 가고 하느님이 만드신 자연 속에서 기뻐하며 스스로를 신뢰하는 법을 배워 나갑니다. 에드위나 곁에서 돌로레스는 하느님과 대화하고, 때때로 하느님도 돌로레스에게 답장을 보내 주십니다. 하느님은 돌로레스를 위해 그곳에 계시고, 죽음의 세력에서 벗어나 온전해지는 은총을 끊임없이 그녀에게 내려 주시지요. 에드위나 역시 똑같은 치유의 은총을 받으며 그 자리에 함께합니다.

그러나 하느님도 에드위나도 돌로레스에게 '생명을 선택하게' 할 수는 없었습니다. 생명은 돌로레스 스스로 선택해 나가야 하는 것이었으니까요. 그녀는 자신을 믿고, 자신이 치유 프로그램과 교육과 자활을 충분히 이행할 가치가 있음을 신뢰해야 했습니다. 하지만 그녀는 결국 실패하고 맙니다. 우리는 그녀가 서서히 죽음의 힘에 굴복하여 살아갈 의지를 잃어 가는 모습을 안타깝게 바라봅니다. 어떤 독자는 실패와 좌절의 전말을 지켜보면서, 그녀에게서는 미래나 삶에 대한 기대를 찾아볼 수 없었다고 말할지도 모르겠습니다. 1985년 10월 2일에서 3일 사이, 돌로레스는 쪽방에서 숨을 거둡니다.

에드위나는 자신이 돌로레스를 구원할 수 없다는 사실을 서서히 깨달아 가면서, 다른 사람들에게 하느님의 치유하시는 힘을 전해 주는 것의 의미가 무엇인지, 거리 사도직이 과연 어떤 것인지를 더 잘 이해하게 됩니다. 은총이 인간을 강제로 몰아갈 수는 없습니다. 그것은 하느님이 주시는 자유로운 선물인 만큼 자유롭게 받아들여질 따름이지요.

다른 이들에게 학대를 당했을지라도 성매매 여성이든 약물중독자든 결국은 자신의 삶에 책임을 져야 하며, 스스로를 희생양으로 만드는 것을 그치고 자신을 사랑하기로 결심해야 합니다. 우리 사회에서 가장 상처 입은 이들과 함께하는 사도직은 대개가 기다림과 끝없는 인내와 도움이 필요한 일이며, 희생자들 자신만이 변화를 만들어 낼 수 있음을 알아 가는 일입니다.

사도직의 의미가 점점 깊이를 더해 가는 가운데 우리는 하느님의 현존과 본성을 재정립하는 체험도 하게 됩니다. 희생자들, 특별히 성적 학대를 당하는 여성들에 대한 세상의 위선을 뒷받침하는, 분노하고 심판하는 하느님은 치워 버리십시오! 우리를 어린애 취급하고, 우리 대신 모든 일을 처리하고, 외부의 힘에 우리를 의존하게 하는 하느님일랑 내던져 버리세요!

이 책에 등장하는 하느님은 '그'보다는 '그녀', 아버지보다는 어머니에 가깝습니다. 그러나 성별보다 더 중요한 것은 신적인 사랑과 힘이 지닌 특성이지요. 그 사랑은 무조건적이고 '강인합니다'. 때로 그 사랑은 희생자들의 자기 파괴 행위를 방조하지만, 그들이 변화할 준비가 되었을 때는 항상 사랑으로 곁에 머무릅니다. 하느님의 힘은 우리 최선의 노력과 상충하지 않으며 그 속으로 스며들어 우리 삶을 충만하게 해 주십니다.

하느님은 당신 자녀와 함께 **고통당하시고** 자녀들이 응답하길 기다리면서 밤새 걱정하시고 안절부절못하시곤 합니다. 이 책에는 에드위나가 하느님께 자신을 더 활짝 열어 드리고, 다른 이들의 충실한 구원자가 되겠다는 자기 욕구를 놓아 버리며, 하느님의 자비롭고 강력하면서도 고통스러운 인내의 도구가 되어 가는 과정이 담겨 있습니다.

소소한 승리에 관한 내용도 자주 나오지만, 이 책은 성공담이 아닙니다. 돌로레스는 자기 자신을 치유하고자 3년을 투쟁했고, 에드위나와 창조의 집의 모태가 된 공동체로부터 3년 동안 한결같은 지원을 받았지만 결국 쪽방에서 죽고 맙니다. 그러나 이것은 실패담도 아닙니다. 비록 생명은 잃었지만, 돌로레스의 소소한 승리들은 구원에 부족함이 없기 때문입니다.

십자가의 신비, 죽음과 부활의 신비는 돌로레스의 삶과 우리 모두의 삶 끝자락에 펼쳐져 있습니다. 돌로레스는 땅에 쓰러졌고 죽었습니다. 마치 씨앗이 새로운 생명을 다시 피워 내기 위해 썩어 가듯이 말이지요. 이 씨앗에서 피어난 작은 꽃이 시카고의 초라하고 삭막한 거리에 피어올랐습니다. 이로써 우주 어디에선가 새로운 구원의 현실이 시작되고 이는 또한 새로운 축복의 원천이 될 것입니다. 한 알의 씨앗이 자라는 소리를 우리는 듣습니다 ….

감사의 글 _

나의 거리 사도직에 격려와 지원을 아끼지 않은
미국의 자원 선교사 운동 공동체 덕분에 이 책이 나오게 되었습니다.
특별히 고마운 이들이 떠오릅니다.
지칠 줄 모르고 성매매 여성들에게 다가가는 모습을 통해
나로 하여금 같은 길로 나아가게 해 준 드폴 젠스카,
내가 필요한 모든 것을 준비해 주고 응원해 주었으며
시카고 거리에서 일하는 동안 집필할 수 있도록
장소와 온갖 것을 마련해 준 수 후드,
비판적인 정신과 지혜로, 내 성마른 생각과 말들을
끈기 있게 다듬고 정리해 준 마리아 가브리엘,
아침마다 원고들을 교정하고 타이핑하고 인쇄해 준 모리 도넬리,
그리고 이 책이 나오도록 자신의 고통과 용기를 나눠 준
창조의 집 여성들에게 감사의 마음을 전합니다.

들어가며

오래전부터 나는 성매매에 관심이 있었습니다. 사회와 교회가 성매매 여성을 비난하고 경멸한다는 것을 어릴 때부터 느껴 왔지요. 그런 여자들은 멀찌감치 피해야 하는 혐오의 대상일 뿐이었습니다. 그런데 나이가 들며 보다 진지한 생각을 하기 시작하면서 의문이 생겨났습니다. 나는 여자들이 왜 스스로 성매매에 빠지는지가 궁금했습니다. 나 역시 한 사람의 여자로 살아가면서, 특별히 남성이 지배하는 권위주의적인 가톨릭교회 안의 한 여자로서 좋든 싫든 성매매와 관련된 장면들을 마주치지 않을 수 없었습니다. 그리고 여자가 어떻게 자신을 팔 수밖에 없는 상황에 떨어지고 마는지 잘 알게 되었지요. 인정받고 받아들여지기 위한 것이든 사랑과 인정을 추구하는 것이든 아니면 정말로 돈을 위한 것이든 간에 말입니다. 가부장적이고 위계적인 우리 사회가 바로 성매매 여성과 포주를 양산하고 있었던 것입니다.

나는 나 자신을 더 깊이 알고 내 안의 하느님과 이어지고 싶은 갈망으로 일리노이 주 요크빌의 오두막으로 향했습니다. 아홉 달 동안 숲 속 오두막에서 지내며 여자로서의 나 자신과 마주하고자 애썼고, 고요한 가운데 내 안의 하느님께 귀 기울이려 했습니다. 나는 하느님이 모든 사람, 특별히 상처 입은 사람들을 오묘하게 돌보신다는 사실을 체험할 수 있었습니다. 그 아홉 달간의 체험은 30일 식별 피정으로 정점에 이르렀고, 내 영성을 이루어 온 구원 역사 속에 그곳에서의 체험이 보태졌습니다. 아홉 달에 걸쳐 몹시도 갈등하고 저항한 끝에 내 안에서 생겨난 고독과 성찰을 통해 내 자매들인 성매매 여성들에게 다가가 연대하라는 분명한 부르심을 깨달았습니다.

이 여정은 그 부르심에 대한 나의 응답을 풀어낸 이야기입니다. 갈등과 고통, 용기와 성장에 나를 맡긴 이야기입니다. 여기 나오는 대부분의 이야기 속 여자들은 억압과 학대를 당하고 상처 입은 이들입니다. 때로는 삶이 너무나 고통스러워 죽음에 이르고, 때로는 다시 살아나 부활을 증언한 이들입니다.

다가올 세상의 생존자들과 더불어 나는 새롭고 분명히 알게 될 것을 믿습니다. 더욱 너그럽고 자비로운 세상인 새 예루살렘에는 더 이상 학대받는 이들과 희생자들이 없고 성매매 여성과 포주도 없이 하느님의 거룩한 산을 향해 오르는 형제자매들만 있을 것임을 말입니다.

에드위나 게이틀리

1

오두막

(일리노이 주 요크빌)

1981년 10월 1일

부르심

숲 속에 있는 낡은 오두막으로 이사할 채비를 한다.
제대로 납득 못한 조금은 이상하고 엉뚱한 이유지만
왠지 그래야만 할 것 같다.
할 일과 식단을 짜면서
깊이 고민하거나 기도조차 하려 들지 않는 것이
내심 염려스럽다.
할 수만 있다면 벌떡 일어나 소리치고 싶다.
"싫어요, 못 가겠어요!"

근원적 만남이 두려운 건가?
아니면 쓸쓸하고 외로울까 봐?
적나라하게 벌거벗겨지는 것이 겁이 나는 걸까?
저 깊은 곳에서 알 수 없는 힘이
끊임없이 내 맥박 속에서 속삭이며 나를 이끌고 재촉한다.
"오너라."
부르심은 너무나도 은근하여 무척 감지하기 힘들다.
바람이 내지르는 비명과 바람이 스쳐 간 자리의
쓰라림을 나는 느낀다.
잎사귀를 떨구는 나무들과
헐벗고 거무칙칙한 가지들을 바라본다.
부드러운 대지를 얼어붙게 만드는 적막한 겨울의 첫 내음,
그 처연한 헐벗음 앞에서 나는 오한을 느낀다.
그 가혹한 폭력의 한 면이 나에게 손짓하여
그 칼바람 앞에 홀로 서 있도록 불러 세운다.
 오! 내 안에 그토록 깊숙이 자리한 고결한 마음이 전율한다.
그리고 속삭인다. "기다려라."
봄의 감미로운 손길을 기다리고
눈이 녹고 새싹들이 얼음을 밀어내어 깨뜨릴 때까지 기다려라.
새들이 다시 노래하고 새잎들이 피어날 때까지 기다려라.
오! 기다려라.
대지에 또다시 창조주 어머니의 새 생명이 움틀 때까지,
그분이 나를 초대하고 따뜻이 감싸 주고
내 손길을 받아 줄 때까지.

이내 나는 알아채고 마음으로 알아들었나니,
지금이 바로 그때임을.
"예"라고 대답해야 한다.
바람이 나를 휘몰아치고 추위가 나를 내동댕이치고
외로움이 나를 벌거벗기니
내 안의 고요한 하느님과 만나고 그분 음성을 듣는다.
내가 무엇을 하고 있는지, 왜 이러고 있는지 나는 잘 모른다.
다만 의심과 고통과 더불어 나아가야 함을 알 뿐이다.
이것은 어딘가 미친 짓으로 보여서
나 자신의 온전함이나 진리와는 모순되는지도 모르겠다.
하지만 나는 내 것이 아니다.

1981년 10월 6일

은둔처

오두막이 조립되어 왔다.
부담스럽게 큰 덩치 때문에 나무 세 그루를 베어 내고 말았다.
오두막이 제자리를 잡게 하는 과정이 어찌나 까다롭던지
당황한 나는 식은땀까지 흘렸다(한 시간이 넘도록).
그런데 프란시스 형제가 툭 한마디를 던진다.
"고생스럽기는 하느님도 마찬가지일걸요?"
그날 오후, 나는 혼자서

내 은둔처가 될 '그것'이 번듯하게 자리 잡은 모습을 감상했다.
그러고는 집 주변을 돌며 투덜투덜 갈등에 빠진다.
'대체 뭘 하는 거지? 바보같이, 왜 내가 여기 있는 거람?
내가 잘할 수 있을까? 왜? 무엇 때문에?'
머리부터 발끝까지 두려움에 사로잡혔다.
두려움과 끝없는 의심 밑바닥에
불가해하면서도 굳건한 확신 하나가 나를 지탱하고 있다.
그것은 내가 태어나기 전 까마득한 때부터
무언가 근사하고 심원하며 진실한 이유로,
내 이해력을 훌쩍 뛰어넘는 권능과 힘으로
내 꼴사나운 오두막을 지켜보고 사랑해 왔다.
그리고 나 에드위나는 홀로 방황하면서 그 앞에 서 있다.
그것이 의미를 지녀 왔다는 진실만 아는 채로 ….

1981년 10월 16일

정말이지 아름다운 곳이다. 땅도 숲도 아름답다. 가을이 거의 저물어 가고 마지막 잎새들이 떨어진다. 낙엽이 대지를 덮은 풍경이 회색과 검은색과 갈색으로 어우러진 어둠으로 내려앉아 있다. 모든 것이 고요하고 따스한 가운데 벌거벗은 존재로 초대받은 내 주위로는 적막하고 메마른 현실이 에워싸고 있지만, 여전히 그 자체로 아름다움을 전해 준다. 눈앞에 펼쳐진 자연을 보며 나는 인간으로서 겪게 될 체험에 겁을 집어먹고 있다. 내가 사랑하는 따뜻함과 풍요로움에 반하는 헐벗음에 내 안의 무언가가 저항하면서도 … 깊은 심연 속에서는 모든 두려움에 반하여, 다 잘될 것이고 각자 존재해야 하는 방식대로 모든 것이 존재하리라는 확신이 부드럽게 스며든다.

나를 둘러싸고 전개되는 계절의 변화 속에서, 나는 숲 속에 마련된 오두막으로 들어갈 준비를 한다. 매일 그곳에 가서 페인트칠과 청소를 하거나 땅을 고른다. 시간과 계절에 맞추어 차분하면서도 부지런히 일을 진행해 나간다. 그러면서도 한겨울 추위가 닥치기 전에 일을 마치고 단도리를 할 수 있을지 조바심이 난다. 추위는 진즉에 찾아왔고 어둠도 빨리 내려앉아 이미 늦은 감은 있다. 내가 하려는 일이 과연 중요한 것인지 이따금 의심이 든다. 어리석은 짓거리를 하고 있는 것은 아닌지…. 이것이 정말 내 할 일이라면 그리 예민해질 필요는 없다. 그럼에도 어떤 한결같은 절실함이 있어 매우 부드러우면서도 뚝심 있게 나를 밀어붙인다. 선함과 진정성을 간직한 그 힘은 내가 부르심이라 느낀 것을 이곳에서 실현하게 해 주리라.

1981년 10월 20일

시간이 지남에 따라 걸림돌과 차질이 생겨난다. 사람들은 나더러 오두막 안에 나무 난로를 설치하고 실내의 절반쯤을 단열 처리하라고 친절히 조언하면서, 겨우내 그곳에서 지내려는 내 계획에 대해 걱정한다. 어떤 친구들은 나를 이해하고 묵묵히 도와주면서 지지해 주지만, 기겁하면서 별의별 대안을 끄집어내 놓는 친구들도 있다. 나 자신의 두려움과 의심을 되비쳐 보여 주는 친구들을 견뎌 내기가 힘들어진다. 하지만 언제나 그랬듯이 이보다 더 나은 길을 나는 알지 못한다. 의심과 두려움에 사로잡혀 있긴 하지만, 내 마음속 깊은 곳에서 하느님이 나를 부르시고 이끄시는 때를 안다. 이러한 과도기에 하느님이 내 결심을 굳건히 지켜 주시길 기도드릴 뿐이다.

1981년 11월 10일

드디어 오늘 나의 '은둔처', 숲 속 '오두막'에서 첫 밤을 보낸다. 아름다운 저녁이었다. 수를 포함한 친구 몇이 함께 있어 주었다. 이 작은 기도소에서 우리는 기도로써 귀한 시작을 함께했다. 이 은둔처를 축복했고, 친구들이 나와 함께 있었다! 너무나 큰 사랑이 나를 자유롭게 해 주어서, 나는 그지없이 행복하다.

   그들이 돌아가고 홀로 이 첫 밤을 맞이하며, 조금 걱정은 되지만 하느님이 나와 함께 계심을 확신한다. 모든 것은 내가 이해하지 못하는 방식으로 감지된다. 밤이 이슥해지고, 고요히 앉아서 내가 마련한 이 새 보금자리를 경이에 찬 마음으로 둘러본다. 집은 자그마하다. 기다란 방 한쪽 구석에는 침대가 있고 단순한 모양의 책상과 의자가 숲으로 난 커다란 창을 향해 놓여 있다. 기름 램프 두 개와 초 한 자루가 방 안에 신비로운 분위기를 자아낸다. 성경 말고는 책 한 권 없고, 필기도구 몇 개와 건전지 라디오가 놓여 있을 뿐이다. 그럼에도 이 공간은 따뜻하고 아늑하고 빛으로 충만하다. 다른 쪽 구석에 놓인 육중한 나무 난로 주위에는 통나무와 불쏘시개가 놓여 있다. 반대편 끝에 있는 작은 부엌에는 기본 먹을거리만 가져다 놓았고 조리용 가스풍로 두 개가 있다. 수도는 없지만 숲 밖에 있는 자원 선교사 운동VMM(Volunteer Missionary Movement) 본부에서 가져온 물이 두 양동이 가득 차 있다. 이 사랑스러운 방에는 깊은 평화와 고요가 깃들어 있다.

나는 이렇게 기도할 뿐이다. "하느님, 저와 함께 머물러 주소서. 저는 오로지 당신의 부르심에 답하려고 여기 있는 것일 뿐, 아직 제대로 아는 것이 없습니다. 저와 함께 머무시면서 도와주소서. 제가 '예'라고 응답하고 다시 이 새로운 추구와 여정을 시작하도록 …."

1981년 11월 14일

지금까지의 이곳 생활은 걸스카우트 캠프 수준에 머물러 있다. 생존이 최우선이다! 나는 난롯불을 꺼뜨리지 않고, 콩 요리를 익히고, 채소밭을 일구고, 통나무와 불쏘시개를 모으고, 기름 램프를 돋우고, 물을 나르고, 아침의 오싹한 한기에 적응해 가는 중이다. 하루에 네 시간 이상은 기도를 하려 했지만 실천하기는 힘들다. 1년 내내 이곳에 머물게 되리라는 보장은 없으니, 이 작은 기도소에서 고요히 깨어 앉아 있는 것이나 하느님이 손수 행하신 놀라운 일들을 감상하면서 숲 속을 거니는 것도 기도가 될 수 있을 것이다.

길고도 새로운 여정에 들어선 나는 그동안 잊고 있던 것들에 경외감을 가지게 되었다. 그게 아니라면 우물쭈물하며 뒤를 돌아보고 있는 것일까? 진실로 나는 이 순간 속에서 하느님의 은총과 권능을 보아야 한다. 하느님은 결코 나를 내동댕이쳐 두시지 않겠지만 ….

1981년 11월 16일

당혹감과 지루함이라는 무익한 감정 상태에 빠져 있다. 예상했던 것과 다르지 않은 상황이다. 생활의 균형을 유지하기 위해 하루 일과표를 만들어야겠다. 이 부르심을 나는 머리로만 이해하는 경향이 있다. 남자든 여자든 많은 이가 살아가면서 외로움으로 초대받는다. 그런데 실제로 외로움을 안고 살아가는 것은 무척 어렵다. 내가 정서적으로 불안하거나 감동을 느끼지 못할 때 특히 그렇다. 모든 행위와 활동은 의지에서 비롯된다. 나는 내가 믿고 싶은 것을 믿는다. 어떤 영감이나 느낌 없이 움직이고 행동한다. 나는 믿는다.

휴식이 필요하다는 것을 느끼는 것과 동시에 그렇게 되리라는 것도 확실히 느끼고 있다. 하느님은 다정하시다는 사실을 나는 이미 놀라움 속에서 받아들이고 있다. 위안이나 은총을 구하는 기도가 아니라 더 깊은 믿음과 확신을 가지게 해 주십사고 기도한다. 하느님이 뒤에서 나를 조금만 밀어 주시면 얼마나 좋을까!

내일은 단식에 들어갈 것이다. 마음은 성찰 속으로 침잠하겠지만, 나는 규율을 즐기는 사람은 아니다. 사실 나는 고결하지 못한 은수자다. 내가 행하는 모든 것은 항의다!

"지혜의 성령이시여, 오시어 나를 만나 주소서. 숲 속 작은 오두막의 새로움은 단식을 통해 무뎌져 가겠지요. 아무것도 남지 않을 때 오시어 나를 만나 주소서."

1981년 11월 18일

날씨가 좋은 날은 긴 시간을 밖에서 일하며 보낸다. 장작이 많이 필요하기 때문이다. 화창한 날씨 덕에 많은 일을 할 수 있어서 감사하다. 밤은 길고 적막하며 기름 램프와 촛불의 깜박임으로 가득하다. 난로가 활활 타오르는 가운데, 내가 오두막으로 데려온 고양이가 함께 놀다가 종종걸음 치며 달아난다. 이 작고 어린 생명이 참 고맙다. 하느님은 여전히 침묵하시고, 나도 바위처럼 움직이지 않고 있다. 평범한 일상을 영위하는 가운데 머지않아 생기와 기쁨을 안고 하느님을 향한 여정에서 열정을 찾을 것이라고 나는 믿는다.

침묵하시는 하느님

침묵의 하느님은
텅 비어 있고 아무런 소리도 없어
마치 생명이 없는 길고 어두운 밤과 같으니
나는 기다리며 평온히 바라고 있습니다.
당신의 손길이 "나는 여기 있다"고 말씀하시기를.
그러나 허공만이 남아 채워지지 않습니다.

침묵하시는 하느님,
어찌하여 당신 얼굴을 내게서 감추셨나요?
생명을 타오르게 하는 당신 숨결을
어찌하여 보내 주지 않으시나요?
하느님, 침묵의 하느님,
당신이 사랑하시는 이가
"나는 여기 있다"는 당신 속삭임을 홀로 기다리는데
어찌하여 바라보시기만 하는 건가요?
그래도 나는 기다릴 것이고 볼 것입니다.
마음의 눈을 통해 영혼 깊은 곳에서 솟아올라

나는 보고 알게 될 것입니다.

당신이 여기 계심을 ….

1981년 11월 23일

시편 작가와 더불어 나는 부르짖는다. "주님, 당신 얼굴을 내게서 숨기지 마소서."

지금 이 자리에는 아무 위로도 확신도 없다. 잘 참아 내고는 있지만 나는 음험한 유혹과 싸우고 있다. '여기서 뭘 하고 있는 거지? 내가 받은 선물과 재능을 낭비하고 있잖아 ….'

하느님은 침묵하신다.

기도는 겉돌고 꾸벅꾸벅 졸면서 보내는 시간이 많다. 습관적으로 할 일을 한다. 산책을 하며 나무를 줍고 불을 밝히고 콩 요리를 준비하고 고양이를 씻기고 먹인다. 또 성경을 읽고 하느님 앞에 침묵하며 앉아 있고 성무일도를 바친다. 밖에는 눈이 내리기 시작하고 기온은 떨어진다. 나는 평상심에서 벗어나 조금 이상한 기분이 든다. 하느님은 침묵하신다. 나 역시 오랫동안 침묵 속에서 기다리며 단단해지길 기도한다.

일요일을 학수고대한다. 주일에는 자원 선교사 운동 본부에 가서 시간을 보내면서 샤워를 하고 머리를 감는다(아, 개운하고 청결해지는 기분은 정말 최고다!). 거기서 나는 온갖 새로운 소식을 듣고 잘 먹고 공동체 식구들과 빵과 포도주를 나누며 완벽한 성만찬을 누린다. 더없이 즐거운 하루다! 은둔 생활의 일주일 중 하루를 쉬는 것의 장점과 단점에 대해 나는 깊이 고민한다. 마지막 날의 휴식을 기대하며 한 주간을 보내고, 그 힘으로 나는 다시 오두막으로 돌아온다.

1981년 12월 9일

시간을 허비하고 있다는 생각에 자주 사로잡힌다. 기다림의 때인 대림 시기이건만, 평소에 늘 당연시하던 것과는 달리 나는 하느님의 뜻이 이루어지길 기다리지 못한다. 가끔이긴 하지만, 주위를 살피며 길 옆으로 비켜선 채 그분의 뜻을 따르지 않는 것이다. 사방을 두리번거리며 내 자리를 찾는 데 몰두했던 것 같다. 하느님이 얼마간 나를 어둡고 막막한 곳에 내버려 두시게끔 허용해야 한다. 바라보고 자각하고 통제하고 싶은 마음에 조바심이 난다. 이곳에서 나를 붙잡는 것은 아무것도 없다. 자잘한 일상의 소소한 일들 말고는 아무것도 없다. 어떤 목표나 목적도 없다. 무엇을 하겠다는 아무런 지향점도 계획도 없다. … 그것이 나를 혼란스럽게 한다. 내가 할 일이라고는 신앙 안에서 도약하는 것뿐이며 이렇게 표현할 수 있다. '하느님, 나는 믿습니다. 나는 당신이 여기 계심을 압니다. 나와 함께 머물러 주소서.'

나는 열렬히 표징들을 찾고 있다. 하지만 결국 포기하거나 영영 포착하지 못할 것이다. 나는 분명한 지향에 따라 행동하는 데 익숙하고, 분명한 지향이 없는 경우라면 본능적으로 우선 지향점을 만들어 낸다. '그저 존재하기'란 얼마나 어려운 일인지! 겉보기에는 이렇게 '미적거리며 빈둥대는' 시간이 하느님 기다리기를 배우는 유익한 과정임을 나는 믿어야 한다. 하느님은 가 버리시지 않는다. 그분 얼굴이 잠시 보이지 않을지라도 말이다. 이토록 깊은 침묵 속에서 듣는다는 것은 얼마나 어려운 일인지 모른다. 침묵에서 그만 벗어나, 큰 위안과 평온을 안겨줄 니의 목소리의 소음들로 그 자리를 채우고 싶다.

1981년 12월 16일

오늘 밤이 올해 이 은둔처에서 보내는 마지막 밤이다. 여섯 주를 이곳에서 보냈다. 많은 사람들이 어떻게 지냈냐고 묻는다. 대답하기가 무척 곤란하다. 나 자신에게조차 그렇다. 특별한 표징이나 의미 있는 일은 전혀 일어나지 않았다. 낮과 밤이 아무 변화 없이 하루하루 흘러갔다. 나는 민감하게 깨어 충실히 지내려 노력했다. 끊임없이 기도하려 했고 (거의 지키지는 못했지만), 살아가는 데 필요한 온갖 일을 묵묵히 수행하고, 오래 산보를 했다. 작은 '기도소'에 앉아서 나 자신이 사랑 안에 있음을 깨닫는 동안에도 사랑의 하느님은 내가 이곳에 있는 이유에 대해 아무 말씀도 없으시다. 나는 언제나 다른 이들을 사랑하고 그들과 함께 사랑으로 존재할 것임을 안다. 언젠가 그들도 하느님과 화해하게 될 것이고, 나에게 경외심과 기쁨을 안겨 주시는 하느님의 특별한 선물이 되리라. 이것이 바로 내가 하느님 안에 침잠하는 이유이고, 진심으로 다른 이들을 사랑하고 하느님이 그러하시듯 그들을 존중하는 이유다. 사람들과 하느님이 내 안에서 조화를 이룰 것이고 나는 하느님 나라의 한 순간을 얼핏 엿볼 것이다.

1982년 1월 7일

성탄과 새해 축하식을 마치고 돌아왔다. 축하식장은 활기와 사람들과 좋은 일로 가득했다. 나는 다시 혼자가 되었다. 올해가 중요한 해가 되리라는 것을 알지만 지금은 무척 외롭다. 마음속이 온통 외로움으로 꽉 차 있다.

1982년 1월 8일

> 표징이나 확신을 구하려 하지 않고
> 나 자신과 다른 사람을 비교하지 않고
> 이것 아니면 저것이어야 하고,
> 이 일 아니면 저 일을 해야 한다고 생각하지 않기를.
> 희망이나 기대를 품지 않고
> 요구하거나 흥정하려 하지 않고
> 다만 여기에 존재하기를.
> 단순히 여기에 머물기를.
> 내가 이해하지 못할 때조차도.

1982년 1월 9일

오늘은 모든 것이 어제보다 더 단순하고 선명하게 보였다. 기로에 선 모양이다. 여기서 두 달 가까이 지냈는데, 솔직히 말하면 여기 있는 것이 더 이상 내키지 않는다. 상당한 어려움에 봉착해 있다. 여기에 내 마음을 충분히 내려놓지 못했기 때문에 벌어진 어쩔 수 없는 상황일까? 나는 꽤 오랜 시간을 갈등하고 저항하고 불평하고 몹시 지루해하며 보냈다. 내가 하느님께 기대한 것은 무엇인가? 내 앞에 나타나시는 거?

> 앉아서 기다려야만 한다.
> 모든 시간을
> 그 무엇인가를 위해서

그리고 모든 것을 위해서
다만 여기 머물러
오직 기다리고
오직 사랑하는 것,
그것이 전부다.
알지 못해도.
그렇다. 그것이야말로 내가 존재하는 방식이다.

1982년 1월 16일

나를 내려놓게 하소서

당신과 함께 걷게 하소서,
나 홀로 어둠 속을 걸어야만 할 때라도.
당신 속삭임을 듣게 하소서,
내 안의 소리와 소음들이
낮과 밤을 가리지 않고 소용돌이치더라도.
기도하게 하소서,
내 전 존재가 당신 현존 앞에서 불안해하며 도망치려 할 때라도.
신앙을 주소서,
내가 나아갈 길 앞에서 두려움과 무력함에 빠져 있을 때라도.
오, 하느님, 부디
제가 당신과 함께 있는 것을 배우게 해 주소서.

1982년 1월 24일

천 개의 얼굴을 가진 예수

예수님에 대해서
오, 그래요.
나는 많은 이미지를 가지고 있지요.
나는 그것들을 책에서 보았고
내 집 벽에 걸어 놓았고
내 목에도 둘렀습니다.
또 번번이 나는
박물관과 미술관과 좋은 책들 속에서 장엄하게 드러난
다른 수많은 이미지들도 유심히 바라보았어요.
천 개의 얼굴을 가진 예수.
천 가지 방식으로 표현된 예수.
나는 로마의 성 베드로 성전에서
수많은 별들로 치장하신 구원자 예수와 만났습니다.
웨스트민스터성당에 있는 그분은
제대 저 높이에서 승리하여 떠오르는 구세주였습니다.
그리고 워싱턴 성당에서는
머뭇대는 신자들을 그들이 가야 할 곳으로 인도하는
목지를 보았습니다.
천 개의 얼굴을 가진 예수.
천 가지 방식으로 표현된 예수.

그리고 내가 성장하여
이 예수를 붙잡으려다가
상처 입어 마음이 찢어질 때면
하나의 새 이미지가 떠올랐습니다.
천 개의 얼굴을 가진 예수.
천 가지 방식으로 표현된 예수.
그러던 어느 밤,
가장 작은 별이 빛을 잃자
내 세계는 무겁고 어두운 공허 속에 숨어 버렸습니다.
천 개의 얼굴을 가진 나의 예수와
천 가지 방식으로 표현된 나의 예수는
내가 위대함을 떠벌이게 하고 탄식으로 괴로워하게 하였습니다.
내 책과 그림들은 갈기갈기 흩어지고
수많은 예술 작품은 부서지고
오랫동안 사랑받아 온 모든 이미지가 사라져 버렸습니다.
그때
두려운 침묵 속에
나의 황폐함이 드러난 곳에
불현듯 하느님의 숨결이 다가와 나를 압도하였습니다.
천 개의 얼굴을 가진 예수.
천 가지 방식으로 표현된 예수.
그리고 십자가가
내 슬픔을 향하여 어둡게 각인되어 떠오르면서
희뿌연 새벽 하늘에 쓸쓸하고 초라하게 내걸렸습니다.

1982년 1월 27일

외로움의 고통이 사라질 기미가 없다. 항상 나를 따라붙어 다니면서 고요한 순간이면 내 앞에 기다리고 있다. 돌아보는 곳마다 나는 외로움과 마주하고, 존재에 대한 이토록 예민한 자각이 내가 가진 것들과 나 사이를 끊어 놓는다. 하느님께서 이 공간을 채워 주십사고, 외로움을 채워 주십사고 청한다. 모든 것은 고요하고 요지부동하다.

나는 더 이상 어떠한 사회적 지위도 없고, 어디에도 속하지 않으며, 어느 누구와도 관계 맺고 있지 않다는 느낌에 당혹스러워진다. 해야 할 역할도 성취할 것도 없다. 나는 나 자신 외에는 아무것도 아니다. 다른 이들과 떨어져 있을 때 나는 아무 관심도 받지 못하는 듯하다.

나는 아무것도 아니라는 것(無性, nothingness)이야말로 자신을 참으로 깊이 알기 위한 유일한 방편이라고 믿는다. 홀로, 아무도 없는 빈 공간에 나 자신을 세워 놓고 즉각(때론 내키지 않지만) 나 자신을 성찰한다. 그렇지만 나는 내가 속한 공동체와, 그들과 함께한 웃음과 활동들을 얼마나 그리워하는가! 내가 바라는 것이라고는 과거를 지우고 어떠한 미래도 억지로 계획하지 않는 것이다. 하느님, 이 텅 빈 공간을 채워 주소서!

1982년 1월 28일

하느님의 날

내가 행하거나 밝히려는 것은 무엇일까요.
주장하거나 소유할 것은 아무것도 없습니다.

나는 오로지 하는 일 없이 빈둥거리는
나른한 시간들을 견디고 있습니다.
그리고 꿈속을 헤매는 연인처럼
사랑과 자기희생이라는 부드러운 올가미에
덧없이 사로잡혀 있다는 것을 깨달았습니다.
…
나는 휩쓸려서 비몽사몽인 채로
아무런 저항 없이 감사할 따름입니다.
이 고요하고 나른한 날에 연인 품속에
그토록 사랑받으며 안겨 있으니 ….

1982년 2월 1일

나는 살아 있나요?

오, 열정적인 사랑으로 대기가 흠뻑 젖어 있습니다!
거침없이 숨을 들이켜니 강력한 떨림에 사로잡힙니다.
그리고 이 자리에서 나는 너무도 작지만 용기 있게
하느님 당신 앞에
이 위대한 사랑의 부서지는 파도를 내어 놓습니다.
그래요, 나는 단순한 영혼이 되어
봄에 솟아나는 새싹들과 어스름한 저녁 무렵의
기분 좋은 세상에서 빠져나와

거대한 생명의 폭풍 속으로 들어가나니
뜨거운 화산처럼 분출하고 폭발하며 불타는 사랑이
아낌없이 쏟아부어져
이 작고 용감한 존재를 애무하고 감싸 안아 주시는군요.
말해 주소서.
봄의 새싹들이 피어나는 어스름한 이 저녁 무렵,
나는 살아 있는 건가요?

1982년 2월 15일

꿈에서 사람들에게 감자 요리를 대접하고 있었다. 힘들고 궂은 일이었다. 주변에 많은 사람이 있었고 나는 마지못해 감자 요리를 주걱으로 퍼 담고 있었다. 그때 파란색 고급 옷을 입고 비싼 향수를 뿌린 세련된 모습의 여인이 나타났다. 그녀는 조금 화가 난 듯 냉담하게 중얼거렸다. "당신은 이렇게 험한 일을 안 해 봤군요. … 나와 함께 갑시다. 내가 당신을 그 일에서 벗어나게 도와줄게요." 나는 혹했다. 그러나 꿈은 사라졌고 나는 여전히 감자 주걱을 붙잡고 있다!

1982년 2월 26일

과거에 나는 설교를 잘하고 예언 능력을 갖추고 지혜를 얻게 해 달라고 기도를 해 왔다. 지금은 연민과 겸손을 구하는 기도를 한다. 예전에는 엄청난 열정으로 전쟁에 참여하기를 원하고 거침없이 뛰어드는 용사처럼 불타오르곤 했다면, 지금의 나는 아주 여리고 미소하지만 고요한 의지를 지닌 채, 내가 알지 못하는 것들을 음미하고 있다. 전에는 하느님을 향한 나의 열정과 사랑을 큰 소리로 외치곤 했지만, 지금 나에게는 아무 말도 남아 있지 않다. 전에는 하느님의 사랑과 은총을 경험하곤 했지만, 지금은 하느님의 침묵과 부재를 체험한다.

내 안에서 사랑은 점점 깊어지고, 헌신하려는 소망은 더욱더 커져만 간다. 열의는 이전과 마찬가지이나 좀 더 본질적이고 고요해지고 있다. 바다는 예전처럼 깊지만 내가 가늠하는 깊이에서 감지되던 것보다 광포하지는 않다.

과거에 나는 쉴 새 없이 일했다. 이제는 대신에 깊은 무언의 열망이 있다. 나보다는 하느님을 더 드러나게 하고 나보다는 하느님께 더 의지하며, 내가 헌신하려는 노력보다는 하느님의 영광을 위해 더 마음을 기울이려 한다. 나의 사명과 예수를 따르는 것이 무엇인지 이제는 깨닫고 싶다. 궁극적으로 나에 대한 것은 최소한으로, 하느님에 대한 것은 최대한으로 이해하는 것이다.

> 내게 당신의 길을 가르쳐 주소서.
> 이 길들은 내 길이 아니고
> 나는 이 길에서 배우지 못했기 때문입니다.

1982년 2월 27일

오늘은 기도하기가 너무 힘들다. 계속 분심이 들고 꾸벅꾸벅 졸고 있다. 아, 길고 긴 하루!

1982년 3월 9일

내가 극복하기 가장 힘든 느낌 하나는 쓸모없다는 것이다. 친구들은 바쁘게 많은 일을 하고 있는데, 나는 하는 일이 아무것도 없다.

이러한 느낌이 나의 자긍심과 존엄성, 자존감을 손상시킨다. 나는 아무것도 하고 있지 않다! 누군가에게 아무 도움도 안 된다는 느낌은 고통스러운 경험이다. 그러나 나는 이 경험을 통해 내가 주위 사람들에게 어떤 존재가 되고 어떤 느낌을 주는지, 또 도움이 되지 않는 존재가 무엇인지를 배우며 그 중요성을 깨닫는다. 모든 것이 나에게는 새로운 경험이다.

1982년 3월 17일

조금만 보게 되기를

나는 기도하곤 했지요.
하느님, 내게 당신의 길들을 가르쳐 주소서.
지금 나는 기도합니다.
하느님, 내가 조금만이라도 볼 수 있을까요?
이제는 이해했기 때문입니다.
언제나 하느님이 나에게 다른 길들을 가르치신다는 것을요.
그렇지만 너는 그 길들을 보지 않습니다.
하느님이 하시는 일에는 기적이 있고
나를 둘러싼 모든 것과 내 안에서

하느님은 당신 방식을 표현하십니다.
나는 마땅히 그 중심을 찾아 배워야 하거나
올바른 방향을 보아야 할 것입니다.
정말로 나는 조금만 보면 됩니다.

1982년 4월 1일

때로는 나 자신이 억눌린 스프링처럼 느껴진다.
튕겨 오르기 직전의 팽팽함 ….
나는 아래쪽이나 안쪽 대신에
위쪽이나 바깥쪽으로 가려고 했던 것일까.

봄(스프링)이 왔다. 모든 것이 여유로워 보인다. 태양과 따뜻한 기운과 파란 하늘이 펼쳐져 있고, 새잎이 싹트고 새들이 지저귄다. … 그러나 아직도 나는 쉬지 못하고 있다. 나는 믿음 속에서 아무 일 없이 지내려 안간힘을 쓴다.

숲 속 냇가에 앉는다. 나는 믿음 속에 앉아 있다. 믿음 속에서, 내 삶을 게으르게 방치하고 있는 것이 '아님'을 확신하려 애쓰는 중이다. 믿음으로 무장한 채 앉아서, 때로는 무언가가 따라올 것임을 느낀다. 오로지 믿음을 따라서 나아가려 한다. 그동안 온갖 핑계를 기회로 삼아 이 은둔처를 떠나려고 여러 날 미친 듯이 궁리를 하기도 했다. 아, 마지못해 하는 은둔이라니 …. 하느님은 이런 나보다 더 즐거우시길 바랄 뿐이다. 자, 이탈하지 않도록 노력해야지.

1982년 4월 10일

죽음이라는 끝의 창조적 잠재성

나는 자신과 직면한 채
걷고, 비워 내고, 아무 데도 갈 곳 없이
불확실함과 상실감으로 어쩔 줄 몰라 합니다.
죽음의 상황 속에서
우리가 생명의 가치를 인정하고 희망을 지닌 사람이 될 때
창조성은 터져 나옵니다.
희망을 지닌 사람에게는 결코 진짜 죽음이란 없으니,
죽음은 그리스도가 정복했고
그로 인해 삶도 바뀌었기 때문입니다.
나는 많고도 다양한 방식으로 죽음에 자주 맞닥뜨렸으나
어떠한 희망도 생명도 만나 보지 못했습니다.
죽음의 순간 나는
이성에 반하는 신앙의 응답으로 부름을 받았습니다.
부활 신앙의 작은 파편이나마 간직한다면
우리는 생명과 희망의 풍요로움 안에 존재할 것입니다.
우리는 너무나 쉽게
자포자기, 절망, 피로, 분노, 자기 연민, 좌절 속에 함몰됩니다.
우리는 죽음의 끝과 무덤을 외면합니다.
눈이 멀었기 때문이지요.
우리는 부활이 밝혀 준 빛을 기다리는 데 실패합니다.

예수는 자신의 죽음이라는 끝이 다가옴을 보았습니다.
그가 행동하고 가르친 모든 것이
그 주위에서 허무하게 무너져 내렸습니다.
모든 것이 흔들렸고
그를 따르던 이들은 겁을 집어먹고 당황했지만
그는 결코 뒤돌아보지 않았습니다.
죽음의 끝에 이르렀을 때조차 그는 신앙 안에서 곧바로 걸었고
죽음과 그 끝에서 목숨을 빼앗겼습니다.

1982년 4월 26일

내가 여기 있는 이유를 잘못 이해했던 것 같다. 나는 불가능한 기대를 품었다. 하느님의 뜻과는 다르게도, 나는 고독과 소외, 단식과 고행을 예상하고 있었다. 나는 궁극적으로 나 자신에 대해 더 많은 것을 찾으려고 계속 노력해 온 듯하다. 그러려면 혼자 있어야 했다. 다른 이들과 함께 있는 한, 내 참된 자기를 만나고 알 수 있는 기회를 놓치고 만다. 하느님이 원하시는 것은 내가 여걸이나 순교자가 되는 것이 아니다. 나는 나 자신의 욕구와 한계를 배우면 된다. 내가 꿈꾸던 은둔은 내가 참된 자기를 발견함으로써 산산조각 났고, 나는 그 어느 때보다 자유롭고 평화로워졌다. 은둔 생활은 그 자체가 목적이 아니라 특별한 때 신앙이 더 깊어지도록 초대하는 방편이다. 나는 모든 것을 증명하기 위해서가 아니라 아주 조금이나마 배우기 위해 여기 있는 것이다. 7월쯤 30일 피정에 들어갈 계획이다. '중심잡기'가 필요하다고 느낀다. 아주 많은 일이 일어났고 나는 이 모든 것을 식별해야 할 것이다.

1982년 5월 3일

꿈을 꾸었다. 아름다운 숲에 나무들이 울창하고 근사하게 늘어서 있었다. 내가 사랑하는 숲이었다. 나 자신을 찾고자 숲 속으로 들어가 보았더니, 나무들이 죄다 베여 둥치만 남아 있었다. 나는 분노했고 망연자실하여 주저앉았다. 주위에는 많은 사람이 있었지만 그 누구도 나무에는 전혀 관심이 없어 보였다. 마치 아무 일도 일어나지 않았다는 듯한 태도였다. 나무를 벤 사람들은 내가 고통스러워하는 것에 놀란 기색이었으나 반응은 냉담했다. 나는 엉엉 울었다.

내가 깊이 사랑한 무언가가 죽는 것을 목격하리라는 징조일까?

1982년 5월 5일

빈 영혼만이 채워질 수 있다.

1982년 5월 6일

냇물 속 돌덩이 하나를 유심히 들여다보았다. 돌은 제법 큼지막하고 이끼에 뒤덮여 있다. 냇물이 세차게 쏟아지며 돌을 씻어 내리고 휘감아 흘러갔다.

이 돌이 바로 내 영혼이며, 쉼 없이 흐르고 씻고 감싸고 닦아 주는 냇물은 성령이라고 상상해 보았다. 날이 가물면 돌 윗부분이 마르기도 하겠지만, 냇물 한복판에 굳게 박혀 있으니 완전히 메마르는 일은 없을 것이다. 돌의 갈라진 틈에 이끼와 오물이 잔뜩 끼여 있더라도 상관없다. 냇물은 모든 것을 흠뻑 적신다.

우리는 결코 하느님에게서 완전히 떠날 수 없다. 하느님은 언제든지 새롭고 자유롭게 우리 주위와 우리 안에서 움직이신다. 성령은 부드럽게 그러나 권능과 힘으로 우리를 이리저리 데려가신다. 우리가 거의 알아채지 못하지만 언제나 우리와 함께 계신다. 우리는 성령의 품 안에 있다. 우리는 사랑받고 있다. 우리는 자유롭다.

1982년 5월 11일

나는 나무들과 풍성하고 싱그러운 잎들에 둘러싸여 있다. 새들이 활기차게 지저귀고, 저 멀리서는 개 짖는 소리가 들려오고 벌 한 마리가 윙윙거리며 날아다닌다. 공기는 따스하고 산들바람은 상쾌하다. 이 모든 곳에서 나는 하느님을 만난다.

  이곳에서 하느님은 휴식하시며, 평화로운 숨결 속에 모든 존재에 크나큰 기쁨이 깃든다. 하느님은 그토록 싱그럽고 순수한 피조물과 함께 기뻐하신다. 지금 이곳은 죽음과 폐허로부터 완전히 동떨어져 있다. 나는 과거에 품었던 권태와 두려움을 기억한다. 오늘 하느님은 모든 곳에 계시다.

지금

완전히 지쳤던 건 아닙니다.
네, 그럼요.
당신과 침묵을 함께하려고
저 구석에서 깔고 앉아 있던 방석은 아직도 따뜻합니다.

당신의 현존을 찬미하려고
조금 전까지 작은 나무판 위에서 타오른 양초는
여전히 촉촉하고 말랑말랑합니다.
이 소박한 방 안에는
당신을 기쁘게 해 드리려 꺾어 온 들꽃 향기가
아직도 은은히 퍼져 있습니다.
네, 그럼요.
아주 지쳐 버린 건 아니랍니다.
완전히 나가떨어졌던 것이 아니에요.
당신이 듣고자 하신다면
내가 당신을 내팽개쳤던 침묵 속에서
내 심장 뛰는 소리를 들으실 겁니다.
그날 나는
사랑 노래를 부르려고
당신의 장엄한 숲 속을 향해
자유롭고 열정적인 영혼으로 달려가럅니다.

1982년 5월 14일

메뚜기

지붕창 좁은 틈에서
메뚜기 한 마리를 잡았습니다.

조금 전만 해도 깡충거리고 놀며
햇빛 아래서 아무 근심 걱정 없던 그 가느다란 몸에서
마치 나무와 같은 갈색과 금색의 무늬를 보았습니다.
생생한 자유의 냄새를 맡았습니다.
순간적으로, 쫓아내야 할지 망설였지요.
그리고 다시 창문가로 가서
무심히 지붕창 손잡이를 잡아당겨 닫았습니다.
잠시 후, 끔찍한 일이 나를 집어삼켰습니다.
메뚜기의 길고 섬세한 다리들이 힘없이 그 틈에 걸린 것입니다.
불시에 닥쳐온 죽음에 어리둥절한 빛이
그 큰 갈색 눈에 어립니다.
너무도 작고, 너무도 약하고, 너무도 자유로운 그 녀석을 보며
나는 엄청난 슬픔과 어마어마한 상실감을 느꼈습니다.
그 소리 없는 비명을 내가 듣지 못하는 것이
차라리 다행스러웠습니다.

1982년 5월 17일

마지막 노래

가만히 앉아서
이른 아침 태양의 서늘함을 어루만지며
밤이 전해 준 고독의 소리를 듣습니다.

침묵을 꿰뚫는 크고 날카로운 소리를 내지르며
뒤쳐진 외로운 새 한 마리가 목청껏 청아한 노래를 부를 때
내 작은 마음은 매혹되고 두려움에 사로잡힙니다.
어둠이 내리고
귀 기울이던 숲이 고요에 잠길 때.

1982년 5월 28일

자신에 대해 알지 못한다면 우리가 어떻게 자신을 타인과 하느님께 자유롭게 내어 줄 수 있겠는가. 그것은 누군가에게 포장해 놓은 꾸러미를 주면서 "여기 이것을 가지세요. 내가 주는 것입니다"라고 말하는 것과 같다. 그런데 우리는 이 꾸러미 안에 무엇이 들어 있는지 모른다. 대체로 우리는 꾸러미 안에 보잘것없는 것이 들어 있을까 봐 염려한다. 그것을 받은 사람이 꾸러미 안에서 본 것을 자신에게 말해 줄 것이라 기대할 수도 있다. 하느님은 우리를 아시지만, 그것으로 충분한 것은 아니다. 내어 주는 자신을 자각하고 있는 만큼 우리는 사랑과 신뢰를 공유할 수 있다.

하느님은 우리가 자신을 자각하는 것 이상으로 우리 모두를 받아들이고 사랑하신다. 우리가 자신을 모르거나 이해하지 못할 때, 우리의 주는 행위는 무지와 맹목으로 더럽혀진다. 타인한테서 발견한 진리를 자유롭게 수용하고 받아들이지 못한다. 우리가 맺은 관계가 진리에 뿌리박고 있지 않기 때문에, 자유롭지도 사랑을 나누지도 못한다. 따라서 나는 진정 책임감 있게 나 자신을 알아야 한다. 왜 내가 그렇게 행동하며, 어떻게 행동해야 할지, 또 온전하고 자유로운 사람이 되기 위해 무

엇을 배워야 할지 알아야 한다. 내 것으로 주어진 것을 알고 찾아내야만 그것을 다시 내어 줄 수 있다. 나머지는 다 사기다.

1982년 5월 31일

왜?

나의 신앙과 사랑을
더 이상 증명할 필요는 없다고 생각합니다.
달라질 것은 아무것도 없으니까요.
당신은 아십니다.
나는 포기하지 않을 것이고 어떻게든 나아갈 것이라는 사실을.
그렇다면 어찌하여,
하느님 당신은 침묵으로 희롱하면서
나와 게임을 하고 계신 건가요?
당신은 나를 믿지 않으시나요?
왜 당신은 나를 시험하고
힐끗 보고는 떠나시나요?
당신의 때는 언제 증명될 것인가요?
당신은 언제쯤에나
내가 한때 맛보았던 기쁨과 축복을
다시 쏟아부어 주실 건가요?
아, 너무나도 오래된 것 같아요.

무엇이 가로막고 있나요?
왜 기다려야 하나요?
좋으신 하느님,
제발 저를 떠나지 마세요.
몹시도 슬프고 외로이 방황하다 돌아온 이 딸이
기쁨 가득한 축복의 곳간 앞에서 가로막혀 있사오니
어서 빨리 오시어 끌어안아 주세요.

1982년 6월 9일

나는 왜 여기 있나? 여기서 무엇을 하고 있나? 여전히 나는 쓸모없음, 공허, 게으름을 느끼고 … 스스로를 협잡꾼, 사기꾼 같다고 느낀다. … 기도하기보다는 꿈을 꾸고 방황하고 있다. … 무엇에도 집중하지 못하고 … 버틸 힘이 없다. 정말이지, 여기서 다만 머무는 것 말고는 버틸 기력이 없다.

헤쳐 나가게 해 주소서

헤쳐 나가게 해 주소서, 좋으신 주님이여,
헤쳐 나가도록 … 다시 한 번만.
저는 곤경에 처해 있고 어둠에 덮여 있습니다.
좋으신 주님이여,
작은 힘만 주시면 됩니다.
더 이상은 내려갈 데가 없고 하늘도 보이지 않습니다.

작은 힘만 주시면 된답니다.
좋으신 주님이여,
작은 힘만으로도 저는 아침에 내린 비의 냄새를 맡고
추위와 자유로운 산들바람을 느낄 수 있습니다.
오, 나에게 작은 힘을 주세요.
사랑의 하느님,
다만 작은 힘이라도.

1982년 6월 10일

나는 사람들에게 기도하는 법을 가르치거나 알려 줄 수 없고, 참된 전달자가 되는 길을 일러 줄 수 없으며, 어떻게 관계를 맺어야 할지 제안할 수도 없다. 내가 아는 것을 넌지시 밝힐 수 있을 뿐이다. 기도는 하느님에 대한 인격적 체험이므로 각 개인마다 독특하며, 믿을 수 없을 만큼 다양하고 무수한 하느님의 면모를 밝혀 준다. 내가 다른 사람들과 주고받을 수 있는 것은, '나와 당신' 사이의 고유한 관계 맺음인 나의 기도 체험뿐이다. 하느님은 고유하시고 나도 고유하다. 사람들이 희망을 가지고 이 체험에 스스로를 개방할 때, 두 연인만이 공유할 수 있는 고유한 사귐의 길을 찾을 것이라고 나는 확언할 수 있다.

1982년 6월 11일

하느님께 처음부터 속해 있다는 것! 나는 사랑하는 이에게 도움이 되는 한 여자로서 쓸모 있는 존재다. 그 여자, 즉 나는 내 연인이 거기 있다는 것을 알고 언제라도 내게 다가오리라는 것도 알지만, 정확히 언제 어디서 올지는 모른다. 나는 사랑과 신뢰 안에서 바라보되, 보이지 않을 때는 기다린다. 이 기다림은 영웅적인 것도 자기를 학대하는 것도 아니다. 이는 사랑에 가치를 두는 것이고 사랑에서 벗어나지 않겠다는 하나의 인격적 결단이다. 어떻든 나는 신앙이 깊다거나 고결함을 추구하기보다는 고집스레 하나의 마음을 견지한다. 시간은 얼마든지 있다. 나는 기다리고, 그 기다림 안에서 바라본다.

내 친구 마리아가 어느 날 말했다. "바위나 대지 같은 것들을 우리는 죽은 물체라고 여기잖아. 아마도 그것들이 살아 있는 걸 볼 만큼 우리가 천천히 생각할 수 없기 때문일 거야."

많은 의미가 담겨 있는 말이다.

1982년 6월 22일

나는 조금씩 이해하기 시작한다. 이것은 길고 외로운 여정이리라. 나는 기다렸지만, 항상 이해하고 있었던 것은 아니다. 내 모든 체험과 사건 속에서 계속 혼란에 빠져 있었던 것은 아님을 깨닫는다. 나를 알고 사랑하게 되는 것, 그것만으로 충분하다. 이 지점에서 내 사명은 '나'다. 내가 어디로 가서 무엇을 할지 걱정하는 것은 내 일이 아니다. 나는 자주 나 자신 밖을 기웃거리면서, 하느님이 나를 위해 준비해 놓으신 것에 대해 근심해 왔다. 오랜 습관을 없애기란 얼마나 어려운가! 하느님의 영광이 나를 위해 거기 있고 모든 시간 속에 있어 왔다. 나 자신을 이해하고, 나 자신을 받아들이고, 나 자신을 사랑하고, 나 자신을 비울 것! 하느님은 빈 그릇과 깨진 옹기를 가장 잘 사용하실 수 있다. 내가 과연 "여기 있습니다!"라고 응답하게 되고, 마침내 그것이 진정 무슨 뜻인지 알게 될까?

1982년 6월 25일

하느님은 크나큰 사랑으로 바라보고 계시다. 마치 정원에서 나비에게 온통 정신을 팔고 있는 자식을 부모가 바라보듯이 ….

빛

시작이며 끝이신 하느님은
우리의 온갖 사소한 두려움과 관심과 편견들보다 크시나이다.
우리는 발에서 시선을 들어 올려 빛을 바라보아야 합니다.
그때 빛은 모든 것을 흠뻑 비출 수 있습니다.
빛 속에서는
우리의 사소한 두려움과 관심과 편견들조차도
진리로 씻겨 내릴 것입니다.
받아들일 때 그것들은 사라집니다.
우리는 빛을 꺼려합니다.
너무나 적나라하게 드러내니까요.
보통은 그늘을 더 좋아합니다.
그 속에서 더 편안하기 때문이지요.
그러나 정직함은 잃고 맙니다.

우주의 질서와 지혜는 나의 자기 인식과 자기 수용을 통해 내 안의 질서와 나를 이끌어 주는 내적 조화를 깨닫게 해 준다. "그분께서는 지나간 일과 다가올 일을 알려 주시고, 숨겨진 일들의 자취를 드러내 보이신다"(집회 42,19). 숨겨진 것들의 자취는 인격적인 이해와 해방으로 이어지고, 우리를 억압하고 통제하는 감춰진 동기와 욕구가 드러난다. 우리는 자유롭게, 무엇을 더하거나 뺄 필요 없이 모든 피조물과 조화롭게 살도록 창조되었다. "그분의 업적은 모두 얼마나 아름다우며 … 그분께서는 어느 것도 불완전하게 만들지 않으셨다"(집회 42,22.24). 하느님이 얼마나 더 인간을 위해 조화를 추구하셔야 한단 말인가.

1982년 6월 28일

조만간 피정을 시작할 것이다.

2

피정
1982년 7월, 예수회 피정의 집(일리노이 주 배링턴)

첫날

나는 지쳤습니다

오늘 피정을 시작합니다.
지치고, 슬프고, 여전히 불안정하고 나약한 나지만
하느님이 좋으신 분임을 내 영혼은 알고 있습니다.
그렇지만 아직도 나는
조금 더 상처를 입으면
심신이 부서지고 죽어 버릴까 봐 두렵기도 합니다.
이 저녁, 다만 이렇게 기도할 뿐입니다.
어머니 하느님, 아버지 하느님,

당신 팔 안에 나를 머물게 하시고 잠들게 하소서.
나는 너무나 오래도록
외로이 어둠 속에 팽개쳐진 어린아이와 같사옵니다.

둘째 날

여러분의 형제로서, 예수님 안에서 여러분과 더불어 환난을 겪고 그분의 나라에 같이 참여하며 함께 인내하는 나 요한은, 하느님의 말씀과 예수님에 대한 증언 때문에 파트모스라는 섬에서 지내고 있습니다. 어느 주일에 나는 성령께 사로잡혀 내 뒤에서 나팔 소리처럼 울리는 큰 목소리를 들었습니다. 그 목소리가 이렇게 말하였습니다. "네가 보는 것을 책에 기록하여 …"(묵시 1,9-11).

파트모스의 요한. 몇 해 전 나는 그리스의 파트모스 섬 동굴 속에 앉아 있었다. 전하는 말에 따르면, 요한은 그곳에서 요한묵시록에 기록해 놓은 환시들을 체험했다. 그가 베개로 사용했던 둥근 돌을 보았다. 그리고 요한이 그때 느꼈을 비참하고 외롭고 두려운 기분을 짐작해 보았다. 하느님은 환시 중에 나타나시어 "두려워하지 마라" 하시며, 그가 본 일곱 교회에 대해서 기록하라고 지시하셨다.

나는 요한이다. 내버려진 채 어찌할 바를 몰라 진저리를 치고 있었을 것이 분명한 그를 느낄 수 있다. 나는 단절되고 왕따가 되어 섬에 갇혀 있다. 이 모든 상황을 어떻게 이해할 수 있단 말인가? 이 혼돈을 어떻게 받아들여야 하는가? 과연 누가 나를 이 폐허에서 끄집어낼 수 있을까? 나는 갇힌 몸으로, 복음 말씀을 가지고 고민하고 있다.

요한에게 찾아온 환시가 그를 뒤바꿔 놓았다. 나는 알 수 있다. 내 보기에, 하느님은 급작스럽게 우리 앞에 나타나시기보다는 슬그머니 몰래 다가오신다. 어쩌면 하느님은 내 뒤로 슬며시 다가오신 다음 작은 빛을 비추어 주실 것이고, 그때 내 눈은 타오르는 불꽃처럼 빛날 것이다. 내 발은 용광로에서 단련되어 빛나는 청동처럼 될 것이다. 내 목소리는 요한처럼 다시 우렁차게 되리라. 내 얼굴은 태양처럼 빛나게 될까? 내 말은 쌍날칼처럼 사람들에게 파고드는 감동을 줄까? 그렇게 '넋을 잃은 채' 오래도록 황망해 있던 나는 자리를 털고 일어나 내가 본 모든 것을 기록할 것이다.

셋째 날

> 하느님의 등불이 아직 꺼지기 전에, 사무엘이 하느님의 궤가 있는 주님의 성전에서 자고 있었는데, 주님께서 사무엘을 부르셨다. 그가 "예" 하고 대답하고는, 엘리에게 달려가서 "저를 부르셨지요? 저 여기 있습니다" 하고 말하였다. 그러나 엘리는 "나는 너를 부른 적이 없다. 돌아가 자라" 하였다. 그래서 사무엘은 돌아와 자리에 누웠다. 주님께서 다시 사무엘을 부르시자 …(1사무 3,3-6).

나는 사무엘이다. 나는 하느님의 성전에서 자고 있고, 주님의 등불은 아직 꺼지지 않았다. 그 불빛으로 내가 어디 있는지는 알 수 있지만 주변까지 또렷이 살피기는 어렵다. 밤이 깊어 자리에 누운 나는 지치고 몹시 피로하다. 긴긴 어둠에 휩싸인 밤, 잠결에 하느님이 나를 부르시는 소리를 듣는다. 자리에서 일어나 밖으로 나와 둘러보았지만 아무도 없다. 나는 내 하느님을 보지 못한다. 부르시는 소리 말고는 아무것도 듣지 못한 채 정적만이 흐른다. 번번이 밖을 둘러보았으나 아무것도 보이지 않는다. 어둠뿐이다.

세 번째 부르시는 소리를 듣고 다시 나온다. 이제 나는 지치고 혼란스럽다. 그러나 도망치지는 않는다. 미미하긴 하나 아직 하느님의 빛이 완전히 사라지지 않은 성전 안에 머물러 있다. 나는 다시 주님의 목소리를 듣는다. 일어나 둘러보는 대신 그 자리에 머물러 있다. 나는 지쳤고 아무것도 찾을 길이 없다. 홀로 머문다. 그러나 나는 아직 다음과 같이 말할 수 있기에 여전히 기다리고 있다.

"말씀하십시오. 당신 종이 듣고 있습니다"(1사무 3,10).

기다림

보이시지는 않으나
풍요로운 축복을 담고 있는 당신의 놀라운 영광을 위해
하느님은 나를 준비하게 하시네.
느낄 수는 없지만
따뜻하고 한결같은 손길로 하느님은 내 영혼을 단련시키시네.
한 번도 본 적 없는 낯선 이처럼
하느님은 내 캄캄한 밤 주위를 맴돌며
크나큰 사랑으로 나를 풀어놓아 주시네.
오, 하느님은 당신의 위대한 영광을 위해 나를 채비하게 하시네.
밤중에 헤매는 이 철부지 어린애가
기쁨이 충만한 곳으로 찾아오도록.

넷째 날

> 내가 길을 떠나 정오쯤 다마스쿠스에 가까이 이르렀을 때, 갑자기 하늘에서 큰 빛이 번쩍이며 내 둘레를 비추었습니다. 나는 바닥에 엎어졌습니다. 그리고 … 나에게 말하는 소리를 들었습니다. … "주님, 제가 어떻게 해야 합니까?" 하고 여쭈었더니, 주님께서 나에게 이르셨습니다. "일어나 다마스쿠스로 들어가거라. 장차 네가 하도록 결정되어 있는 모든 일에 관하여 거기에서 누가 너에게 일러 줄 것이다"(사도 22,6-7.10).

나는 바오로다. 나는 긴 여행을 하고 있으며, 이것이 나의 삶이다. 여행길에서 나는 거꾸러졌고 아무것도 볼 수 없게 되었다. 내 생명 안에 있는 힘과 현존을 느끼지만 보지는 못한다. 나는 눈이 멀었다. 하느님의 생생한 빛이 나에게는 너무나 강렬하다.

내가 하느님을 박해해 왔을까? 나는 무얼 하고 있단 말인가? 바오로가 다마스쿠스로 가게 된 것처럼, 나는 혼란에 빠진 채 피정집에 와 있다. 여기서 나는 내가 '하도록 결정되어 있는' 바를 듣게 될 것이다.

나는 부대끼고 있다. 오늘 아침, 미사를 마친 뒤로 내내 번민에 휩싸여 있다. 사랑을 수단으로 삼아 고통을 이상화하고 희생을 부각시키는 표현들은 성차별주의적이고 그 신학은 썩어 문드러져 있다.

그렇다. 십자가는 스캔들이었다. 사랑을 위해 희생하도록 우리 모두를 부르는 신화는 건강하지 못하다. 그것은 왜곡이다. 그러나 여성주의적 접근은 창조적이며 사랑과 자상함을 추구한다. 나는 너무 오랫동안 죄의 벌과 희생으로 오도하는 신학을 견뎌 왔다. 그 신학은 내 온 삶을 억눌렀으나 나를 (필경) 강하고 용감하게 만들어 주었다! 그것은 내 안의 태생적 부드러움과 사랑을 향한 원초적 열망을 억눌렀다. 집착함 없이 사랑은 말한다. "내가 너를 위해 한 것 때문이 아니라 지금 있는 그대로의 나를 사랑해 줘." 그러나 이 모든 상황 속에서 나는 크나큰 외로움을 느낀다. 나에게 그토록 오랫동안 불의와 편견을 심어 놓은 교회에 더는 속해 있지 않은 것처럼 느껴질 때도 있다. 한때는 친숙했으나 나를 죄인 취급한 그곳이 이제는 낯설고 적대적인 곳이 되었다. 나는 이방인이다. 두렵다. 그렇지만 이곳은 내 집이자 내 교회다.

꿈을 꾸었다. 성찬례에서 사제 네 명과 함께 제대에서 무릎을 꿇고 있다가 갑자기 내가 엉뚱한 곳에 있음을 눈치챘다. 일어나서 거리로 나왔더니 어떤 여자가 나를 기다리고 있었다. 오래 기다렸다고 했다. 그녀가 나를 데려간 낡은 집 안에는 곤경에 처한 가족이 있었다. 교회와 분리된 세상에서 벌어지는 사투가 느껴졌다. 교회는 의식과 전례에만 관심 있을 뿐 가난한 이들에게는 무관심했다. 나는 교회로 되돌아왔는데 교회는 낡은 대저택처럼 보였다. 내부는 거미줄과 먼지가 가득했다. 한때 나는 그 집 여주인이었기 때문에 지독한 회한에 젖어 그곳에 대한 애정을 되새겼다. 이제 교회는 음침하게 방치되어 있다.

이 꿈은 내가 더 이상 교회에 몸담고 있지 않다는 느낌과 맞아떨어진다. 두렵다. 어떻게 내가 내 교회를 떠날 수 있단 말인가? 나를 낳아 준 것이 바로 이 교회다. 나를 혼란에 빠뜨린 것도, 내 삶에 의미를 준 것도 교회다. 그러니 어떻게 해야 이곳에 남아 있을 수 있을까?

하느님, 나에게 이 모든 것이 하나의 망상임을 보여 주소서!

다섯째 날

> 양 떼를 먹이는 것이 목자가 아니냐? … 너희는 약한 양들에게 원기를 북돋아 주지 않고 아픈 양을 고쳐 주지 않았으며, 부러진 양을 싸매 주지 않고 흩어진 양을 도로 데려오지도, 잃어버린 양을 찾아오지도 않았다(에제 34,3-4).

나는 내가 늘 사랑했던 교회 안에서 잘못된 힘과 권위주의를 점점 더 많이 체험하게 되었다. 교회 내부의 편견을 체험하면서 느끼는 고통을 인정할 수 있게 되면서 나는 더 정직해졌다. 여자로서 나는 금지와 억압을 경험했다. 교회는 나에게 미소를 보내면서 착하고 순종적인 소녀라고 치켜세웠다. 그러나 소녀는 이제 여자가 되었다. 나는 교회를 사랑하고 교회에 봉사해 왔지만 지금의 교회는 뚜쟁이처럼 억압적이고 폭력적이다. 나는 교회가 깊은 신앙을 지니고 있다고 생각하지 않는다. 사람들은 교회로부터 양식과 생기와 위안을 얻지 못한다. 우리는 사람들에게 빵 대신 돌을 먹이고 있다. 복음은 사회·정치·경제적 혹은 영적으로 우리를 억압하는 모든 것에 무심하다. 그렇다. 교회는 확실히 에제키엘이 자기 백성과 민족과 가족이 눈멀었다고 증언한 지옥처럼 되어 버렸다. 나도 에제키엘과 같은 생각이다.

나는 내 어머니인 교회가 포주 노릇 하는 것을 보고 싶지 않다. 교회는 스스로 그러고 있는 것을 깨닫지도 못한다. 그러니 내가 수동적으로 교회 권력 구조에 복종하고 이를 받아들인다면, 나는 몸을 팔고 있는 것이 아닌가? 내 어머니의 뚜쟁이 짓에 기여하고 있는 것 아닌가? 하느님의 연민을 헤아리면 헤아릴수록 나는 우리가 연민과 보살핌의 교회가 아니라는 사실을 더 뼈저리게 자각한다.

오늘 아침은 어떤 이유인지 평화가 흘러넘친다. 피정집 주변을 산책하면서, 나를 둘러싼 것들이 얼마나 아름다운지를 깊이 실감한다. 하느님은 모든 곳에서 숨 쉬고 계시다. 내가 중시한 모든 것이 내 앞에서 어떻게 허물어졌는지를 돌아본다. 내가 사랑했던 교회와 교회의 많은 전통이 이제 나를 집 없는 떠돌이처럼 버려둔다. 지금 나는 어린애였던 나를 어머니 교회가 키우지 못했고 여자로서의 나를 원하지도 않는다는 점을 직시하고 있다. 어머니는 나를 필요로 하면서도 아직 이 사실을 모른다. 교회는 성인이 되어 이 세상에 사랑과 자비를 전해 줄 내 형제자매들을 필요로 하지만, 눈이 멀어 아무것도 보지 못하게 되었다. 슬프고 마음이 아프지만 그래도 평화롭다.

여섯째 날

잃어버린 어머니 교회 대신에 강인하고 모든 것을 설복시키는 성령이 내 안에서 깨어남을 감지한다. 나는 어머니 하느님의 이미지에 닿아 있었다. 아침에는 어머니 하느님께 당신 얼굴을 보여 주십사고 기도했다. 하느님은 희망으로 가득 찬 미래를 계획해 놓으셨다. 그리고 내 응답을 기다리신다. 하느님은 생명이라는 선물을 자유롭게 주시는 내 어머니시다. 그러나 나는 요청해야 하고 찾아야만 한다. 그제서야 하느님은 들어주시고 나는 당신을 찾게 될 것이다. 행동은 대부분 내 몫이다. 하느님은 기다리신다. 당신의 태 안에서 새 생명이 되어 태어날 자식을 기다리는 어머니처럼. 나는 흥분해 있다. 새 생명을 낳으라는 부르심을 받은 기쁨을 체험한다. 창조하시는 하느님을 따라 나도 창조하도록 부르심을 받았다. 부르심을 받은 나는 이제 새 생명을 낳아야 한다.

지난주에는 고양이들한테서 새끼 다람쥐 한 마리를 구해 냈다. 그 작은 생명을 손바닥에 올려놓았다. 젖은 채 부들부들 떨면서 두려움으로 입은 벌어지고 눈은 휘둥그레진 녀석의 모습은 아름다웠다. 녀석은 와들와들 몸서리를 쳤다. 모든 갈등을 뒤로 하고 순식간에 느꼈던 뜨거운 연민을 나는 기억한다. 공포에 떠는 새끼 다람쥐와 비교할 때 나는 얼마나 크고 힘이 센가! 그 어린 생명에게 친절한 얼굴을 보이고 싶었다. 보호하고 다독여 주고 싶었지만 그 녀석은 너무나 두려운 나머지 나를 깨물려고 했다. 내가 녀석을 사랑하고 보호하려 한다는 사실을, 이 작은 다람쥐가 두려움에 사로잡혀 있는 순간에조차 이해시키고 싶었다.

그날 이후 종종 녀석을 떠올린다. 그리고 내가 다람쥐 같다고 느낀다. 하느님이 당신 손바닥 위에 나를 올려놓고 바라보시는 것 같은 기분이다. 어머니 하느님의 사랑은 내가 다람쥐를 손바닥 위에 놓았을 때 느꼈던 것보다 훨씬 더 깊다. 그분 손안에 있으면서도 나는 그분이 나를 사랑해 주길 열망하며 발을 구르고 짖어 대고 있다.

다람쥐가 안전해질 때까지 나는 녀석을 혼자 가게 두지 않았다. 나는 안다. 그리고 이제는 느낀다. 내가 안전해지기 전까지는 하느님이 나를 혼자 내버려 두지 않으시리라는 것을 말이다. 하느님 눈에 나는 얼마나 소중한가! 나는 다람쥐를 사랑했다. 그러니 하느님은 나를 얼마나 더 사랑하시겠는가!

하느님은 …

하느님은 내가 헤엄치고 있는 물,
그녀는 내가 숨 쉬는 공기,

그녀는 나를 둘러싼 생명이시다.
그녀는 이 모든 것이자 아무것도 아니시다.
그러나 그녀는 나와 가까이 계시다.
그녀의 손길을 느낄 적마다
나는 노래하고 춤추며 용솟음치고 뛰놀았으나
그녀가 가 버렸다고 느껴지자
슬픔에 빠진 아이처럼 흐느껴 울었다.
숲을 기억한다.
높으나 깊고
밝으나 어둡고
황폐하지만 위안이 되는 곳.
그 모든 시간에 하느님은 거기 계셨다.
어둠은 나에게만 어두웠을 뿐
하느님은 나를 두고 숨지 않으셨다.
나는 그녀의 섬세한 생명의 망도
아름다운 구원 계획도 보지 못한 채
내 어둠 속에 갇혀 있었다.
우리 스스로 만든 불신!
나 자신이 빚어낸 의심!
하여 나는 스스로의 나약함을 느끼나니
나는 새로운 창조이자 창조물, 창조자다.
내가 애타게 기다린 봄의 계절은
내 하느님이 당신의 경이로움을
부드럽고도 인자하게 내게 환기시켜 주시는 때!

내가 있고
하느님이 현존하신다.

일곱째 날

이스라엘이 아이였을 때에 나는 그를 사랑하여 나의 그 아들을 이집트에서 불러내었다. 그러나 내가 부를수록 그들은 나에게서 멀어져 갔다
(호세 11,1-2).

나는 하느님의 고통 때문에 운다. 어린아이들 때문에 운다. 어머니 하느님의 크나큰 외로움을 체험한다. 당신 피조물이 자유로워지기 전까지는 자신이 낳은 것과 떨어질 수 없는 어머니 하느님의 고통 때문에 괴로워 나는 운다. 부들부들 떨린다. 나는 어머니이자 자녀다. 나는 하느님이 떠시는 것을 본다. 정말로 부들부들 떨고 계신 하느님 때문에 나는 운다. 하느님이 우리를 사랑하시는 방식을 우리가 알게 된다면, 떨며 울지언정 더 이상 두려워하지는 않으리라. 너무 자주 우리는 눈이 멀어 그것을 알아채지 못한다. 많은 순간 우리는 길 잃은 양처럼 어리석다. 우리는 진정 헤매길 원치 않으며, 하느님도 이것을 이해하신다. 비극은 하느님이 괴로워하시는 것이 아니라 하느님의 사람들 사이에서 우리가 눈이 멀고 두려움에 사로잡히는 것이다.

나는 사람들을 위해서도 운다. 다른 이들까지 자유와 기쁨으로 초대히는 신앙이 없이는, 기꺼이 나를 맡긴 채 쉴 수가 없다. 인격적 신앙은 다른 이들과 관계 맺을 때에만 느낄 수 있고 자유로울 수 있다. 그리고 흘러넘치며 소리친다.

여덟째 날

하느님께서 보시니 손수 만드신 모든 것이 참 좋았다(창세 1,31).

내가 하느님이 창조하신 세상 전체의 한 부분처럼 느껴진다. … 나는 세상을 사랑하고 돌보길 원한다. 창조된 모든 것은 나의 선함과 기쁨을 위해 존재하기 때문이다. 나는 새와 꽃들과 대화를 나눈다. 나비들과 함께 날아다니면서 밤을 무서워하다가 아침에는 다시 새로워진다. 내 앞에 펼쳐진 하느님의 정원 안에서 나는 즐겁다. 아름다운 백합들을 본다. 꽃들은 정원에서 눈부시게 피어난다. 그런데 키가 크고 꽃송이가 무거운 나머지 비스듬히 고개를 숙인다. 나는 꽃송이를 들어 올리며 속삭인다. "아름답구나. 숨지 마! 너희 자신을 드러내고 이 자리를 우리 하느님의 제대로 만들렴." 내가 바라보는 모든 것은 그들이 있는 자리에서 하느님을 찬미하고, 나는 곁에서 걷거나 뛰어다니면서 모든 것을 누리고 있다. 이것이 하느님께 드리는 내 기도이자 찬송가다. 이것이 인간 됨을 실현시키고 기쁨을 전해 주는 창조 세계를 내가 사랑하며 직접 참여하는 방식이다.

아홉째 날

그 사람은 빛이 아니었다. 빛을 증언하러 왔을 따름이다(요한 1,8).

안정감과 안도감과 겸허함을 느낀다. 어떤 이가 나에게 등불 하나를 가져왔고 따스한 감촉을 전해 준다. 그 빛이 나를 위해 그리고 다른 이들을 위해 비친다. 나는 내 안의 소리를 듣는다. '등불을 들어 올리면 그들이 볼 거야.' 등불을 들어 올린다. 빛이 내 위쪽에 있으니 직접 빛을 보지는 못해도 느낄 수는 있고, 그 행위는 꽤 효과적이다. 나는 등불을 들고 있는 것이 행복하다. 이것이야말로 내가 할 일이다.

열째 날

> 그분의 업적은 모두 얼마나 아름다우며 얼마나 찬란하게 보이는가!(집회 42,22).

자연과 우주 안에는 정녕 조화로움과 아름다움이 존재한다. 이것을 돌보는 임무가 우리에게 맡겨졌다. 하느님이 창조하신 가장 위대한 피조물인 우리가 해야 할 일이 이것 말고 또 무엇이 있겠는가. 나는 주변의 가장 미소한 피조물한테 배우고 나 역시 자비와 지혜를 지닌 피조물이 되도록 부름 받았다. 하느님이 만드신 것 가운데 결코 불량품은 없다. 모든 것이 그분의 영광과 아름다움을 위해 창조되었다.

오로지 하느님의 진리를 보기 위해서 나는 세상에 나가야 한다. 밖이 어두울 때는 내면을 살필 필요가 있다. 진리는 내 안에도 있기 때문이다. 자기 자신의 아름다움을 믿는 이는 적다. 이 서글픈 현실은 자비와 미덕이라는 인간의 잠재력을 쪼그라들게 만든다. 나는 사람들로 하여금 아름다움을 지닌 자신의 무한한 잠재성을 믿게끔 도와주고 싶다. 다른 말로, 우리가 자기 자신을 비하하면 그것은 하느님도 비하하는 것이다. 나는 하느님이 무진장 뿌려 놓으신 아름다움의 씨앗을 피어나게 하고 싶다.

열한째 날

> 그분은 시작이시며 죽은 이들 가운데에서 맏이이십니다. 그리하여 만물 가운데에서 으뜸이 되십니다. 과연 하느님께서는 기꺼이 그분 안에 온갖 충만함이 머무르게 하셨습니다. 그분 십자가의 피를 통하여 평화를 이룩하시어 땅에 있는 것이든 하늘에 있는 것이든 그분을 통하여 그분을 향하여 만물을 기꺼이 화해시키셨습니다(콜로 1,18-20).

내가 겪는 모든 소소한 죽음들에서 일어나 평화와 화해의 고리가 되어야 한다. 예수는 죽음에서 일으켜진 맏이이시다. 그의 눈물과 그의 피와 땀은 이 세상을 위한 희망의 상징이 되었다. 그의 생애는 하느님이 우리를 온전하게 부르신다는 표지였다. 그러나 내가 물리적인 죽음을 기다려야 하는 것은 아니다.

 나는 끊임없이 나 자신과 다른 이들이 강요당해 온 죽음을 벗어 버리고 일어나라고 부름 받았다. 신뢰의 죽음, 조화의 죽음, 친절의 죽음, 용서의 죽음, 사랑의 죽음 ….

 모든 죽음으로부터 일어나면서 모든 온전함이 생겨난다. 우리가 십자가에서만 죽어야 하는 것이 아니다. 하느님과 자연, 다른 사람들과의 관계를 신뢰하지 못할 때 나는 죽는다. 신뢰, 조화, 친절, 용서, 사랑을 수용하여 내가 맺는 관계 안에서 치유의 힘을 발휘할 때, 사랑 안에서 주고받을 때 나는 부활한다. 부활은 항상 나를 숨 쉬게 한다. 하느님은 정의와 굳은 믿음을 가지도록 언제나 나를 호리신다. 부활이라는 도전과 경이로움은 거의 매 순간 내 앞에 있다. 부활은 일상 사건이다.

열두째 날

꿈. 내가 익히 아는 영국의 어떤 장소가 보인다. 그곳은 바위와 거친 야생의 풍광으로 유명하다. 나는 사방에 흩어진 거대한 돌 더미와 수십 마일이나 늘어선 돌담을 보고 있다. 아주 선명한 꿈이었으나 무엇을 의미하는지 이해할 수 없었다.

하느님은 돌에 관하여, 사람들의 마음이 돌이 되어 버렸다는 식으로 말씀하셨다. 하느님은 노하셨다. 나는 하느님이 우리의 폭력에 화가 나셨다고 받아들였다. 핵무기를 통한 살상 계획과 지구 별을 파괴하려는 시도들에 우리는 신중해야 하리라. 참으로 내가 절망하기 시작했을 때 어머니 하느님이 일어나시는 기운을 느꼈다. 그녀는 당신 창조의 자궁에서 급류를 쏟아 내어 거칠고 메마른 돌 더미들을 쓸어버리고 싶어 하시는 듯했다. 말씀The Word은 항상 지구의 자궁 안에서 형성되고 있다. 말씀은 어둠 속에서 끝없이 태어난다.

열셋째 날

커다란 바위가 떠오른다. 그 바위는 그리스도의 시신이 있는 무덤을 막고 있었다. 내가 바위를 치우자 어두웠던 그곳에 빛이 스며들었다. 바위를 치우지 않으면 무덤 속에서 기어 다녀야만 한다. 바위는 밖에서 끌어낼 수 없고 안에서만 밀어낼 수 있을 뿐이다. 그 안은 매우 어둡지만 들어가야 한다. 자신의 어둠과 만나기 전에는 다른 이들의 어둠을 만날 수 없는 **법**이다.

백합

나는 한 송이 백합이지만
이제 아름다움은 시들어 고개 숙이고 있네.
하느님이 오시어 나를 꺾으시네.
내 어머니 집인 가슴속에서
죽어 가는 나에게 물을 주시고는
천 번이나 입 맞춰 주시네.

열넷째 날

이스라엘 집안아, 옹기장이 손에 있는 진흙처럼 너희도 내 손에 있다(예레 18,6).

나는 하느님 손에 있는 진흙이다. 어느 때는 하느님의 부드러운 손길에 적절히 응하지만 그렇지 못한 때도 있다. 같은 진흙덩이에서 다양한 것들이 만들어질 수 있다. 나는 교사, 관리자, 강연자, 학생, 은수자, 사랑하는 사람이었다. 많은 일을 수행하면서 다양한 사명에 부름을 받았고 모든 역할에 익숙해졌다. 그러나 그것은 모두 동일한 나다.

내가 응답하는 한, 하느님은 내 안에서 나의 고유한 길을 계속 만들어 가실 수 있다. 하느님은 줄곧 나를 새롭고 흥분되는 도전으로 안내하신다. 내가 응답할 때만 그분은 물음을 던지신다. 내 안에서 형성되고 있는 새로운 창조와 부르심에 나를 개방하고 적응해야 하리라. 하느님은 나를 커다란 주전자로 만들어 물을 가득 채운 다음 메마른 돌 더미에 쏟아붓게 하실 수 있다. 나는 다시 새로워지고 다시 모양을 갖추길 기다려야 한다. 치댈수록 부드러워지는 진흙은 옹기장이 손에서 다양한 모양으로 만들어진다. 내가 옹기장이, 사랑의 창조자로 부름 받았다는 것을 기억해야 한다. 나는 깊은 평화와 창조물의 지각과 함께 탄생을 가져오는 존재의 감각을 느낀다. 어머니 하느님은 당신 얼굴을 보여 주시는 동시에 옹기장이 손에서 진흙이 어떻게 변하는지도 보여 주실 것이다.

열다섯째 날

주님께서 모세에게 말씀하셨다. "이 백성은 … 나를 저버리고, 내가 그들과 맺은 나의 계약을 깨뜨릴 것이다"(신명 31,16).

이제 너희는 이 노래를 적은 다음, 이스라엘 자손들에게 가르쳐 그들의 입에서 떠나지 않게 하여라. 이 노래는 이스라엘 자손들에게 나의 증인이 될 것이다(신명 31,19).

하느님은 모세에게 백성들의 불신앙에 대해 말씀하셨다. 하느님은 내게 우리가 신앙 없는 이들이라고 말씀하신다. 모세에게 신앙 없는 사람들이 부를 노래를 주시면서, 하느님은 계약을 상기시키신다. 그것은 유죄를 판결하신 것이기보다는 관계를 회복하자고 부르시는 것이다. 하느님은 우리가 완고하여 화가 나시거나 실망하실 때면 등을 돌리신다. 그러나 하느님은 늘 치유와 화해를 결심하고 다시 돌아오신다. 그렇다면 왜 하느님은 굳이 사람들에게 노래를 부르도록 하시는 걸까? 하느님은 우리가 자신의 신앙 없음을 인정하고 관계를 회복하길 바라신다.

하느님은 나에게 노래를 주셨다. 나 역시 불러야 할 노래가 있다. 내 노래는 사람들을 향해 사랑이신 하느님께로 돌아가라고 촉구한다. 내 노래는 어머니 하느님의 자비로운 얼굴을 보라고 사람들을 초대한다. 나는 다정한 하느님을 노래한다. 우리는 가끔 눈이 멀고 멍청해진다. 하느님에 대해 우리가 가진 이미지들은 너무도 보잘것없다. 하느님은 정말 인내심이 많으시다. 다정하신 하느님. 내 노래는 탄생의 노래로, 내 안에서 자비로운 여자가 탄생한다는 내용이다. 하느님의 얼굴이 내 안에 나타날 때에야 비로소 내 앞에 그분의 얼굴이 나타날 것이다. 이것은 나 자신의 탄생 과정에 적극 참여하는 것이기도 하다.

열여섯째 날

보라, 그날이 온다. 주님의 말씀이다. 그때에 나는 이스라엘 집안과 유다 집안과 새 계약을 맺겠다(예레 31,31).

하느님이 만드신 새 계약은 내 마음속 깊은 곳에 각인되어 있다. 이 계약의 깊이에 도달하기 위해서는 천천히 잠겨 들어야 할 것이고 내 존재의 가장 깊은 심연에서부터 끊임없이 떠올려야 하리라. 이는 나를 묶고 억누르는 모든 것을 살펴보고 면밀히 성찰하는 하나의 과정이다. 또한 시간을 충분히 두고 나 자신을 키워 나가야 하는 고통스러운 과정이다.

나는 자판기 커피처럼 즉시 회심하지는 못할 것이다!

열일곱째 날

　　내 양들을 돌보아라(요한 21,17).

전에도 기도하면서 많이 들은 말씀이다. 그리고 지금 다시 아주 또렷이 듣는다. 나는 왕이신 그리스도를 따랐다. 나는 군인이고 싸움꾼이었다. 이제 나는 왕이신 그리스도의 이미지를 대신하여 목자이신 그리스도를 바라본다. "내 양들을 돌보아라." 누가 양들을 돌볼 것인가?

　당신 안에 있는 군인이 아니라 자애로운 여인이 양들을 돌볼 것이다. 당신은 전투를 훌륭히 수행했다. 이제는 자애로운 여인이 출산할 차례다!

　갈등을 느낀다. 나는 지도자, 안내자, 촉매자다. 그런데 자애로운 여인은 따뜻이 돌보고 먹인다. 나는 역할을 바꾸는 것이 두렵다. 왕은 어디 계신가? 전쟁터에? 군인들은 어디 있는가? 내 눈에는 목자만 보이는데 그분은 다만 "내 양들을 돌보아라" 하실 뿐이다.

　나는 싸움꾼인데 돌보고 먹이는 일을 할 수 있을까? "내 양들을 돌보아라." 나는 외면한다. 무척 슬프다. 여전히 두렵다. "내 양들을 돌보아라." 왜 두려워하는가? 나는 오랫동안 군인이었다. 그런데 양들을 돌보는 것은 자애로운 여인이다. 강인하고 양보 따위 모르는 군인에서 생명을 주고 양육하는 여인으로 옮아가야 한다.

열여덟째 날

　　여섯째 달에 하느님께서는 가브리엘 천사를 갈릴래아 지방 나자렛이라는 고을로 보내시어, 다윗 집안의 요셉이라는 사람과 약혼한 처녀를 찾아가게 하셨다. 그 처녀의 이름은 마리아였다(루카 1,26-27).

마리아는 두려워했다. 그녀는 질문하고 의심했다. 마음 가장 깊은 심연에서 마리아는 굳은 믿음을 가지고 하느님이 하시는 일을 알았다. 비록 그녀는 긴 시간 어둠을 경험하고 수없이 의심했지만, 하느님이 그녀에게 내린 어머니가 되라는 부르심에 결코 '안 된다'고 말하지 않았다. 그녀는 그 모든 괴이한 일을 거슬러 굳건했다. 신앙은 어둠 속에서 분명해졌다. 마리아의 위대함은 즉각적이고 확고한 복종이라는 순종적이고 탁월한 판단에 있는 것이 아니라, 자신이 완전히 이해하지 못한 것에 '예'라고 응답한 단순하고 뿌리 깊은 신앙에 있다. 그녀는 마침내 명백한 실패와 죽음에 맞닥뜨렸을 때조차 '예'라고 응답했다. 그녀의 위대함은 강하고 뿌리 깊은 그녀의 신앙에 있다.

마리아가 '말씀'을 낳은 과정은 석연치 않았다. 그녀는 어둠을 품었고 어둠을 낳았다. 그녀는 예수를 먹이고 입히고 씻겨야 했다. 이 무력한 아기가 하느님의 말씀이 될 수 있단 말인가? 마리아는 말씀을 길러야만 했다. 예수는 그녀가 주는 음식과 보살핌에 의존해 있었다. 그녀는 어둠 속에서 말씀을 길러 냈다. 그녀는 자애로운 어머니였다. 그녀는 이해했기 때문이 아니라 믿었기 때문에 응답했다.

열아홉째 날

날아오름

나는 계단을 기어 내려와
태양을 품었던 지혜가 탈출하듯이

탁 트인 공기 속으로 달아난다.
무성한 나뭇잎들 아래 숨었더니
그들은 바스락거림을 멈추고 고요해진다.
내가 선택한 길은 발소리조차 없는
아무도 만나 볼 수 없는 길.
내가 바라던 따뜻하고 검은 대지는
어두운 품속으로 나를 데려간다.
잎사귀들 틈새로 빛이 춤추는 동안
나는 나를 뒤쫓는 태양을 비껴 지나간다.
두려운 침묵 속에서 귀를 닫아 버려
나는 하느님의 천둥소리를 듣지 못한다.
살금살금 발끝으로 걸어서
하느님은 내 발소리를 듣지 못하신다.
그러나
내가 만지는 모든 것이 하느님으로 변하여 나를 바라본다.
나는 날아오르고 어리둥절해진다.
배신한 것이 두려운 나머지
창조 세계를 통과하며 달리고 비틀거리면서
창조주한테서 도망친다.
마침내 기진맥진하여 멈추었으나
죽어 가는 바로 그 호흡 안에서조차
내가 도망쳐 온 살아 계신 창조주를 들이마신다.

스무째 날

> 그들이 거기에 머무르는 동안 마리아는 해산날이 되어, 첫아들을 낳았다(루카 2,6-7).

나는 마리아와 함께 있다. 자리는 불편하고 마룻바닥은 딱딱하며 지푸라기는 거칠다. 시간은 밤이다. 마리아는 두려워한다. 그녀는 기도하고 있다. 그녀는 진통을 겪고 있다. 그녀는 출산 중이고 너무나 고통스럽다. 그녀는 소리친다. 요셉은 걱정한다. 숨쉬기조차 어렵다. 주위에는 소똥 냄새가 진동한다. 마리아는 헐떡이며 신음한다. 아기가 태어난다. 불결함, 악취, 어둠, 진통 … 이것이 출산이다. 고통스럽고 어두운 일. 곧 마리아는 감사 기도를 드리면서 녹초가 되어 잠에 빠져든다.

 나 또한 출산을 해야 한다. 어둠 속에서 '말씀'을 다시 한 번 출산해야 한다. 이것이 말씀이 태어난 방식이고 앞으로도 태어날 방식이다. 나는 말똥 속에서 태어난 하느님의 모호하고 경외로운 지혜를 믿어야 한다. 똥 속의 거룩함, 진창 속의 신비가 어떤 의미를 주는지 이해해야 한다.

 생명을 낳아라! 마구간으로 가라! 나는 오직 하느님과 함께하면서 다 내려놓고 다시 시작해야 한다. 마구간으로 돌아가라! 두려워하지 마라! 다시 생명을 낳아라! 나는 아무것도 없이 다시 시작해야 한다.

 이전보다 더한 평화를 느낀다. 꽃들의 향기가 느껴진다.

스물한째 날

> 그 무렵에 예수님께서 갈릴래아 나자렛에서 오시어, 요르단에서 요한에게 세례를 받으셨다(마르 1,9).

예수는 자유롭게 세례를 받으려고 자신이 선택한 사람 요한에게 갔다. 요한과는 우정, 가족, 사랑으로 묶여 있었기에 자신의 사명이 지닌 '인간적' 측면을 확인한다. 그는 관계들이 파괴된 세상을 받아들였다. 그 세상에는 정치 지도자들과 종교 지도자들로 말미암은 억압과 불의가 용인되고 횡행했다. 세례를 통해 예수는 자신이 세상의 일부임을 인정했고 기도했다. 그러자 하느님의 영이 그에게 내려오셨다. 내가 내 세상의 조건을 받아들이고 끌어안을 때 하느님의 영은 나에게도 내려오실 것이다. 나는 창조 세계 전체의 구원에서 한몫을 담당할 것이다. 그때 나는 하느님의 구원 계획 안에 포함될 것이다.

자애로운 여인은 진리에 머리를 숙인 채 자기 자신의 실체를 받아들이는 가운데 자신의 아픔과 고통과 세상 죄의 실체도 받아들인다. 자애로운 여인은 사람들의 상처와 애잔한 서러움을 본다. 그녀는 영웅으로 나서지 않지만 현실 앞에서 용감하다. 사랑 안에서 그녀는 슬픔을 간직하고 있다. 연민 안에서 그녀는 자신을 아프게 하는 것에까지 손을 내민다. 나는 내 아버지의 집, 내 어머니의 보금자리로 가야 한다. 나는 이 거룩한 곳에 소속되어 깊은 평화를 체험한다. 이곳은 내 아버지의 집이요 내 어머니의 보금자리다. 나는 이곳을 떠나선 안 된다. 여기야말로 내가 머무를 곳이다. 나는 내 아버지의 집, 내 어머니의 보금자리 안에서 태어났다. 하느님의 방식이란 내가 어머니 집의 여주인으로서 인간적인 혼돈을 끌어안은 채 나 자신에 몰두하는 것이다.

나는 인간적인 혼돈과 상처 입고 자신을 하찮게 여기는 사람들의 아픔 속에 나 자신을 잠기게 할 수 있을 것인가? 나는 노숙자나 가난하고 소외받는 이들과 함께 어둠 속으로 걸어갈 수 있을까? 성매매 여성들은 어떠한가? 누가 성매매 여성들을 돌보는가? 나는 이들과 동행할 것인가? 이것이 내가 해야 하는 일인가?

스물두째 날

> 예수님께서는 성령으로 가득 차 요르단 강에서 돌아오셨다. 그리고 성령에 이끌려 광야로 가시어, 사십 일 동안 악마에게 유혹을 받으셨다(루카 4,1-2).

유혹 … 터무니없는 것들이다! 나는 공상에 빠져 있을 뿐이다. 어머니 하느님이 이 사막에서 나를 지켜 주시니 굳건할지어다. 내 머리는 내가 받은 선물들을 사용하라고, 그 선물을 낭비하거나 어딘가에 숨기지 말라고 외치는 낯선 쇳소리로 들어차 있다. (그런데 값진 진주는 어디에 있는가?) 낭비라 … 재능, 선물, 강연자, 작가 … 너는 영향력을 줄 수 있고, 사람들에게 영감을 주고, 청중을 사로잡을 수 있어. … 너는 많은 일을 할 수 있어. … 그런데 스스로를 땅에 묻고 벌레가 될 셈이야? 사람들에겐 변혁이 필요해. … 교회 안에는 무수한 억압과 타락이 벌어지고 있어. … 선량한 사람들이 너를 기다리고 있잖아! 성매매 여성들은 스스로 돌보면 돼. … 교회가 더 중요해. … 이성을 차리고 분별력을 갖춰. 성매매 여성들에 대한 어리석은 생각일랑 집어치워. 그건 단지 색다른 것일 뿐이잖아. 너의 유혹이란 바로 이 어리석은 생각이야!

 너는 다른 뭔가가 되고 싶은 것뿐이야. … 너는 어둠 속에 불빛을 가져가고, 어차피 먹으려 들지도 않는 길 잃은 양을 먹이겠다는 어리석고 낭만적인 상념에 사로잡혀 있을 뿐이야. 그들은 너를 원하지 않아. 하느님도 네가 그들을 구원할 거라고 여기지 않으시고. 그들은 결코 너를 좋아하지 않을 거야. 그러니 그냥 내버려 둬! 너는 하느님이 네게 주신 모든 선물과 네가 할 수 있는 모든 선한 행위에 대해 고민하면 되는 거야. 네가 얼마나 많은 카리스마를 가지고 있는지 알잖아. 네가 받은 모든 것을 내팽개치지 마. 너는 지적이고 현명한 여자라는 것도 잊지 마. … 아주 성실하고 현실적인 집안에서 태어났잖아. 꿈이라는 둥, 환시라는 둥, 집으로 간다는 둥 헛소리는 집어치우고 좋은 직장에서 일하면서 그 일을 즐기는 거야! 너의 유혹은 언제나 가장 험한 길을 가려는 거야. 자존심 때문인가 보지? 언제쯤 되어야 너는 그것이 하느님이 원하시는 게 아니라는 걸 알게 될까?

    소리들, 소리들, 낯설고도 날카로운 소리들. 호리면서 … 파고든다.

    멈춰야 한다!

스물셋째 날

성찬례를 숙고하다.

    '내 아버지의 집에 머물러라. 이것이 내 교회, 내 집이다.'

    내 교회와 교회 지도자들에 대해 곰곰 생각한다. 여전한 낯섦과 그간 받은 상처를 의식하면서. 교회 지도자들이 저지르는 억압과 불의에 질려할 때조차도 나는 그들을 사랑하고 있다. 그 안에 머물러야 한다. 그것이 내가 받은 세례에 걸맞은 처신이다. 그것이 세례의 의미다.

    나는 앉아 있고 남성들만 제대에서 성찬례를 거행하는 것의 부당함을 알고 있다. 자애로운 여성들은 제대에서 배제되어 왔다. 여자는 아버지 하느님의 이미지가 아니라고 일컬어졌기 때문이다. 제대 위 남자들은 자애로운 어머니 하느님이 늘 자신의 모든 자녀를 먹이고 양육한다는 것을 알지 못한다. 나는 이 억압을 수용하지 못한 채 궁지 속에서 꼼짝 못한다. 전사의 왕이신 하느님 이미지를 고집할 때 우리는 얼마나 쉽게 자기기만에 빠지는가! 이 이미지는 위계질서를 유지시키는 권력의 불평등함과 오용을 정당화한다. 목자들이 모여서 미사를 집전할 때 양들로부터 멀어지게 마련이다. 그들은 스스로를 분리시키고, 양들에게 위계적 권위 구조야말로 하느님과 우주의 질서라고 납득시키기까지 한다. 그러나 자애롭고 양육하시는 어머니 하느님께 옳은 것은 서로를 사랑으로 구원하는 것 말고는 없다.

스물넷째 날

그러자 베드로가 예수님을 꼭 붙들고 반박하기 시작하였다. "맙소사, 주님! 그런 일은 주님께 결코 일어나지 않을 것입니다"(마태 16,22).

베드로가 예수 아래 서서 회피했던 것은 십자가였다. 십자가는 모순의 표지다. 나는 합리적으로 그럴듯하게 십자가를 피할 수 있다. 나는 그럴 수 있다! 더럽고 어두운 것은 죄다 배제한 채 그럴싸한 활동을 많이 할 수 있다. 하지만 나는 원하는 일보다 해야 할 일을 할 것이다. 가고 싶지 않은 곳으로 나아갈 것이다.

"내 양들을 돌보아라." 생명의 빵은 개인의 신심에 소모되는 대신에 많은 사람을 성장시키기 위해 나누어지고 흩뿌려진다. 나도 나누어지고 흩뿌려지길 바란다.

"내 양들을 돌보아라." 내 '유혹'은 생명과 생명을 주는 존재에 온통 기울어 있다. 그것은 어둠 속에 빛을 던져 주는 것이 아니라 어둠 속에서 살아가는 것이다.

스물다섯째 날

환시를 보았다. 나이가 지긋하고 인자한 여성이 한 명 있었다. 우리는 포옹하면서 아무 말 없이 응시하고 있었지만, 그녀의 눈이 모든 것을 말해 주었다. 이렇게 아무 말도 없는 가운데, 그녀의 눈 속에 담긴 사랑과 열망 안에, 자애로운 몸짓 속에, 부드럽고 깊은 그녀의 존재 속에 나의 자애로운 여인이 들어 있었다. 우리는 탁자 구석에 앉았다. 뜨겁고 달콤한 차를 마시면서 그저 말없이 오래도록 서로를 황홀하게 바라보고 있었다. 그녀는 나를 '여인'이라 불렀다. 나는 그녀를 '마리아'라 불렀다. 지긋한 나이에 친절하고 자애로운 여성. 나를 끌어안고 그녀는 거친 손으로 내 손을 맞잡았다. 그녀는 눈물을 흘리면서, 문득 슬픈 어조로 말했다. "자비로워지세요. 단죄하지 말고요. 사랑하세요."

스물여섯째 날

> 군대와 그 대장과 유다인들의 성전 경비병들은 예수님을 붙잡아 결박하고 …(요한 18,12).

> 예수가 묶여 있는 것을 보았을 때
> 일순간 내 마음 속에 한 생각이 스쳐 지나갔다.
> 성매매 여성들도 묶여 있다! 그러니,
> '묶인 이들에게로 가라!'

점점 더 크나큰 은총에 사로잡혀
나는 놀라움을 금할 수 없었다.
은총 중의 은총이여.
내가 본 것이라고는 묶여 있는 예수뿐.
'묶인 이들에게로 가라!'
제가 무엇을 할까요?
'그들을 풀어 줘라!'

내 밤 속에는 달이 떠 있어
내 삶을 희미하게 혹은 밝게 비춘다.
묶인 이들의 삶에는 작은 별조차도 없다.
'그들을 풀어 줘라!'
마리아의 존엄성, 여자들의 존엄성을.

스물일곱째 날

시련을 딛고서

1
자애로운 여성들이 함께 앉아서
눈물조차 말라 버린 슬픔을 다정히 위로한다.
따뜻한 차와, 덧없고도 서글프게 시도해 보는 위로가
그들 앞에 놓인 옹기 주전자 속에 담겨 있건만

역부족이다.
반쯤 감긴 눈초리들에서
영혼의 깊은 공포가 스며 나온다.
집 밖에는
곱던 꽃 몇 송이가 서 있거나 구부러져 있다.
무슨 말을 할 수 있을까?
인간의 절망을 들이쉬게 했던 바로 그 공기는
정지된 채 고요하다.
달래소서, 마리아여, 달래 주소서.
나에게 당신 손을 주소서.
내 가슴이 편안한 쉼을 얻고
잔인한 죽음의 쓰디쓴 공포가
굳세고 안정된 내 심장 박동으로
가라앉을 것이오니.
달래소서, 마리아여, 달래 주소서.
크나큰 연민이 그 여인들을 위로하네.
달래소서, 마리아여, 달래 주소서.
뜨겁고 달콤하던 차는 식어서 맛이 없어졌네.
순수하고 꾸밈없는 연민이 지닌
침묵의 불가사의 앞에서.

2
태양이 느릿느릿 움직여 황혼 녘에 기울었다.
그 순간,

스멀스멀 덮쳐 온 그림자들 속에 있던 두려움이
나를 엄습한다.
나는 우주의 광채를 보았다.
그것은 풀밭의 섬광,
다양한 나무들이 뽐내는 자부심이라 할
풍성한 이파리들이다.
나는 어두워진 하늘에서 거대한 아치를 보았고,
생명력을 전해 주는 새들의 근사한 합창을 들었다.
그리고 나는
노을 아래서 스러지는 모든 것을 보았다.
그 장려한 온갖 아름다움은
두터운 어둠 속으로 꿀꺽꿀꺽 삼켜지고
새들과 곤충의 노래는
자욱한 안개 속에서 잦아들었다.
나는 크게 울부짖었다.
아, 안 돼요! 내 낮을 훔쳐 가지 마!
내 황홀한 우주를 죽음 속으로 몰아넣지 마!

그리고 그때 내 볼을 스치는 부드러운 속삭임을 들었다.
달래 주마, 여인아, 달래 주마.
나에게 네 손을 주고
내 가슴속에서 편안히 쉬면
네가 두려워하는 밤이
내 사랑의 피난처 안에서 낮이 될 거야.

달래 주마, 여인아, 달래 주마.
내 손을 잡으면
어둠의 고통이
굳세고 안정된 내 심장 박동으로 가라앉을 거야.
달래 주마, 여인아, 달래 주마.
너는 살아 있는 무덤에서 나와
내 아들의 가슴속으로 들어갈 거야.
내가 너를 데려다 주마.

아!
너는 이리로 와서 꽃향기를 맡게 될 거야.
자애로운 여성들이 함께 앉아 있다네.
다정하게 위로하면서.

스물여덟째 날

그분께서는 죽은 이들 가운데에서 되살아나셨습니다. 이제 여러분보다 먼저 갈릴래아로 가실 터이니, 여러분은 그분을 거기에서 뵙게 될 것입니다(마태 28,7).

그리스도가 나보다 먼저 가고 계시다. 보호자가 오실 것이고 하느님의 영이 나를 감싸 안아 주실 것이다.

스물아홉째 날

> 그 뒤에 예수님께서는 티베리아스 호숫가에서 다시 제자들에게 당신 자신을 드러내셨는데 …(요한 21,1).

하느님이 내어 주신 어마어마한 선물과 은총을 알아보지 못하는 때가 얼마나 많은지 모른다. 그러면서 혼자 끙끙대며 아무런 결실이 없다는 생각에 사로잡힌다. 마치 예수의 제자들이 밤새 물고기를 잡았으나 허탕 친 것처럼 …. 나는 이제 하느님이 내 삶에서 이루신 것과 내가 그 풍성함에 놀라워한다는 사실을 더 선명히 인식한다. 하느님은 큰 사랑과 관심으로, 나 자신이 깨닫기 전에 나에게 필요한 것을 마련하신다. 그리고 "오너라!" 한마디 하시면서 나를 초대하신다. 나는 하느님을 따라 성숙해져야 한다. … 이 모든 은총과 마주하여 나는 하느님을 향한 내 사랑을 밝히도록 요청받아 왔다. 이 요청은 분명하고도 인격적이다. "너는 나를 사랑하느냐?" 내 사랑을 밝히는 것이 중요하다.

나는 가르치고 설교하고 선포하고 안내하는 일 대신에, 진리의 영이 내 안에 있다는 것만 증거할 것이다. 자애로운 어머니는 지금 내가 초대받는 진리와 증언으로만 드러날 것이다. 그분이 내 안에서 살 때, 내 모든 삶과 존재는 그분 안에 있고 모든 힘과 은총은 그분으로부터, 그분의 위대한 생명과 아름다움을 품고 있는 비밀의 장소로부터 나올 것이다. 그리고 이 새로운 이해에서 생겨난 선물은 판단하거나 설명할 수 없을 것이다. 영혼은 신비로운 방식으로만 그것을 볼 수 있을 것이다. 나는 그것을 움켜잡거나 보관할 수 없으며 체험할 수 있을 뿐이다. 나는 모든 것을 이해하려 시도하고, 그것들을 체험하고 보는 만큼만 받아들이게 될 것이다. 이러한 이해야말로 빛과 힘의 원천이며 비록 그것

나한테서 때로 숨어 버린다고 해도 결코 끝나지 않을 것임을 나는 안다. 그것은 결코 사라질 수 없다. 내가 이 새로운 지혜, 소피아, 지혜의 영을 소중히 한다면, 그 안에서 내 모든 것과 내가 행하는 모든 것이 변화할 것이다.

하수구와 으슥한 뒷골목의 불결함이 빚어낸 인간의 절망과 비참함이 새 하늘과 새 땅을 창조해 낼 것이다. 그렇다. 믿는 이들과 다시 창조된 이들 안에서 그 일은 이미 이루어지고 있다. 내 안에서도 진행되고 있다. 희망을 거스른 희망으로, 하느님의 성령께서 평온한 숨결로 불가능에 맞서는 가운데 새 예루살렘은 지금도 태어나고 있다.

어둠 속에서 울부짖고 신음하는 모든 이가 새로운 창조를 볼 것이고 "하느님이 우리 안에 사신다"고 말할 것이다.

그러니 하느님이 말씀하신다. "그들에게 가라. 내가 사랑하는 이들, 내가 잃어버린 이들, 나를 거부했던 이들에게로. 그들은 어둠 속에 살고 있다. 나를 이 땅에 오게 하고 나를 살게 했으며 나를 죽음으로 몰았던 그들에게 가라. 그들을 잔치에 초대하여라. 내 성령은 가난한 이들 안에서 힘차게 솟아날 것이다. 거기에 새로운 창조가 있을 것이다."

굴 껍질은 딱딱하고 거칠고 못생겼다. 그러나 껍질 속 깊은 곳에는 발견될 날만을 기다리는 알맹이가 숨어 있다. 나는 값진 진주를 찾게 될 것이다. 그것이 거기 있음을 자애로운 여인은 늘 알고 있다.

서른째 날

자애로운 여인이 태어났다. 새로운 추수가 시작된다.

3

거리에서

1982년 10월 19일(요크빌)

나는 성매매 여성들과 함께할 것이다. 어디서 그들을 찾아야 할지는 잘 모르겠다. 맨 먼저, '거리'에 대해 알아 나가야 한다. 호객 행위를 한다고 느껴지는 곳 주변을 배회한다. 오직 하느님만이 나를 이렇게 움직이실 수 있다! 시카고 거리를 둘러볼수록 그곳의 실상은 나를 기함하게 하고 이 일이 터무니없는 임무로 느껴지게 한다.

하느님은 갈수록 나를 과감하게 이끄신다. 하지만 이 일에 대해 나는 아는 바가 전혀 없다. 내가 하고 있는 일과 장차 추진하려는 일에 대해 어떤 실마리도 가지고 있지 않다. 때로는 무지함이 우리를 더욱 용감하게 하고 의욕적으로 만든다. 나는 사전 지시을 갖추려고 하기보다는 그분을 믿고 의지한 채 투신할 것이다. 괜한 유혹에 빠져 다른 일을 꿈꾸기도 한다. 고향인 영국으로 돌아가 해외 선교나 강연, 교육을 다시 시작하는 것. 많이 외롭다. 신앙에만 의지하고 나아가는 대신에 우리는 너무나 쉽게 교회 조직과 권위에 기대어 일을 추진하려 한다. 그러나 나는 신앙만을 가지고 나아가길 멈추지 않으리라! 하느님, 부디 저에게 힘을 주시어, 걱정하던 일에 맞닥뜨리자마자 약해지지 않게 해 주소서.

1982년 10월 27일(요크빌)

"그렇지, 바로 이거야!" 할 만한 본보기가 내게는 전혀 없다. 뭔가 계획을 가지고 일을 진행할 상황도 아니다. 이것이 하느님의 일이고 하느님이 알려 주실 거라는 믿음만으로 임할 뿐이다. 일찍이 나는 일 앞에서 이토록 무력하고 취약하다는 느낌을 받은 적이 없다. 빈손으로 가야 하는 나는 "그리스도 때문에 어리석은 사람이 된다"(1코린 4,10)라고 한 바오로 사도의 말씀을 절감한다. 아직도 가끔은 과거의 향수에 젖어 예전의 나 자신을 돌아본다. 후회해 봐야 소용없다는 건 알지만 그래도 내가 뭔가 오판을 한 게 아닌가 하는 의심이 고개를 든다. '이곳에서는 내 재능을 발휘할 수가 없어. 앞에 놓인 이 캄캄한 길이 내 것일 리는 없지!' 하느님이 창조를 펼치시기 위해 마련한 빈 공간을 보고 나는 두려워하는 것일까?

1982년 11월 11일(워싱턴)

사람들이 나에게 "당신은 왜 이 일을 하려고 하죠? 무슨 목적이 있는 거예요?"라고 물으면, 내가 그 일을 하는 것을 하느님이 원하신다는 대답 말고는 할 말이 없다. 나는 거리로 나갈 계획이 전혀 없었고, 거리의 여성들과 함께 일했던 적도 없으며, 이에 관한 통계나 조사를 분석한 적도 없다. 내가 한 일이라고는 이 일에 대한 생각을 붙들고 씨름한 게 전부다. 이 생각에 어떤 식으로든 '계획'을 덧붙이는 것은 여러 정황을 보건대 전혀 불필요하다. 나에게는 참고할 만한 본보기도 없다. 다만 하느님께서는 사람들이 비명을 내지르며 간구하는 소리를 들으시고 그들의 고통을 보신다. 내가 할 수 있는 일이라고는 나 역시 그 울부짖음을 듣는 것뿐이다. 당분간은 이것으로 족하다. 내가 이곳에서 원만히 지내는 것이 최고 목표다. 계획을 실현하려 할수록 모든 게 엉망이 되어 버린다. 하느님은 내게 성령께서 창조하시고 이루어 가도록 맡겨 두라 하신다. 내게는 아무런 권한이 없으니 나 역시 그리되길 바란다.

몇 차례 거리 경험에서 알게 된 사람들을 만날 작정이다. 워싱턴에 사는 조를 방문했다. 그는 게이이고 교회와 사회를 향해 게이의 권리에 대해 매우 분명한 발언을 한 적이 있다. 우리 제도 교회 안에는 그를 위한 자리가 없고 성매매 여성들의 자리도 거의 없다시피 하다. 교회가 오랜 세월에 걸쳐 편협하고 배타적인 윤리관에 젖어 있는 것은 애석한 일이다. 우리와 다른 사람들을 품을 날은 얼마나 더 있어야 할까? 자신만이 옳다는 생각에 우리는 거만하기 짝이 없다. 그러나 우리가 억누르고 소외시켰던 이들이 이제는 서서히 일어나고 있다.

이 성소가 무엇인지를 내가 이해한다면, 교회와 사회의 주변부에서 벌어지고 있는 현실을 제대로 이해하는 데 도움이 될 것이다. 나는 항상 나 자신이 주변부에 있어 왔다고 생각하므로 이곳에서 아주 편안해질 것이다. 사람들이 어떤 식으로 '받아들여지지 못하고' 거부당하는지 아는 것은 중요하다. 스스로 하느님과 무관한 주변인이라고 규정지은 이들이 거기에 해당할 것이다. 세상이 거부한 이들보다는 하느님이 자신을 거부할 거라고 여기는 이들이 확실히 더 심각하다. 우리가 그 모든 것을 거꾸로 뒤집어 하느님의 눈으로 볼 수 있다면, 거부당한 이들이란 베풀지 못하고 편견에 사로잡힌 우리 자신이 아닐까? 그래서 나는 나 자신에게 묻는다. '누가 주변부에 있는가? 무엇이 보물인가? 진주는 어디에 있는가? 누가 선택받은 사람이란 말인가?' 하고.

저녁나절, 조가 나를 데리고 워싱턴 곳곳을 안내했다. 우리는 성매매 여성들이 두세 명씩 무리 지어 있는 길모퉁이를 돌아다녔다. 몇 시간이나 추운 데서 손님을 기다리고 학대당하길 기다리는 그들을 보며 나는 슬픔에 빠졌다. 그들에게 다가가 말을 걸면서 어떤 식으로든 함께하고 싶었다. 비슷하게 치장한 성매매 남성 십여 명도 보았다. 우리 일행은 남성 스트립쇼와 도박판이 벌어진 술집으로 들어갔고, 나는 의기소침해졌다. 갑자기 내 세계가 폭력과 인간을 비하하는 행위로 가득 차 버린 것만 같았다.

저녁내 나는 얼빠진 상태였다. 지금은 따뜻한 침대에 편안히 누워, 추운 길거리 모퉁이에서 발을 동동거리며 자기들을 데려갈 누군가를 기다리고 있는 그녀들을 떠올린다. 그들은 왜 그 일을 하고 있는 걸까?

1982년 11월 17일 (요크빌)

솔직히 나는 이 사도직을 구체적으로 실천할 방법은 모르지만, 하느님의 현존과 은총을 고요하고 평온하게 확신한다. 나는 하느님의 일을 증언하기 위해 '네가 무슨 말을 할지 염려하지 말라'는 성경 말씀을 살아가려고 노력할 것이다. 나는 아무것도 걱정할 필요 없고 어떤 계획을 세울 필요도 없다. 믿고 사랑하기만 하면 된다. 거리가 나에게 가르쳐 줄 것이다. 여자들 자신이 하느님의 일을 실현하게 될 것이다. 결국 그 일은 그들 몫이다. 나는 매개자일 뿐이다.

평온하신 하느님

하느님이 편안히 숨을 쉬고 계시다.
하느님은 서두르지도
걱정하거나 압박감을 느끼지도 않으신다.
하느님은 그저 기다리시며
우리를 향해 편안히 숨을 쉬시고
우리가 하느님 당신을 바라볼 때까지
크나큰 배려를 보이신다.
그리고 늘 그렇듯이 고개를 끄덕여 주신다.

1982년 11월 22일(요크빌)

쉬고 기도하고 성찰하고 싶을 때면 언제고 숲 속 내 작은 오두막으로 돌아갈 수 있다는 사실에 감사한다. 황혼 무렵 숲 속을 거닐면서 받은 축복은 경이로웠다. 나는 눈길 닿는 곳마다 하느님의 이름을 속삭이고 있는 이 숲과 사랑에 빠졌다. 내가 은둔했던 오두막을 바라보면서 작년을 떠올린다. 몇 달을 살았던 이곳 …. 하느님이 행하시는 방식에 경탄하면서, 힘들지만 소중했던 그 시간에 미소로 깊이 감사드린다. 내게는 고요함이 필요했다. 오늘 나는 낙엽 아래서 바스락거리며 움직이는 벌레 소리를 들었다. 그 자리에 멈춘 채 몇 분간 주의 깊게 귀를 기울였다. 귀 기울이는 법을 더 잘 알았더라면 분명 하느님이 움직이시는 소리도 들었을 것이다. 하느님은 내게 이렇게 준비할 시간을 선물로 주셨고, 아름다움이 내 주위를 감싸고 있다.

1982년 12월 2일(요크빌)

제자리걸음을 하고 있는 것 같다. 시카고로 가서, 사방을 돌아다니며, 살 곳을 정하고, 사람들을 만나고, 관계를 맺어 가는 중이다. 어제는 하루 종일 시카고 거리를 둘러보았다. 두렵고 몹시 의기소침해져서 이런 내 심경을 누군가와 나누고 싶었다. 거리는 춥고 삭막하고 어두컴컴하고 무서웠다. 나는 겁쟁이인가?

어제는 멍하니 이기적인 망상에 빠져 비행기를 타고 영국 집으로 가 버릴까도 생각했다. 도망치고, 사라져서, 모든 것을 잊고 싶었다. 실행에 옮기지는 않겠지만 또다시 이런 망상에 빠지게 될 것이다. 나는 남들이 생각하는 것만큼 강하지도 용감하지도 않다.

1982년 12월 10일(요크빌)

양치기 여자

양치기 여자를 보았다.
거친 회색 바위에 홀로 걸터앉아
안개 낀 광막한 계곡을 내려다보고 있다.

소용돌이치는 안개를
넋이 나간 듯 응시한다.
감춰진 비밀들이
숨어 있는 동시에 완전히 드러나 있음을 바라본다.
내가 묻는다. "당신 양 떼는 어디 있나요?"
나를 쳐다보고 설핏 미소 지었지만
그녀는 슬퍼 보였다.
그러고는 태연히, 또 주저하며, 쓸쓸하게
"없어요. 내 양은 한 마리도 없어요" 하고 답한다.
"지금은 없답니다. 지금은요."
내가 곁을 떠난 뒤로도
그녀는 여전히 그곳에 앉아
기운 없이 멍한 표정으로
저 멀리 있는 깊은 계곡을 바라보고 있다.
마지막으로 아주 잠깐 뒤돌아보았더니
양치기 여자는 사라지고 없었다.
새끼 양 한 마리만
그 거친 회색 바위 옆에서 떨고 있었다.

1982년 12월 11일(요크빌)

학창 시절부터 오랜 친구로 지내 온 드폴 젠스카가 어젯밤에 왔다. 드폴은 프란치스코회 사제로, 지금까지 15년 넘게 성매매 여성들의 울부짖는 목소리를 대변해 왔다. 우리는 한동안 '홍등가'를 둘러보았다. 그런 다음 작은 바에 들어갔는데, 그곳은 성매매가 거래되는 곳이었다. 성매매 여성들과 고객들이 그곳에 있었다. 여자들은 우리에게 호의적이었고, 술집 지배인이 마실 것을 가져다주었다. 에이미, 켈리, 맨디와 이야기를 나눌 수 있었다. 맨디는 특히 수다스럽고 친절했는데, 등록금 때문에 이 일을 한다고 했다. 그녀는 음악과 오페라를 공부하고 있고, 가끔 미사에 참석하는 가톨릭 신자지만 '자기 행실이 바르지 못해서' 영성체는 하지 않는단다. 나의 출현에 어떤 이들은 당혹스러워했고, 잠시 후 그 여자들 중 하나가 내게 다가와 15달러를 요구하며 뒤꼍으로 불러냈다. 그들은 내가 동성애 파트너를 구하고 있다고 생각한 것이다! 나는 난감하여 어쩔 줄을 몰랐다.

1982년 12월 16일(요크빌)

돌아가는 정황들

온갖 것이 쏟아져 들어간 그곳,
애매하고 혼란한 상황들이 모호하게 엉키면서 뒤범벅된다.
나 혼자 주눅이 들어 버렸던 어제,
하느님이 갑자기 내 빈자리로 들어오시자
내 모든 두려움은 흔적도 없이 녹아 버렸다.

1982년 12월 18일(요크빌)

곧 성탄절이다. 나는 성탄절을 사랑한다. 기대와 흥분 가득한 그 분위기를 …. 반짝이는 전구 장식과 선물 가게들이 너무 좋다. 가난과 외로움 따위와는 거리가 먼 듯한, 성탄절이 안겨 주는 이러한 분위기를 무시하기란 힘들다. 이때만큼은 특정인들이 가난한 사람들에게 주목하기도 한다. 이 시기에 자선심이 발동한 이들이 선의로 베푸는 잔치로 말미암아 열한 달 동안 굶주려 온 가난한 이들은 기가 질릴 정도다. 자신을 깊이 들쑤셔 놓는 죄책감을 먼저 달래지 않고는 화려한 축제를 즐기기 어렵다는 것을 아는 까닭에 이 무렵 우리는 그토록 관대해지는지도 모른다. 우리가 가진 것들과 축복을 이웃과 나눌 때 하느님 나라는 언제나 현존할 것이다. 그때에는 굶주림도 넘침도 없이 모든 이가 충족하게 될 것이다.

다음 달에 시카고로 짐을 옮긴다. 전에 수녀원이었고 자비의 성모 동정회Sisters of Mercy가 운영하는 공동체의 방 하나를 빌렸다. 그곳은 달동네로, 시카고 북쪽의 열악한 빈민가에 위치해 있다.

1983년 1월 6일(요크빌)

두려움! 무지! 아직도 가끔 이 모든 일이 미친 짓은 아닌가 고민한다. '믿기만 하면 돼!' 그걸로 충분해. '믿음을 가져!' 그걸로 충분하다니까! 이 일은 이해가 필요한 것도, 계몽이 필요한 것도 아니야. 필요한 건 오직 믿음뿐. 성매매 여성들에게 교회가 필요한 것이 아니라 교회에 성매매 여성들이 필요하다는 것을 오늘 깨달았다.

하느님이 나를 성매매 여성들에게 보내신다.
우리가, 교회가 너무도 메말라 있고
완전 엉망진창에다가 교만하기 그지없기 때문이다.
우리는 결핍된 '죄인들'일 뿐이다.
성매매 여성들이 마땅히 당당해지고 자기 정당성을 지니도록
우리 교회는 제 할 일을 찾아내야 한다.

1983년 1월 11일(요크빌)

하루 동안 기도하며 보내려고 은둔처에 와 있다. 이곳과 이 시간은 하느님이 주신 아주 특별한 선물이다. 이 침묵과 아름다움이 얼마나 소중한지 모른다. 숲과 시냇물은 또 어떻고! 하느님의 생명이 모든 것 안에 스며들어 있다. 침묵은 그 자체로 생명력을 품고 있고, 우리는 침묵에 귀 기울임으로써 창조적인 존재가 된다. 나는 이를 위해, 또 새로운 소명을 위해 기도하고, 이로써 많은 열매가 퍼져 나가리라. 앞으로 내가 살게 될 도시에 이 숲의 아름다움과 침묵은 물론이려니와 이 오두막의 평화도 가져가게 해 주십사 기도한다.

1983년 1월 16일(시카고)

내가 이곳에 있다는 사실이 믿기지 않는다. 하느님이 미소를 보내 주시는 것만 같다. 그다음은? 나는 어디로 가야 하나? 누구를 만나야 하지? 일단 사람들을 만나야 한다. 거리로 나가 보자.

1983년 1월 17일 (시카고)

온종일 이곳저곳을 걸어 다니면서 이 동네와 사람들을 알아 가려고 애쓰는 중이다. 오늘이 첫날이지만 많은 것을 보고 듣고 알게 되었는데(길바닥에는 눈이 두껍게 쌓여 있다!) 조짐이 괜찮고 잘되어 가리라는 생각이 들었다. 사방을 다니면서 나는 많은 기도를 한다. 오늘 저녁에는 교회 지하에 있는 쉼터를 방문했다. 그곳에서는 이백여 명에 이르는 남자들이 조립 생산 라인처럼 열을 지은 채 매트리스에 누워 담요를 덮고 잔다. 그곳 나름의 특별한 배려였다. 내가 "안녕하신가요, 편히 주무세요!" 하고 가볍게 인사하자 그들은 솔직하게 대꾸했다. "빌어먹을! 안녕 못 해요!" 더는 할 말이 없었다.

여성 쉼터도 가 보았다. 이런! 그곳에는 스무 명가량의 남자와 예순 명 남짓한 여자들이 함께 있었다. 허술한 칸막이가 남녀 사이를 가로막고 있을 뿐이다. 이런 식으로 방치해 놓다니! 존엄성과 가치를 잃어버린 하느님의 사람들이 처한 열악한 현실에 나는 다시 묻는다. '하느님, 저는 어디로 가고 있는 건가요?' 이 여정이 끝날 때까지도 나는 답을 얻지 못할 것이다. 오늘 나는 노숙자들과 굶주리고 비참한 이들을 만났다. 이 모든 상황이 나를 우울함에 빠져들게 한다. 이 가난과 비참함에 결코 무뎌지지 말아야 할 것이다. 이 상황들이 줄곧 나를 괴롭히고 혼란에 빠뜨리길 바란다.

1983년 1월 18일 (시카고)

자기 자신 안으로 충분히 깊숙이 들어가 여행하면서 하느님이 머물고 계신 자신의 속 깊은 곳을 바라보는 경험을 통해서만 우리는 비로소 하느님의 심연을 엿볼 수 있다. 또 우리는 하느님이 웅크리고 계신 시궁창 속에 앉아서 냄새 맡고 있는 자기 자신을 벗어나 나아가지 않고는 하느님의 시궁창에 대해서도 알 길이 없다.

오늘 나는 자기 짐 전부를 쇼핑백에 넣어 들고 다니는 로즈라는 노숙자를 알게 되었다. 로즈는 기차역 계단에 앉아 있었다. 나는 사람들 이야기를 듣고 싶다. 그것만이 내가 그들을 알 수 있는 단서다. 로즈는 누구인가? 무엇이 그녀를 거리로 내몰았는가? 그녀의 꿈은? 그녀의 바람은? 그녀가 살아온 역사는? 수많은 여자들의 역사가 그래 온 것처럼 그녀의 역사도 사라지든 말든 내버려 두어야 하나? 로즈는 한때 대학교 강사였다고 한다. 간혹 엉뚱한 소리를 하고 사실을 왜곡하기는 해도 분명 그녀는 번득이는 재치는 물론 역사와 문학에 관한 해박한 지식을 가지고 있다. 존경하던 남편에게서 버림받았다는 소문도 있다. 고통과 외면을 견디기 힘들었던 로즈는 황혼 녘 꿈의 세계로 도망쳐 버렸다. 밤이 되면 이름 모를 거리로 흘러 들어가 배회했다. 정신은 순식간에 마비되고 비참함에 빠져든다. 그녀의 사연과 아픔을 그 누군들 제대로 알까? 길거리에서 자기 자신을 포기해 버린 여자들의 이야기를 알고 있는 이가 과연 얼마나 될까?

1983년 1월 21일(시카고)

무료 급식소에서 일을 거들고 사람들과 식탁에 마주 앉았다. 몇 명은 낯이 익었고 새로운 얼굴도 더러 있었다. 마리라는 노숙자가 있었는데 피아노 치는 실력이 대단했다. 구세군의 낡은 피아노로 베토벤을 연주하는 동안, 폭력적이고 화를 내기 일쑤였던 이 누더기 차림의 여인은 딴사람이 된 것 같았다. 미리암은 사나운 눈매에 성격이 거칠었고, 거리에서는 '테디 베어'로 불리는 멕시코 출신의 소녀 돌로레스에게는 내가 짐작조차 할 수 없는 문제가 무수히 있는 것 같다. 나와 함께 있는 이 망가진 여자들의 마음은 너무도 깊이 상처 입어서 쉽게 치유되지 못할 듯하다. 오랫동안 마비되고 흉터로 덮인 채 그들은 상처를 잊고 억누르고자 길거리에서 절망적인 몸부림을 이어 왔다.

로즈를 다시 만났다. 그녀는 내면의 분노로 인한 폭력성을 쏟아 내었다. 여자들은 수다스럽고 표현을 잘하는 반면 남자들은 수동적이고 과묵한 편이다. 남자들은 지나온 삶에서 받은 충격으로 인해 말문을 닫아 버린 것처럼 보이는 데 반해 여자들은 자신의 화를 전달하고 싶어 하는 것 같다. 처한 상황에 대응하는 방식은 모두 제각각이었지만, 자기 파괴적이라는 점에서는 놀랍도록 유사하다. 그것 말고 그들에게 남은 것이 무어란 말인가? 깨진 꿈, 무너진 희망이 자꾸만 엄습해 와서 그들을 죽음으로 손짓하고 망각으로 인도한다.

1983년 1월 22일(시카고)

재활용 센터에 갔다가 뮤리엘이라는 여자를 알게 되었다. 한 시간 남짓 함께 걷다가 조금 전에 그녀의 지하 쪽방에 들렀다. 그 방에서 함께 지내는 테레즈도 만났다. 테레즈는 젊고 예민했으며 파이프 담배를 피웠다. 말도 못하게 불결하고 열악한 곳이었지만 그들은 개와 고양이도 한 마리씩 기우고 있었다. 나는 그렇게 더러운 데서 어떻게 사람이 살아갈 수 있는지 의심스러웠다. 제대로 살아가기 위해서는 어느 정도 정돈이 필요하고 지하 쪽방일망정 최소한의 온기가 있어야 한다. 오늘의 만남에 감사하고 여자들에게 환영받았음에도 나는 우울해졌다.

오늘 이른 아침에는 지저분한 연두색 재킷을 걸치고 지친 듯한 기색이 역력한 샌디라는 어린 소녀가 길에서 나를 부르더니 담배를 달라고 했다. 흔쾌히 몇 개비를 건넨 뒤 함께 걸으면서 잠시 이야기를 나누었다. 성매매를 한다는 점만 빼면, 그녀는 영락없이 가난하지만 어여쁜 소녀였다. 대화를 길게 나누고 싶었지만 아직은 때가 아닌 듯싶었다. 그녀를 다시 만나게 해 주십사 속으로 기도드렸다.

그동안 무척 많은 여자들을 만났다. 그들은 초라한 거처로 나를 안내하고, 거리에서 이야기를 들려주고, 나에게 손을 흔들며 담배를 요구하지만 나는 그들 삶에 대해 아무것도 모른다. 그녀들은 자신만의 소중한 사생활을 지키려 애쓴다. 우여곡절로 얼룩진 자신의 이야기를 숨긴다. 그들은 누구도 믿으려 하지 않는다. 왜 그렇게 되었을까? 그들 인생에 신뢰를 심어 준 사건은 없었던 것일까? 나는 결코 그들의 역사를 알 수 없을지도 모른다. 그들을 이름 이상의 존재로 이해하기 위해 그들의 이야기를 상상해야 할 것이다. 어제의 그들이나 내일의 그들이 아닌 오늘의 그들을 받아들이도록 노력해야 할 것이다.

1983년 1월 24일(시카고)

무료 급식소에 가서 비상식량이 필요한 이들에게 줄 음식 꾸러미 포장을 도왔다. 굶주린 사람들을 직접 만나는 것, 특히 세상에서 가장 부유한 나라 중 한곳에서 그런 현실을 목격하는 것은 무서운 일이다. 그러고 나서 쉼터로 갔다. 이곳은 노숙자들이 휴식을 취하면서 텔레비전도 보고 하도록 마련해 놓은 장소지만, 우중충한 데다 당장이라도 쓰러질 것만 같다. 여기서는 남자들만 지낸다.

 '집시'라는 남자 옆에 앉았다. 집시는 나이 든 노숙자였는데, 가난하고 범죄를 일삼고 알코올에 빠져 있던 자기 인생 이야기를 들려주었다. 꽤 점잖고 감수성이 예민한 사람이었는데 어린 시절 학대를 당한 경험이 있다. 아버지는 어린 그를 곡식 낱알 위에 몇 시간씩 무릎 꿇려 놓고는 꼼짝 못하게 했다. 할아버지는 지하실에서 포도주를 제조했는데 세 살밖에 안 된 집시에게 술을 먹였다. 그때부터 그는 줄곧 술을 마셔 왔다. 아홉 살 때 여자 담임교사가 자신을 유혹했고, 심지어 자기 학급에 잡아 두려 1년을 유급시키기까지 했다고 그는 자랑스럽게 말했다. 몸집이 작고 민첩한 그는 창문틀을 짚고 기어올라 뱀처럼 남의 집에 미끄러져 들어가서 도둑 패거리들에게 문을 따 주곤 했다. 나이가 들면서 도둑질은 더해 갔지만 감쪽같이 처리하지 못해서 붙잡히기 일쑤였다. 연신 감옥을 들락거리다가 결국은 다른 수많은 노숙자들처럼 시카고 거리를 배회하게 된 것이다. 집시의 이야기를 들으면서 나는 어린 시절에 학대받고 기회를 얻지 못함으로써 묻혀 간 훌륭한 재능들이 얼마나 많은지 깨닫게 되었다. 우리는 많은 이야기를 나눴다. 그는 자신이 타락했다고 말했지만, 나는 그에게 당신은 아름답다고 화답했다. 그 말은 사실이다. 나는 그의 눈 속에서 아름다움을 보았다. 집시와 함께한 시간에 감사드린다.

 하루를 마치고 집으로 돌아오는 길은 고요했고 발걸음은 가벼웠다. 나는 이제 이곳이 더 편안해졌다. 그렇다면 언젠가는 이곳을 집이라 부를 날이 올까?

1983년 2월 7일(시카고)

성매매 여성인 조이스와 함께 아침나절을 보냈다. 그녀가 처음 이 일을 시작한 계기는 안경 값을 마련하기 위해서였다. 그녀의 눈을 검사한 검안사가 잠자리를 하는 대가로 안경을 해 주었다. 아이 하나를 키우며 고군분투하던 싱글 맘에게 그것은 거부하기 힘든 선택이었을 것이다. 그때부터 성매매는 가난의 굴레에서 그녀가 살아남는 방식이 되었다. 조이스가 성매매 업소를 운영하는 메이를 만나도록 주선해 주었고 나는 내일 그곳을 방문한다. 거기 가서 무엇을 할 수 있을지 모르겠다. 무슨 말을 해야 할까 겁도 난다.

노숙자인 엘리자베스와도 이야기를 나눴다. 그녀는 자랑스러운 듯하면서도 서글픈 어조로 "나는 한때 치과 간호사였어요" 하고 말했다. 엘리자베스와 함께 그녀의 친구 애니를 만나러 갔다. 애니는 말도 못하게 더러운 단칸방에서 살고 있었다. 답답함과 악취에 나는 숨이 멎을 것만 같았다. 그토록 불결하고 쓸쓸한 현장을 목격하자 온몸이 거부반응을 일으켜 나는 어찌할 바를 몰랐다. 방 안에는 1미터가 넘게 쓰레기가 쌓여 있었고 바퀴벌레들이 몰려다녔다. 애니는 쓰레기 더미 한구석에서 잠들어 있다가 우리가 들어서자 반가이 맞아 주었다.

돌아오는 길에 남자 쉼터에 들러 짐시와 잡담을 나누다가 또 다른 노숙자 조를 소개받았다. 조는 알래스카 출신 에스키모였다. 노숙자들 주변을 기웃거리다가 그들과 얼굴을 익히면 쉬이 친해지게 된다. 당신이 '친구'가 되면 자신이 가진 것은 무엇이든 나누어야 한다는 거리 규칙을 따를지어다! 조는 대단히 점잖은 사람이었지만 베트남전쟁에서 사람을 죽인 이후로 온전한 생활로 돌아오지 못한 채 날마다 술에 취해 세월을 보내고 있었다.

내가 만난 여자들과 남자들은 처음부터 거리에 있었던 것이 아니다. 그들을 보살펴야 할 공동체를 대신하여 그들은 마음이 병들었고 공동체에서 내팽개쳐졌다. 그들은 누구에게도 위험인물이 아니다. 일상을 평범하게 살아갈 수 없는 것뿐이다. 우리가 강요당해 온 신화는 이 남녀들이 이런 삶을 원했거나 게을러빠졌기 때문에, 아니면 보살핌을 받지 못했기 때문에 거리로 나왔다는 식이다. 노숙인들도 우리와 똑같은 바람과 요구를 지닌 존재다. 그들도 필요한 존재가 되고 기대와 존경과 인정을 받고 싶어 한다. 자신이 얼마나 귀중한 존재인지 그들에게 알려주는 방법을 내가 배울 수 있게 될까?

1983년 2월 8일(시카고)

메이라는 업주를 그녀가 운영하는 성매매 업소에서 만났다. 뜻밖에도 그곳은 아주 평범한 아파트 단지에 자리하고 있었다. 내부는 몹시 비좁아서 침실 두 개로 꽉 찼고, 두 침실 모두 쉴 새 없이 영업 중이었다. 남자들이 줄을 서서 순서를 기다리는 경우도 있다고 메이는 말했다. 실내는 커다란 화분으로 가득 차 있고 벽에는 동물 그림들이 걸려 있다. 예수 성심 그림과 동정 마리아 그림도 있었는데, 메이가 나의 방문을 의식해서 걸어 놓은 듯했다. 나는 종일토록 그곳에 머물렀다.

메이는 늙었지만 힘이 넘치고 활달하다. 그녀는 '아가씨들'을 확실히 장악하여 통제한다. 메이는 잠시도 앉을 틈 없이 전화를 받고 고객들과 약속 시간을 정했다. 그러면서도 문을 열어 둔 채 아가씨들을 위해 점심 메뉴를 짜면서 나를 응대하고 있었다. 나는 앉아서 커피를 마시며 모든 것을 지켜보았다.

오늘은 세 명의 여자가 메이의 여장부적 권위에 순종하고 있었는데, 어떤 면으로는 그녀에게 애정을 보내는 듯했다. 그러나 그 모든 것은 참으로 서글픈 모습이다. 그녀들은 생기 없고 쓸쓸한 눈빛을 한 채, 자신의 상처를 적의와 허세의 가면 뒤에 감추고 술에 취해 있다. 여자들은 앉아서 고객들과 히히덕거리면서 그들을 즐겁게 해 주고 있었다. 나는 조용히 앉아서 듣기만 했다. 내가 무슨 말을 할 수 있겠는가? 우리는 정말이지 공통된 경험이라곤 거의 찾아볼 수 없고, 공유할 만한 이야깃거리도 없다. 이런 환경 속에서 우리는 과연 의미 있는 소통을 할 수 있을까? 그들이 하는 농담 뒤끝에서 나는 자신의 시간과 서비스를 사러 온 남자들을 향한 분노와 경멸을 엿보았다. 그러다가도 고객이 나타나면 그들은 일제히 일어나 몸을 과시하며 경쟁에 열을 올렸고, 고객이 안으로 사라지면 남은 여자들은 남자들에 대한 조롱을 이어 갔다.

한참 뒤에, 나는 감정이 온통 뒤죽박죽되어 버렸다. 그녀들에게 별 무리 없이 받아들여져 그곳을 자유롭게 드나들어도 좋다는 허락을 받게 되어 기쁘고 고마웠다. 나는 그들의 신뢰를 얻었지만, 그들의 삶이 인간의 품위를 훼손한다는 사실을 확인했다. 인간은 더한 가치를 지니고 있다. 이 여자들이 참사랑을 알고 있는지가 의심스러웠다. 그곳을 드나드는 남자 고객들에게 치밀어 오르는 분노로 온종일 마음이 불편했다. 그들은 거의 예외 없이 중년의 중산층에다 전문직에 종사하는 유부남이다. 그들은 분명 범죄를 저지르고 있다. 품위와 체면이라는 가면을 쓴 채 거짓말을 하고 파렴치한 짓을 저지르고 있다. 다른 한편, 성매매 여성들은 자신이 누구이고 무엇을 하고 있는지 말하는 데 거리낌이 없다. 거짓이 없고 이중 잣대를 가지고 있지도 않다. 그들은 나에게 거침없이 말한다. "우리는 똥이야. 세상의 쓰레기라고!" 그들의 자존감이 그토록 허약하다는 사실에 나는 움찔했다.

다시 한 번 하느님은 나에게 한쪽 문을 여셨다. 그 문이 어디로 나를 끌고 갈는지 짐작조차 할 수 없다. 나는 하느님이 (주일마다 미사에 참여하는 신심 깊은 가톨릭 신자가 되겠다고 약속한) 메이, 그리고 미란다와 캐서린과 메리의 삶과 마음을 어루만져 주시길 기도한다. 또 그곳에서 내가 하느님의 손길을 볼 수 있기를 기도한다.

1983년 2월 9일(요크빌)

황혼 무렵

그림자를 보라.
푸르고 투명한 수정 빛이 모이고
어둠 속에서 황금빛 이파리들이 떨어져
밤사이 은빛 거리를 뒤덮는다.
그곳을 우리는 낮부터 밤까지
끝없이 방황하며 걷는다.
청명하게 재촉해 오는 새벽을 지나
황혼의 굴욕적인 그늘 속으로.
우리를 둘러싼 모든 것이 끝없이 변한다.
가면을 뒤집어쓰고 새롭게 치장을 하고
평온하게 숨 쉬다가 큰 소리로 울부짖는다.
그 요동치는 공기 속에 퍼지는 속삭임.

한 가지는 확실하다.

단 한 가지는 분명하다.

오직 하느님만이 항구하시다는 것.

아, 나는 정말 이곳이 좋다! 이곳에 존재한다는 단순한 기쁨을 다시금 느끼게 되어 너무나 기쁘다. 이곳에 깃들어 있는 평화와 침묵을 거의 잊고 있었다. 전적으로 완전한 침묵, 완전한 고요를 품고 있는 이 작은 공간은 며칠간 휴식과 경청을 하기 위한 자리이며, 나는 침묵과 고독에 취해 있다. 앉아서 물끄러미 바라보고 있는 게 전부지만 복된 시간이다. 나는 이곳으로 되돌아와 균형감을 회복해야 했다. 균형을 잃고 쉽게 나락으로 떨어진 노숙인들은 엄청난 고통과 외로움에 빠져 있다. 우리는 얼마만큼이나 고통을 흡수하며 살아갈 수 있는 것일까? 내 역할은 친구가 되어 주려는 여자들의 고통과 분노를 조금이나마 흡수하는 것이지 다른 이에게 전가하는 것이 아니다.

  내가 받아들이는 만큼 변하는 내 신앙을 인정하면서 사랑으로 나아가고 그 안에서 성장해야 할 것이다. 침묵과 고독을 통해 내 안에서 회심이 일어나도록 해야 한다. 이로써만 나는 살아남을 수 있으리라. 나 혼자만 특별한 일을 하도록 축복과 선택을 받은 것이 아니다. 결국 우리 모두는 자신만이 할 수 있고 될 수 있는 무언가를 위해 선택받았다. 나는 새로운 가능성과 새로운 지평을 보고 믿는 상상력을 간직하고 있으며, 이 상상력은 내 개인의 역사를 실현하게끔 도와준다. 상상할 수 있는 한 나는 그 일을 해낼 수 있다. 내가 나를 상상하는 한 나는 상상한 내가 될 수 있다. 나는 내 상상력을 믿는다. 상상력은 우리 모두에게 주어진 선물이지만 극소수만이 계속 발전시켜 나간다. 하느님 나라의 씨앗은 항상 우리 사이에 존재해 왔으나, 우리는 그 씨앗들을 알아보고 키워 내지 못한다. 상상력은 하느님에 대한 것이고 하느님께 나아가는 유익한 길이다.

바오로 사도는 자신이 약할 때가 곧 강할 때라고 믿었다. 아, 나는 이 말을 얼마나 고지식하게 이해했던가! 한동안 이 말은 나를 격려하고 미소 짓게 했다. 나는 속 깊은 곳에서부터 이 말을 따르고 있었다. 이것이 내가 결코 포기하지 않을 이유다. 내 믿음이 깊기 때문이 아니라 하느님의 믿음이 깊으시기 때문에 ….

1983년 2월 10일(시카고)

여자들의 이야기를 듣는다.

"그동안 상처받을 짓만 해 왔지. 나는 아버지를 증오했어. 보복할 작정으로 나 자신을 상처 입혀 온 거야. 아버지를 괴롭게 만들려고."

"나는 외로웠어. 나를 찾는 사람이 아무도 없었거든. 어느 누구도 우리 집을 방문하지 않았어. 아무도 없는 것보단 차라리 뚜쟁이가 나아."

"나는 아무것에도 흥이 안 나. 생각하고 싶지 않아."

"진심으로 돌봐 줄 누군가가 있다는 것 … 진심으로 나를 사랑하고, 팔로 나를 감싸 안아 주고 나를 지탱하게 해 주는 누군가라면 … 비록 가끔 나를 때리기는 할지라도."

"나는 쓰레기에 불과해. 사내들도 죄다 쓰레기야."

"나는 인격적으로 받아들여진 적이 없어. 내 스스로 결정하는 법을 배운 적도 전혀 없어. 포주가 나 대신 모든 것을 결정하니, 나는 아무것도 신경 쓸 필요가 없었던 거야."

"어떤 사람들은 음식에 매달리고, 어떤 사람들은 술에 목을 매지. 나는 우울하고 외로워지면 손님을 받아. 뭐 얼마나 다르겠어?"

"나는 당신 같은 사람과 말해 본 적이 없어. 내가 복지사업과 성매매에 대해 당신과 무슨 말을 할 수 있다고 생각해? 도대체 무슨 얘기를 하고 싶은 건지 원!"

우리가 매춘부라고 단죄하는 여자들 역시 우리와 마찬가지로 사랑과 이해가 필요하다는 것을 나는 금세 깨달았다. 그들 모두는 자주 학대를 당하거나 감옥에 갇힌다. 지금까지 내가 만나고 대화한 거의 모든 여자가 어렸을 때 학대를 당한 경험이 있다. 그들의 세계에는 폭력이 똬리를 틀고 있다. 그들은 항상 사랑과 학대를 혼동해 왔고 두 가지를 동일시하곤 해 왔다. 왜 우리는 제대로 알지 못했을까?

1983년 2월 11일(시카고)

길모퉁이에서 마주친 로즈가 함께 파티에 가지 않겠느냐고 했다. 좋다고 대답하며 그녀의 가방 절반쯤을 나누어 들고서 함께 성큼성큼 걸었다. 파티 장소 근처에 이르자 그녀는 말했다. "나를 네 친구라고 말해 줘." 사람들이 자신을 들여보내지 않을까 봐 두려워하는 것이 분명했다. 혼자 와서 문전박대 당할까 봐 겁먹었던 모양이다. 아무튼 우리 둘은 공작 부인처럼 성큼성큼 걸어 들어가서 계단을 올라가 커다란 무도장 안으로 들어갔다. 악단의 연주가 흐르고 조명이 눈부시게 번쩍였다. 우리는 테이블에 자리를 잡고 나는 커피를 가져왔다. 팻, 샤를로트, 알렌도 만났는데, 여성 지원소 the women's drop-in place 에서 오는 길이라고 했다. 그들은 우리를 보고 반가워하면서 한자리에 어울렸다. 거리의 여성들은 정말 단순하고 순박하다. 그들에게 가면 따윈 필요 없다. 나는 그들에게 이렇게 쉽게 받아들여진 것이 고마울 뿐이다. 조직화된 공동체보다 이들이 훨씬 더 쉽게 다른 사람을 받아들인다고 나는 생각한다. 언젠가 그들 중 일부는 나를 신뢰하게 될 것이고, 그러다 보면 언젠가는 분명 그들 자신도 신뢰하게 될 것이다.

그곳을 나와 무료 급식소로 갔다. 아는 사람이 별로 없었지만, 테디 베어를 만나 많은 시간을 보낼 수 있었다. 그녀는 이제 고작 스물일곱인데도 어딘가 아파 보이고, 아무런 의욕도 없이 술을 마시며 우울해했다. … 그녀는 자신의 이야기를 거리낌 없이 털어놓는다. 그녀의 역사는 그녀가 현재 살아가는 모습을 이해하는 데 도움이 된다. 그녀의 어머니는 딸을 미워해서 그랬는지 어렸을 때 작은 방에 거의 늘 가두어 두었다고 한다. 그녀는 밥도 그 안에서 먹고 장난감들과 이야기를 나눴다. 열두 살이 되자 감화원 기숙학교로 보내져 긴 시간 고통 속에서 지내야 했다. 그녀는 열일곱 살까지 그곳에 머물렀다. 그 후로는 거리에서 살게 되었고, 불가피하게도 너무나 일찍 성매매와 마약에 빠져들었다. 누군들 그렇게 되지 않을 수 있으랴! 그녀가 우는 동안 나는 옆에 가만히 있었다. "나는 무서웠어요. 정말 무서웠어요." 흐느끼는 그녀를 위해 나는 기도했다. 그녀의 삶은 하느님의 권능 말고는 그 무엇으로도 바꿀 수가 없다.

오늘 테디 베어를 만나게 해 주신 하느님께 깊이 감사드리면서, 나는 처절한 가난과 고통을 공감한다. 거리의 쉼터에 들러 오늘 하루를 마감했다. 집시와 또 니런히 앉아서 쉼터 관리자에게 그곳에 머무는 동안 지켜야 할 사항에 대해 일장 연설을 들었다. 내가 쉼터에서 사람들에게 받아들여졌음에 감사하면서, 동시에 이들이 겪은 일들을 나 역시 겪었다면 백인의 중산층 그리스도인으로서 나는 정말 심각한 문제들을 가지고 있겠다는 생각이 들었다. 그 남자들의 낮은 자존감 앞에서는 안타까움을 금할 길이 없다. 그들은 스스로를 인사할 가치조차 없다고 여기는 것 같다. 하느님도 분명 안타까워하실 것이다.

충분하다

무슨 말씀을 하고 계신가요?
어떤 말씀을 하실 수 있나요?
왜, 아무 말씀도 없으신 건가요?
이곳은 다른 세상이라
그들은 사는 모습이 다르다고 여겨지고
그들의 얼굴은 두려움에 휩싸여
비밀과 터무니없는 오해와
알 수 없는 공포로 가득합니다.
그들의 언어는 무엇인가요?
나는 책과 시에 대해서
음식이나 패션에 대해서 말할 수가 없답니다.
하느님이나 윤리성, 소명이나 성찬례를 놓고
토론을 벌일 수도 없습니다.
나는 벙어리가 되어 무기력하게
어린애처럼 앉아 있을 뿐입니다.
길거리와 성매매 업소, 쉼터의 세계에 대해서는
아무런 교육도 받은 게 없어요.

그들의 얼굴은 굳어 있고 무표정하며
고통의 주름살이 새겨져 있습니다.
오랫동안 더러운 길 위에서 바람과 눈을 맞으며
약에 절고
구부정한 자세로 발을 질질 끌며
쉼터와 쉼터를 옮겨 다니면서,
생기 넘치고 건강한 젊은이들이
굶주린 이들을 위해 활기차게 식사를 준비하는 그곳,
무료 급식소 바깥 초라한 낙오자들의 줄 뒤에 서 있습니다.
가난한 이들을 먹이려면
예수의 말을 그대로 따라야 한다는 것을
나는 깨달았습니다.
그들은 차례로 돌아가며
버스에 실려 매주 다른 무리를 지어 찾아옵니다.
그러나 줄을 선 얼굴들은 늘 똑같습니다.
그들과 함께한 '경험' 따윈 없어요.
자기에게 먹을 것을 주는 이가 누군지
그들은 아무런 관심이 없습니다.
다만 양배추 수프로 허기진 배를 채우고 싶어 할 뿐입니다.
묵묵히 선 채
기침 소리와 가래 뱉는 소리만 들려옵니다.
그들은 지기네 삶의 삭막한 공포와 음울함 앞에서
침묵하는 법을 배웠습니다.
더러운 길가,

양배추가 드문드문 헤엄치는 수프,
구질구질한 지하 쉼터.
아, 위대하고 자비로우신 하느님!
당신도 침묵하실 건가요?
아니면 당신의 나라가
지하 계단을 뒤덮은 양배추와 음식물 쓰레기를
흩어 버리면서 나타날 건가요?
오, 위대하고 자비로우신 하느님!
당신 눈물로
더러운 몸과 깨진 마음들을 씻어 내고 치유하시려
당신은 다가오실 건가요?
오, 위대하고 자비로우신 하느님!
당신은 울부짖으며
쥐새끼와 바퀴벌레들을 짓밟으실 건가요?
당신은 흐느끼면서
'충분하다!' 하실 건가요?
정말 그러실 건가요?
위대하고 자비로우신 하느님이여!

1983년 2월 13일 (시카고)

오늘은 하느님이 누구를 만나게 하실까 궁금해하며 오후 4시쯤 거리로 나갔다. 술집에서 53세의 노숙자인 안나를 만났다. 그녀는 이야기를 시작하면서 빵 한 덩이와 참치 캔을 가방에서 꺼내더니 샌드위치를 좋아

하냐고 내게 물었다. 자기가 가진 얼마 안 되는 것을 가난한 사람들은 정말 쉽게 나눈다! 우리는 바에 앉아서 샌드위치와 바나나를 먹었다. 무척이나 어둡고 음악 소리가 큰 그곳에서 안나는 이야기를 하면서 울었다. 외롭고 슬프다고 했다. … 자포자기한 여인. 안나는 자신을 이용해 먹고 떠나가 버린 자기 인생의 남자들에 대해 말했다. 그녀는 아직도 성매매 일을 하고 있었는데, 내가 원한다면 자기와 조를 짜서 함께 일해 보지 않겠느냐고 허물없이 물었다. 어떻게 대답을 해야 좋을지 말문이 막혔다. 결국 나는 사도직을 수행하는 중이라고 그녀에게 말했다. 그녀는 웃어야 할지 울어야 할지 머뭇거리다가 이내 울음을 터뜨렸다. 한참 울고 나서는 기운이 빠진 듯 그녀는 술집 구석에 쓰러져 잠이 들었다.

나는 완전히 무력감에 빠졌다. 그녀를 어디로 데려가야 할지 막막했다. 집도 쉼터도 닫혀 버린 시각. 길거리, 언제나 남은 곳은 길거리뿐이었다. 바에서 일어나는 온갖 소음과 웃음소리에 둘러싸인 채 그녀 옆에 앉아 있었지만, 그녀에게 아무런 도움이나 위로를 줄 수 없음을 뼈저리게 느꼈다. 쉼터 주소를 적은 쪽지를 그녀 옆에 남겨 놓고 나는 밖으로 나왔다. 거리의 어둠 속에서, 우리가 빵을 쪼개어 함께 먹고 삶과 하느님에 대해 이야기한 것을 돌이켜 생각해 보았다. 그곳에서 우리는 서로를 지켜 주었으며, 성체를 쪼개어 그 지옥 같은 곳에서 나누었다.

좋지 않아

길거리, 절망과 쓰레기로 가득한 곳.
외롭고 겁에 질린 사람들이

집도 절도 없이 마냥 걷거나 배회하는데
길모퉁이에서 마주친 당신은
자신만만하고 쾌활해 보이는군요.

내가 톰에게 묻습니다. "오늘 어때요?"
그는 진심인 듯 대답하지요. "아, 좋지. 좋아 …."
그러고는 가만히 있다가
더듬더듬 슬픈 목소리로 덧붙이네요.
"사실, 사실은 좋지 않아. 안 좋아."

더러운 길바닥을 응시하던 충혈된 눈을 들어 내 눈과 마주치자
역겨운 진실을 맞닥뜨린 듯 흐느끼네요.
"좋지 않아. 안 좋다고."

비틀거리던 톰은 쓰레기를 걷어찬 뒤
눈물을 훔치며 달려가 버립니다.
좋지 않다는, 안 좋다는
두려운 현실로부터.

1983년 2월 18일(시카고)

자애로운 여인은 모든 슬픔 앞에서 흐느끼지만, 때로는 거리의 어둠과 오물과 무시무시한 외로움에서 달아나고 싶어 한다. 그녀는 어두운 거리를 서성이는 사람들의 영혼을 할퀴어 놓은 폭력과 고통을 어떻게 받

아들일 수 있을지 고민한다. 나는 하느님의 방식들을 조금이나마 이해하도록 노력해야 한다. 다른 사람을 바라보지 않고는 나 자신에게 집중할 수 없고 하느님이 나를 통해 하시고자 하는 일에 자신을 열 수도 없다. 나에게는 인정과 지지가 필요하지만, 그것은 나로부터 나오는 것이 아니라 내가 체험한 하느님 안의 모든 사람으로부터 나온다.

조이스와 그녀의 어린 아들의 삶 전체가 새로운 방향으로 나아가고 있다. 하느님이 나를 여기로 데려와 그녀에게 새로운 길을 찾도록 초대하신 것이다.

집시는 사랑에 놀라워한다. 하느님이 나를 통해 그에게 사랑을 일깨워 주셨다.

알렌은 가난에 찌들고 바퀴벌레가 우글우글한 자기 집 이야기를 들려주었다(그녀 말대로 나는 바퀴벌레가 집 안에서 떼 지어 다니는 현장을 목격했다).

테디 베어는 새로운 삶에 대해 완전히 포기한 듯하지만 나는 아직 희망을 본다.

메리는 지독히 외로운 나머지 공허감을 잊기 위해 신경안정제를 남용하고 있다.

캐시는 신체적 폭력에 시달려 왔기 때문에 남들과의 접촉을 무척 겁낸다. 자기 곁에 누가 바짝 다가오면 질색을 한다.

메이는 자신의 분노와 폭력성과 악다구니에 대해 혼란스러워하고 두려워한다.

로즈는 길모퉁이에서 담배를 피우고 욕을 내뱉으며 서 있는 자신을 있는 그대로 받아들이러 노력한다.

이렇게 너무나 많은 이들이 있다.

하느님, 제가 저 자신이 아니라 당신의 사람들을 바라보게 하소서.

1983년 2월 21일(시카고)

나는 날마다 거리로 나간다. 거리에는 다양한 굶주림에 시달리면서도 희망이라곤 품을 여력이 없는 이들이 굉장히 많다. 나는 절망감과 맞서 싸워야 한다. 밤에는 쉼터에서 시간을 보내는데 그곳 분위기는 침울하다. 사람들은 자신이 대접받는 대로 스스로를 판단한다. 어떻게 대우받는지에 따라 자신이 가치 있다거나 또는 그 반대라고 평가한다. 이 쉼터를 돌아보면, 성실하고 선의를 가진 자원봉사자들이 운영하고 있음에도 가난의 악순환이 끊이지 않는다. 가난한 이들이 가난한 이들을 도우려 하고, 부서진 몸과 영혼을 임시방편으로 다독인다. 정의를 구현하려면, 모든 사람이 의식주를 해결하고 자신이 머무는 공동체에 소속감을 느끼게 해 주어야 한다. 그러나 쉼터에 오는 가난한 사람들은 밤 동안에만 그곳에서 웅크리고 있다. 바닥은 너저분하고, 담요는 낡고 닳아 빠졌으며, 매트리스는 불결하고, 씻을 공간이라곤 찾아볼 수 없다. 아침 6시면 이 지친 이들은, 그러니까 나이 든 사람이든 혼란에 빠져 있는 젊은이든 간에 자리에서 일어나 밖으로 내쳐진다. 다시 밤이 되어 쉼터가 열릴 때까지 그들은 비정한 세상에서 버텨 내야만 한다. 자리를 못 얻고 돌아서게 될까 봐 두려운 사람들은 일찌감치 와서 제 한 몸 뉠 구석 자리를 얻기 위해 기다린다. 언제라도 그들을 구해 줄 곳은 어디에도 없다.

이보다는 더 나은 환경을 만들어야 한다. 그 정도는 우리가 할 수 있지 않은가.

'하느님이 나를 이곳으로 인도하지 않으셨더라면 …' 하는 생각을 때때로 한다. 몰랐으면, 보지 않았으면 더 편안했을 테니 ….

1983년 2월 27일 (시카고)

요크빌에서 테디 베어와 함께 며칠을 보냈다. 그녀로서는 길거리에서 벗어나 휴식을 취하며 여유를 누린 유익한 시간이었으리라. 그녀는 선한 사람이지만 마음에 상처가 크고 자존감이라고는 눈곱만큼도 없다. 어린 시절 내내 짐승처럼 갇혀 있었다면, 그 누구도 자기를 존중하기는 힘들 것이다. 그녀가 알코올중독에 빠져 술로 스스로를 망가뜨리는 까닭은 아마도 여기 있을 것이다. 그녀는 자기 파괴의 끝없는 악순환에 붙들려 있다. 나는 그녀가 알코올중독과 자신을 유린하는 질병에서 벗어나길 기도한다. 그녀는 영리한 사람이며, 정신이 맑을 때는 사랑스러운 성품이 드러난다. 오직 하느님만이 그녀를 깨어나게 하실 수 있다. 나는 다만 그녀와, 그녀가 이루어 갈 희망에 마음을 쓴다.

특별한 공간이 필요하다는 확신이 점점 강해진다. 지체 없이 나는 집을 얻는 기적을 베풀어 주십사고 하느님께 청한다! 점잖고 멋진 남자, 집시를 우연히 마주쳤다. 길을 걸을 때면 낯익은 여자들과 마주치는데, 그들의 칙칙하고 추레한 겉모습 뒤에 감춰진 보화를 발견하고는 무심히 지나칠 수가 없다.

이것은 분명 공동으로 실현해 가야 할 사도직이다. 테디나 집시와 우정을 쌓지 못했다면 아주 힘든 일이 되었을 것이다. 그들은 거리에서 나를 안내해 주고 내가 몰랐던 세상에 대해 알려 주는 선생님이다. 거리에서 사는 일은 힘들지만 거리에서 일하는 것은 더 힘들다. 나는 이 거리 전체에서 무수한 외로움과 가난과 비참함을 접한다. 그 모든 슬픔을 건더 내기 위해서는 진실하고 깊은 신앙에 의지하는 수밖에 없다. 무엇보다 나는 진실한 신앙, 깊은 신앙만을 청한다. 그것이 나의 기도다. 자비하신 하느님, 저의 신앙이 더욱 깊어지도록 도와주소서.

1983년 3월 2일(시카고)

충만한 날! 안면을 익힌 성매매 업소에 가서 오전 시간을 보냈다. 캔디와 만나서 실컷 이야기를 나누고 그녀의 삶에 대해 질문도 조금 했다. 캔디는 유대인이다. 제2차 세계대전 중 그녀의 부모와 형제자매는 나치에게 살해당했으나 그녀는 독일에서 밀항하여 미국의 부잣집에 입양되었다. 양부모는 그녀를 먹여 주고 입혀 주고 교육도 충분히 받게 해 주었지만, 그녀를 쓰다듬어 주거나 격려해 주거나 사랑해 주지는 않았다. 그녀는 사람들과 어떤 식으로도 교감하지 못한 채 자랐다. 많은 여자들이 어린 시절에 이런 식으로 학대받은 결과로 성매매에 들어선다. 육체적이든 정서적이든 접촉을 갈구하기 때문에 성매매를 하게 되는 경우도 있다. 결핍이 신체적 접촉을 열망하게 하는 것이다.

 캔디는 춥고 외롭고 무감각한 가운데 자기 자신을 침대에 던져 넣고 남자들 팔에 몸을 맡긴다. 그녀는 어깨를 으쓱하며 허탈하게 웃어 보였지만 내 눈에는 많이 외롭고 겁에 질려 있는 듯 보인다. 특히 그녀가 마흔 살이 넘었다는 사실을 고려하면 더욱 그렇다. 마흔 살 성매매 여성에게 미래란 암울할 뿐이다. 그녀는 자신이 누구이고 무엇으로 살아갈지 심각하게 고민하고 있다. 이 점이 우리 둘을 이어 준다.

 이렌느도 만났다. 이렌느는 젊고 아름답고 명랑하고 외향적이며 대화를 즐기지만 그런 만큼 산만하고 촐싹거린다. 그녀에겐 정신적인 문제가 있고 간질로도 고생하고 있다. 그녀의 정신과 의사가 오늘 업소에 '손님'으로 왔다.

 이곳에 머무는 동안 나에게는 성경이 무척 생생하게 다가온다. "불행하여라, 너희 위선자 율법 학자들과 바리사이들아! 너희가 겉은 아름답게 보이지만 속은 죽은 이들의 뼈와 온갖 더러운 것으로 가득 차 있는 회칠한 무덤 같기 때문이다. 이처럼 너희도 겉은 다른 사람들에게 의인으로 보이지만, 속은 위선과 불법으로 가득하다"(마태 23,27-28). 남자들은 사회에서 존경을 받고 있는 반면 여자들은 단죄받고 감옥에 갇혀 있다! 나는 점점 눈을 떠 가는 중이다.

업주 메이와는 길게 이야기 나누지 못했다. 그녀는 내가 그곳 여자들과 잡담하며 있는 것을 반기는 편이다. 내가 이곳에 받아들여졌다는 사실이 상당히 놀랍게 느껴진다. 꼬박꼬박 방문한다면 그들은 나를 더욱 신뢰하게 될 것이다. 그러려면 시간이 필요하리라. 아직도 내가 여기서 무엇을 할 수 있을지는 미지수다. 메이가 20달러를 또 주었다! 벌써 두 번째다. 이 사도직을 위한 지원금을 업주한테서, 즉 성매매를 해서 번 돈에서 받는다는 것은 아이러니한 상황이다. 어쨌든 나는 받는다. 나 자신 안에서 벌어지는 갈등을 의식하는 동시에 돈을 주는 애매모호한 이유를 의식하면서 ….

밤 11시 무렵에는 쉼터에 있던 테디 베어가 연락을 해 왔다. 그녀는 또 만취해 있었다. 아무런 대안도 제시하지 못하는 내가 그녀를 어떻게 도울 수 있을까? 그녀는 어디서 지원을 받을 수 있을까? 나로서는 극히 제한된 도움만 줄 수 있을 뿐이다. 그녀를 찾아가서 사랑을 보여 주고 돌보아 주는 것, 그것만으로는 분명 한계가 있고 충분치 않다. 나는 알코올중독자들의 가족과 친구들이 고통당할 수밖에 없고 그들 역시 병들어 있다는 것을 알아 간다. 테디 베어의 알코올중독에 무척 마음이 쓰이고 안타깝지만 별 도리가 없다. 대체 내가 할 수 있는 게 무엇이란 말인가!

1983년 3월 3일(시카고)

오늘 테디 베어를 병원에 데려가 진찰을 받게 하고 의사와 상담을 했다. 그녀는 매우 심각한 상태다. 술을 끊지 않으면 살 수 없을 것이다. 그녀를 도울 수 있다면 나는 무슨 일이든 할 것이고, 하느님은 그 이상을 해 주실 것이다.

1983년 3월 4일(시카고)

테디를 데려와서 함께 지낼 방을 자매들과 정리했다. 이것은 새로운 시작이다. 최소한 그녀가 거리를 벗어나는 길이다. 집시를 만나 셋이서 거리를 쏘다녔다. 나는 사람들에게 자기만의 공간이 필요하다는 것을 인정하면서 진지하게 이야기 나눈다. 테디가 채우지 못했던 욕구들이 나를 강하게 밀어붙인다. 여러모로 그녀는 거리의 여성들을 상징한다. 그녀의 어린 시절은 정서적·육체적·성적 폭력을 대변한다. 그녀의 삶의 역사는 불신과 애정 결핍, 불안정으로 점철되어 있다. 길거리에서 구원을 받을 수 있기라도 하듯 거리로 뛰쳐나왔지만, 그녀를 기다린 것은 약물과 알코올이었다. 여기에는 그녀의 비참함, 그녀의 실패, 그녀의 결핍된 사랑이 숨어 있다. 그것들이 그녀의 세계를 찌그러뜨려 버렸고, 그녀는 성매매를 하며 매 순간 감정을 숨기면서 살아왔다.

재의 수요일

재의 수요일에
작은 성매매 업소의 업주는

아가씨들을 한자리에 모아 놓고
거짓말쟁이에 사기꾼에 도둑이라며
저주하고 욕을 퍼부으며 단죄하고 있다.
"도둑년들을 어떻게 믿으라는 거야!"
그녀의 이마에는
오늘 아침 다녀온 성당에서 묻혀 온 재로
잔뜩 회색 얼룩이 져 있는데 ….

점심 식사도 없다.
"우리는 단식 중이야" 하고 내뱉으며 악담을 퍼붓다가
비닐 테이블보 위에 놓인 계란 프라이 접시를 두드린다.
나는 여자들에게 설명하려 애를 쓴다.
우리 삶에서 단식이란 무조건 먹지 않는 것이 아니라
다른 이를 위해 무언가를 하는 것을 의미할 수 있다고,
사랑하고 돌보고 함께 있어 주는 것일 수 있다고.
업주인 메이에게 나는 다시 제안한다.
사순절 동안에는 평소 내뱉는 질 나쁜 욕들은 삼가시라고.
여자들이 웃어 젖히고
그중 하나가 "메이는 이제 할 말이 없겠네" 한다.
모순되고, 뒤틀리고, 희망이라곤 없어 보이는 이 순간.
그러나 십자가가 그러했고
예수가 가는 곳마다 마주친 인간의 온갖 죄의 현실이 그러했다.
성매매 업소를 비집고
하느님 나라는 어떻게 들어올 것인가!

1983년 3월 9일(시카고)

생기를 되찾은 테디가 자신에게 손을 내민 이들에게 사랑과 우정으로 화답하고 있다. 나는 그녀가 잘 이겨 내고 일어나서 '브로드웨이(자신들끼리 이 거리를 지칭하는 말로 추정됨 — 편집자)에 맨 처음 피어난 장미'가 되어 주길 기도한다. 오늘 밤 나는 이번 주 들어 처음으로 그녀를 거리에 홀로 남겨 두었다. 조금 염려스럽지만 잘해 낼 것이라 믿는다.

아침엔 메이의 업소에 갔다. 나는 더 여유로워졌고 이전보다 편안해졌다. 메이와 낸시, 이렌느와 함께 잡담을 주고받으면서 만족스러운 시간을 보냈다.

'손님'인 밥도 만났다. 그는 과거에 사제였는데, 업소에 오면 특별히 난잡한 성행위를 요구한다. 오늘은 나더러 자기와 여자 하나로 팀을 짜서 함께 즐기자고 했다. 나는 그가 병이 들었으며 성적 환상 속에서 자신의 죄의식과 두려움과 불안을 해소하려 한다는 생각이 들었다. 그가 하려는 행위는 그 자신이 얼마나 종교의 경계선을 혼동하고 있는지 보여 준다. 그는 여자들을 발가벗겨 바닥에 무릎을 꿇린 채 용서를 빌게 하고는, 그들을 '축복하고' 기도해 주는 것을 좋아한다. 여자들은 돈을 벌기 위해 그의 말을 순순히 따른다.

이 여자들은 심한 학대를 당한다. 메이의 업소에 머무는 것은 고통스러운 일이다. 종종 믿기 힘든 장면들을 목격하는 경우도 있다. 내가 할 수 있는 일이 무엇인지는 모르겠지만, 하느님이 나를 여기에 데려오셨고 여러 가지를 알려 주신다는 점은 확신한다. 그녀들에게는 최소한 폭력과 학대가 아닌 다른 무언가를 바랄 자격이 있다.

지금 내가 할 수 있는 일이라고는 여기서 내가 목격한 것들에 괘념치 않고, 아니 그것들 때문에라도 그들에게 귀 기울이고 사랑을 주는 것이다. 나는 무엇을 배워 가야 하는 것일까?

1983년 3월 10일(시카고)

오늘도 메이의 업소를 방문해서 점심을 먹었다. 오늘 온 패거리 중 한 명은 정복 경찰관이었다. 그는 주 보안관 사무실에서 근무한다! 범인을 잡으러 온 것은 분명 아니었다. 경찰에 관해서는 이쯤 해 두자. 업소 여자들도 냉소적이기는 마찬가지다. 오늘 본 '또 다른 세상'에 나는 기분이 씁쓸해졌다.

테디와 병원에 갔다. 놀라운 결과! 의사가 몸의 변화에 놀라워했다. 그녀는 새로 태어난 것 같다. 이런저런 얘기를 나누면서 테디가 언제부터 이 일을 해 왔는지 알게 되었다. 십대 후반에 감화원을 나온 이후로 그녀는 혼자서 세상과 맞부딪히며 살았다. 가족의 지원을 받지도 못하고, 친구도 없고 자존감도 없었던 그녀가 할 수 있는 일이라곤 살기 위해 몸을 파는 것뿐이었다. 약물과 알코올이 곧 따라붙었다. 그녀의 체험은 내가 하고 있는 일에 많은 의미를 제시해 줄 것이다. 나는 테디 베어에게 노트를 한 권 건네면서, 지난 일이나 느낌이나 머릿속에 떠오르는 것은 무엇이든 자유롭게 써 보라고 제안했다. 그녀는 흥분한 기색이 역력했다.

자, 이제는 무얼 한다? 그렇지, 집을 마련해야 한다!

4

테디 베어 이야기

테디 베어: 1983년 3월 16일(요크빌)

숲 속 시냇가에 혼자 앉아서, 어린 시절을 돌이켜 보았다. 외롭고 사랑을 받지 못했던 기억이 떠오른다. 나는 장난이 심하고 제멋대로여서 늘 말썽을 일으켰다. 내가 왜 그랬는지 모르겠다.

어머니가 나를 가두었다. 나를 통제할 수 없다고 했다. 그때 나는 열두 살이었다. 말썽을 피운다는 이유로 나는 넉 달 동안 고아원에 보내졌다가 다시 기숙학교로 옮겨 갔다. 열세 살 생일에 그곳을 나왔고 다시 다른 기숙학교로 보내졌다. 열다섯 살까지 그곳에 있다가 도망을 쳤는데 경찰에게 붙들렸다. 나는 기숙학교로 되돌아갔다.

떠쳐나오고 되돌아가기를 수차례 반복하다가, 열일곱 살 무렵에는 YWCA에서 살았다. 1년 가까이 외톨이로 지냈다. 제레미와 만날 때까지 나는 줄곧 아르바이트 삼아 성매매를 했다. 제레미와 나는 사랑에 빠졌다. 그는 포주였다. 우리는 모텔로 가서 사랑을 나누었고, 그가 데리고 있는 두 여자가 일하는 동안 영화를 보러 다녔다. 제레미는 나더러 함께 살자고 했다. 내 앞으로 나오는 정부 지원금을 제레미에게 주었다. 헤로인을 시작했고, 취미 삼아 쇼핑을 하면서 돈을 써 댔다. 그러다가 마약을 한다는 이유로 정부 지원을 받지 못하게 되었다.

제레미를 떠났다가 되돌아가기를 반복했고, 그럴 때마다 제레미는 나를 두들겨 팼다. 스물세 살 때 그를 완전히 떠났다. 술을 마시기 시작했다. 폭음을 했고 알코올중독자가 되었다. 모든 상황이 나쁘게 돌아갔다. 수술을 두 번 했고, 병원을 들락거렸다. 세 번 자살 기도를 했다.

그러나 이제 나는 완전히 다른 세상에 살고 있다. 새 친구들이 생겼다. 좋은 사람들이다. 나는 에드위나에게 모든 것을 신세 지고 있다. 그녀가 나를 돌보아 준다. 나 자신을 사랑하고 친구들을 사랑하도록 하느님도 나를 도와주시는 느낌이다. 나는 사랑을 느낀다. 아름다움을 느낀다. 다른 여자가 된 것만 같다. 나는 행복하고 사랑받고 있으며 더는 외롭지 않다.

나에겐 네 살짜리 아들이 있다. 그 아이를 어머니가 데려가 버렸다. 나는 아이를 사랑하지만 아이와 함께 있을 수 없다. 그 아이는 내가 엄마인지도 모른다. 아이는 실수로 태어났다. 그 애 아버지가 누군지도 모른다. 아이를 임신했을 때 나는 길거리에서 성매매를 하고 있었다. 아이가 다 큰 다음, 나를 이해해 주었으면 좋겠다. 아이를 돌볼 시간도 없고 사랑도 줄 수 없었기에 어머니가 데려간 것이다. 처음에는 상심했지만 지금은 괜찮다. 지금은 수많은 이유 때문에 아이를 포기한 상태다. 우선, 나는 결코 아이를 어머니에게서 데려올 수 없다. 어머니가 순순히 그래 줄 리가 없다. 하느님, 저를 용서하소서.

모든 상황이 점차 나아질 것이라는 사실을 안다. 아직 나는 강하지 못하지만 매일매일 조금씩 더 강해지고 있음을 느낀다.

테디 베어: 1983년 3월 25일(요크빌)

오늘은 금요일이고 내 인생의 가장 아름다운 날 가운데 하루다. 내 속에서 참된 선함을 느낀다. 진정 내 안에서 사랑을 느낀다. 오늘 나는 에드위나의 도움을 받아 요리를 했다. 기도 모임에서는 독서를 하기도 했다. 정말 최고였다. 에드위나, 수, 게일, 톰, 데이비드, 이렇게 모두가 모인 자리에 크리스와 앤도 함께했다. 모두 자원 선교사 운동 공동체의 식구들이다. 다 함께 저녁 식사를 했다. 그 자리를 더 아름답게 해 준 것은 우리 모두가 서로를 사랑하고 있다는 사실이다. 우리는 이야기를 나누며 함께 웃었다.

나에게는 그들이 필요하고, 그들도 나를 필요로 한다. 그들은 가족과도 같다. 가족인 우리 … 에드위나와 나는 아파트를 얻어 개와 고양이를 한 마리씩 키우며, 나는 나만의 방을 가지게 될 것이다. 정원과 새장이 있는 뒤뜰이 딸린 아파트를 그려 본다. 올해 안에 우리는 크고 근사한 집을 가지게 될 것이다.

테디 베어: 1983년 3월 27일(요크빌)

시카고로 되돌아갈 수 있을지 의문이 든다. 내가 딴사람이 되어 버린 것만 같다. 그러나 나는 언제나처럼 테디 베어일 것이고 이곳 요크빌에서 보낸 두 주일을 결코 잊지 못할 것이다. 내 인생에서 가장 흥미진진

한 시간이었고, 이런 날들은 앞으로도 계속될 것이다.

고마워요, 하느님. 제게 베풀어 주신 이 아름다운 삶에 감사드려요.

1983년 3월 28일(시카고)

시카고로 돌아와 며칠이 지나자 변한 건 아무것도 없는 것처럼 느껴진다. 거리에서 지내는 몇몇 사람은 더 야위고 쇠약해진 것 같다. 주간 쉼터는 암울하기 짝이 없으니 무엇이 이들에게 낙이 될 수 있을까? 이 우중충한 곳에 앉아 있는 게 고작인 이들의 일상에 내가 무언가 즐겁고 유쾌한 일들을 가져다줄 수 있으면 좋으련만.

이 새로운 사도직을 수행하면서 편안함을 느낄 수 있는 공간을 마련하는 것이 무척이나 절실하다. 테디를 돕는 일에 줄곧 관심을 쏟아 왔다. … 어제 테디는 예전 습관으로 돌아가 술을 마셨다. 어제 혼자 거리에 두고 돌아왔는데, 동료들의 강요 때문에 마시지 않을 도리가 없었단다. 나는 크게 낙담했고 그녀는 미안해했다. 이 일로 나의 신념은 크게 흔들리고 사람들이 한 말이 떠올라 흠칫했다. "거의 불가능한 일이야. 그들은 항상 다시 술로 돌아가 버리거든."

나는 테디가 특별하고 다르다고 생각해 왔다. 그러나 이것은 그녀를 객관적으로 본 것이 아니다. 나는 아직도 기적을 믿는다. 하지만 그러기 위해서는 사람들의 협력과 이해가 더 필요할지 모른다.

하느님, 당신이 뽑으신 이들을 위해 마련하신 집을 부디 저에게 보여 주소서.

1983년 3월 29일(시카고)

부름을 받았으나 이루지 못한 것 때문에 가슴이 아프다.

테디 베어: 1983년 3월 30일(시카고)

마음속으로는 무엇이든 못할 것이 없다고 느낀다. 하느님이 나를 지켜보고 계시다는 것을 알기에 보살핌을 받고 있다는 것도 확실히 느낀다. 내 마음은 오로지 나의 것이다. "테디, 이렇게 해, 저렇게 해, 그건 불가능해!"라고 말할 수 있는 사람은 아무도 없다. 살아 있는 것은 행복하지만 이것이 잘 살고 있는 것은 아니다. 건강하고 사랑받는 것. 이것이야말로 서로 사랑하는 데 필요한 것이자 비난받아서는 안 되는 사항이다.

1983년 4월 1일 성금요일(시카고)

여전히 집을 물색 중이다. 하느님이 우리에게 아파트를 주실지 단독주택을 주실지, 임대해야 할지 사야 할지 나는 모른다. 어둠 속에서 헤매는 꼴이라니! 그러나 테디가 피어나고 있는 것을 보는 일은 정말 기쁘다. 그녀의 담당 의사는 믿지 못하지만, 그녀는 변했다. 테디에게 일어난 기적이 집을 얻는 기적까지 이어질 수 있을까?

조이스 역시 새 삶을 경험하고 있다. 조이스는 자기 자신을 찾고자 애쓰는 중인데 도움과 지원이 절실하다. 그녀는 사회복지 기관의 조치를 따르면서 힘든 시간을 보냈다. 그녀의 갓난 아들은 병치레기 잦아서 제대로 자라지 못하고 있다. 조이스는 아기를 어떻게 돌봐야 할지 몰라 예민해진 상태다. 그녀는 자신의 과거에 대해 사람들이 말하는 것을 질색한다. 과거가 그녀들을 괴롭히고 압박하는 가운데 그들은 어떻게 새 삶을 시작할 수 있을까?

하느님의 기적

하느님은 언제나 나를 경이로 채워 주시네.
나는 어디로 가고 있는가.
그분이 창조하고 계신 것은 무엇인가.
비할 바 없이
그것은 분명 기적들로 가득 찬 가장 아름다운 것이리.
희망과 생명, 죽음, 새로운 성장.
위대한 탄생이 그 끝일지니!

1983년 4월 4일(시카고)

테디의 담당 의사에게 나에 대해 듣고서 다른 의사가 전화를 걸어 왔다. 그는 나에게 아메리칸인디언인 캐롤이라는 여자를 만나서 도와줄 수 있냐고 물었다. 캐롤을 만나 두 시간 정도 이야기를 나누었다. 추방당한 많은 사람들, 특히 인디언들이 그러하듯이, 가난 속에서 문화적 정체성을 잃고 알코올에 빠져 가족이 해체되는 가운데 캐롤도 알코올 중독자가 되었다. 시카고에서 이 지역은 많은 아메리카 토착민들이 거주하는 곳이고, 대다수가 사회의 '주변인'으로 살아간다. 그들은 뿌리와 자부심과 조상을 잃었다. 자기 정체성과 소속감이 없는 이들은, 단순히 생존하는 것 말고는 삶의 동기가 거의 없다. 캐롤도 간신히 생존하고 있는 형편이지만, 도움을 받으려고도 술을 끊으려고도 하지 않는다. 안타깝게도 그녀가 먼저 자리를 떠났다. 저녁에 테디와 함께 다시 캐롤을 보았을 때는 완전히 취해 있었다. 셋이서 비교적 유쾌한 시간을 보내다가 캐롤이 자매가 있는 곳으로 가고 싶다고 해서 우리는 길을 따라 걸어 내려갔다. 그녀가 술집으로 들어가는 것을 보고 우리 둘은 발길을 돌렸다. 테디가 말했다. "뭐, 우리가 모든 사람을 도울 수는 없지!"

테디 베어: 1983년 4월 8일(시카고)

오늘은 특별한 날이다. 많은 것을 배웠고 많은 것을 보았고 많은 것을 들었다. 나는 하느님과 대화했다. 그분께 귀를 기울였다. 자리에 앉아서 나 자신에 대해 생각하고 물었다. 나는 무엇을 두려워하고 있는가?

나는 사랑과 보살핌을 받고 있다. 나에게는 나를 사랑해 주는 이가 있다. 가족이 있고 내가 모르는 것은 무엇이든 가르쳐 주는 사람도 있다. 하느님이 어떤 분인지 배우고 싶다. 나도 조금은 안다. 그러나 모두 다 아는 것은 아니다. 배우고 이해하는 것도 제법 있지만 아직은 아는 것이 턱없이 부족하다는 생각이 든다.

1983년 4월 13일(시카고)

하루 종일 거리를 헤매다가 상실감에 젖어 쉼터와 술집 주변을 서성거렸다. 집을 열 군데도 넘게 보러 다녔지만 내가 정말 찾고 있는 집이 무엇인지 몰라서 난처했다. 하지만 사람들이 좋아할 만한 집을 나는 분명 마련하게 될 것이다. 집을 사야 할까, 빌려야 할까? 누가 줄 때까지 기다려? 직감과 기도를 따를 때 일은 제대로 진행된다. 하느님이 모든 것을 보여 주실 것임을 믿어야 한다. 가끔은 상황들이 좀 더 분명해지고, 내가 무엇을 해야 하는지, 어디로 가야 하는지 알고 싶다. 어쩌면 테디가 바로 그에 관한 징후 또는 증거가 아닐까?

1983년 4월 18일(시카고)

테디가 피어나고 있다. 조이스도 그렇다. 우리는 집을 청하는 기도를 바치고 있다. 꿈이 필요가 되었고, 그 필요는 내가 노숙인들에게 받아들여졌을 때 분명해졌다.

에스키모 조를 만나 테디랑 셋이서 어슬렁거리며 다녔는데 집시는 만나지 못했다. 길에서 여러 패거리를 마주쳤다. 리처드와 웨인은 갓 출소했다. 아일랜드 사람 패트릭이 고주망태가 되는 바람에 내가 그의 호텔 방까지 데려다 주었다. 어디서 그렇게 맛이 갔는지 모르겠다.

집을 후원받을 목적으로 가톨릭 자선단체를 방문하는 동안, 테디와 두세 시간쯤 호숫가에 있었다. 테디와 조이스가 후원 요청 편지를 썼는데, 내가 쓸 때보다 훨씬 더 근사하고 호소력이 있다. 교회가 과연 성매매 여성들에게 귀를 기울여 줄 것인가. 아, 브로드웨이의 장미들이여!

테디 베어: 1983년 4월 18일(시카고)

지금 무척 혼란스럽다. 어떻게 시작해야 할지 모르겠다. 일을 제대로 해 나가고 싶기 때문에 두렵고, 잘못될까 봐 겁이 난다. 나는 깊이 고민하고 있다. 할 일은 많지만 내가 그만큼 강하지 않다는 걸 안다. 내 멋대로 굴다가 후회하는 일은 없었으면 좋겠다. 그래, 그러지 않을 것이다. 나는 기도할 것이다. 퇴보하지 않을 것이다. 술도 마시지 않을 테다. 술은 아무것도 해결해 주지 못할 테니까. 다른 길이 분명 있을 것이다. 기도, 기도를 더 열심히 해야 한다. 하느님은 내가 가야 할 길을 알려 주실 것이고, 그분은 우리에게 집을 주실 것이다. 오늘 잠자리에 들 때까지도 구체적인 것은 알 수 없겠지만, 나는 노력할 것이다.

1983년 4월 20일(시카고)

하느님의 '가장 가난한' 세 사람의 신앙과 신뢰를 깊이 만났다.

테디는 평온한 확신을 가지고 말한다. "걱정 말아요. 우리 집을 얻게 될 테니. 나는 우리가 누구인지 알아요. 하느님이 말해 주셨거든요."

조이스도 끄덕이며 동의한다. "물론이고말고."

알렌은 생일 케이크 촛불을 불어 끄면서 자기 자신에 대해서는 아무 소원도 빌지 않고 우리를 위한 집을 청했다.

그들의 신앙이 이렇게 아름답다. 하느님은 그 크신 사랑으로 나를 받아 주고 계시다. 그분은 진정 위대한 어머니시다.

1983년 4월 24일(시카고)

테디가 말했다. "맑은 정신으로 있는 게 좋아요. 지금 내가 보고 느끼는 것들을 예전에는 이만큼 바라보고 느끼지 못했거든요."

그녀는 먼 데서 잰걸음으로 돌아오는 중이며, 자신에게 무슨 일이 벌어지고 있는지 자각하고 있는 듯하다. 우리는 함께 걷다가 길에서 '영업' 중인 캔디를 만났다. 몸은 이미 만신창이인데도 그 추레한 외모를 치장하고 있었다. 이번 주에 그녀는 누군가의 발에 차여 갈비뼈가 세 개나 부러졌으며, 길거리에서마저 내몰리고 말았다. 그녀는 겨우겨우 걸음을 떼어 놓았다. 우리가 할 수 있는 거라고는 발길을 멈춰 그녀를 위해 주님의 은총을 빌어 주고, 잠시 이야기를 들어 주는 정도다. 씨앗은 뿌려졌다. 붙잡든 말든 구명 밧줄은 던져진 셈이다.

테디와 나는 집 없이 헤매는 두 여자, 스텔라와 주디를 발견했다. 두 사람은 지난밤 늦게 교회 문간에서 잠을 청하려 했는데, 고맙게도 이곳 공동체 본부에서 방을 내주어 그들을 재울 수 있었다. 하지만 이것은 하룻밤에 그쳐서는 안 될 일이다. 참된 그리스도인이 있는 곳이라면 집 없는 사람이 존재해선 안 된다. 교회에는 바리사이 같은 이들과 냉담한 이들이 있다. 우리가 외면하는 한, 가난한 사람들은 우리 눈에 들어오지 않는다. 초대교회 당시 사람들은 공동체에 들어오기 전에 자신이 소유한 모든 것을 팔아서 가난한 이들에게 주라는 요청을 받았다. 어찌하여 이제는 더 이상 그 명령이 통하지 않게 된 것일까?

스텔라

교회 계단에서 고무공처럼 찌그러져 있는 그녀를 발견했어요.
차디찬 4월의 지난밤도 그랬지요.
반백의 머리칼은 핼쑥한 얼굴 위로 헝클어져 있고
양말은 발목까지 흘러내렸네요.
자신의 둘도 없는 재산인
쓰레기로 가득 찬 비닐 가방을 그녀는 꽉 움켜잡고 있어요.

"우리는 어디로 가고 있나요?"
내 손과 자신의 쓰레기를 붙들고
더러운 길을 굽은 다리로 허둥지둥 따라오면서
그녀가 소리칩니다.
왜소하고 귀도 먹고 이도 다 빠져 버린
아, 스텔라!
'하느님의 집'과 그 계단 한쪽의 당신 침대,
그 모욕을 벗어나는 거랍니다.
당신 집이자 침대인 이 어둡고 냄새 나는 거리를
벗어나는 거예요.
이 깜깜하고 당혹스러운 무심함 속에서
다른 길을 찾아 걸어가고 있는 겁니다.
아, 스텔라, 스텔라!
자그마하고 귀도 들리지 않고 치아도 없는 여인이여!
당신의 둘도 없이 귀중한 쓰레기를 경멸하는
교회로부터 떠나는 것이랍니다.

1983년 5월 5일(시카고)

향수

생일에 무얼 받고 싶냐고 당신이 묻는군요.
음, 나는 영국식 가옥들이 산뜻하게 늘어선 비탈길 위에 솟은 주교좌성당의 탑이 보고 싶답니다.
노란 수선화 정원도 보고 싶어요.
드넓은 대지, 그곳에 발 딛고 서서 황홀감에 젖은 채
시상을 떠올리던 내 십 대에는
명성과 예술과 시를 꿈꾸었답니다.
음, 랭커스터 운하의 둑을 따라 또 한 번 걷고 싶군요.
되새김질을 하는 묵묵하고 듬직한 소 떼들이 있고
푸르고 맑은 물이 흐르는 곳 앞에서
경이로운 마음으로 서 있고 싶답니다.
음, 나는 아기 오리와 새끼 백조들이
믿음직스러운 어미들과 줄지어 가는 모습을
바라보길 좋아하지요.
그 어미들은 우리 운하의 자랑스러운 여왕들이랍니다.
음, 나는 대지와 내 고향 작은 섬의 역사 속에 뿌리내리고 있는
오래된 오크 나무를 보고 싶답니다.
음, 내가 사는 이 도시를 둘러싼
축축하고 울창한 숲에서 피어오르는
아침 안개를 바라보며 서 있고 싶어요.
또 나는 경건한 이들과 술에 취한 이들을 깨우는
주일날 새벽의 경쾌한 교회 종소리를 좋아한답니다.
음, 나는 우리 마을 공장 굴뚝에서 솟아 나와
열린 세상을 만들어 줄 것이라 믿어 의심치 않는
플라스틱 냄새를 맡고 싶답니다.
음, 나는 작은 새우와 조개를 팔기도 하는 바닷가에서

모어캠MORECAMBE이라는
글자를 차 머리에 선명하게 새기고
내 어머니 같은 여자 운전사가 모는
붉은 이층 버스를 보고 싶답니다.
당신은 생일에 무엇을 하고 싶나요?
음, 나는 정말이지 집으로 돌아가고 싶어요.
아시다시피, 나는 성인聖人이 아니니까요.

테디 베어: 1983년 5월 6일(시카고)

사람들을 만날 때마다 느끼는 것이 많다. 성매매 일을 할 당시의 나 자신을 알기에 다른 이들의 고통을 느낄 수 있다. 다른 일로 술집에 들러 엘리자베스를 보았을 때, 술집을 드나들던 나와 그녀가 다르지 않다는 생각이 들었다. 그것은 일종의 상황 재현과 같았다. 나는 그녀를 술집 밖으로 데리고 나왔다. 아주 잠깐 에드위나와 나는 그녀와 대화를 나누었다. 어떤 식으로든 그녀와 만난 것이 기쁘다. 나는 시내 중심가로 천천히 되돌아갔다. 내가 엘리자베스에게서 엿본 것은 상처와 외로움이었다. 그녀를 위해 모든 것을 할 수는 없지만 잠깐이나마 애정과 관심을 기울일 수는 있다. 나는 거리에 흩어져 있는 사람들을 둘러보았다. "다들 행복해 보이지 않아" 하고 혼잣말을 했다. 모두 외롭고 사랑이 필요하다. 술을 마실 때, 나는 행복하고 사랑받고 있다고 느끼곤 했다. 술을 마실 때, 나는 모든 것이 괜찮다고 생각했다. 아, 얼마나 큰 차가이었던가. 요즘은 노숙인들이 나를 존중해 주는 걸 느낀다.

테디 베어: 1983년 5월 9일(시카고)

오늘은 내 스물여덟 번째 생일이다. 지난 일요일에 에드위나와 친구들과 함께 축하 파티를 열었다. 생일 선물도 받았다. 내 생애 가장 근사한 생일잔치였다. 긴 드레스도 차려입었는데, 드레스를 입은 나를 보고 모두가 환호했다. 너무나 행복했다. 나는 아주 특별한 감정에 휩싸였다. 크나큰 행복감에 젖어 울기도 했다.

1983년 5월 12일(시카고)

저에게 허락하소서, 하느님

내 하느님,
당신이 위대한 일을 행하시도록
저에게 믿음만을 허락하소서.
저를 당신 도구로 허락하소서.
우리는 오랜 친구이고
제가 기억하는 한 오랜 시간을 함께 걸어왔나이다.
당신이 저에게 가르쳐 주신 것은
당신 얼굴을 제게 보여 주실 거라는 사실입니다.
이제 제가 당신 곁을
평온하게, 굳은 확신을 가지고 충실히 걷게 해 주소서.
당신의 새 예루살렘이 태어나는 것을 보게 해 주소서.

1983년 5월 14일(시카고)

메이의 업소에서 시간을 보냈다. 새로 온 산드라라는 여자가 있었다. 그녀는 그리스인으로, 조금 수줍음을 타면서도 자기주장이 강해 보였다. 단골 중 한 사람인 밥이 왔을 때, 그녀는 그를 거절했다. 그러자 밥이 내 쪽으로 손을 내밀기에 나 역시 거절했다. 그는 포기한 듯 주저앉더니 내게 말을 걸었다.

성매매를 하러 온 사람에게 처음으로 마음이 쓰였다. 그는 굴욕스러워했다. 그러나 그보다 더 깊은 상처가 있는 듯했다. 그의 고통이 아주 생생히 느껴졌다. 그는 자신이 한때 사제였다는 사실을 다시 말하기 시작했다. 깊은 죄의식을 가지고 있음이 분명했다. 그는 스스로를 대단히 혐오하고 있었다. 사제 시절 생각을 요즘도 자주 하느냐고 묻자 "항상"이라고 답했다. 그는 스스로를 '용서'하지 못한 채 자기혐오에 사로잡혀 있다. 그러면서 성매매를 통해 자신의 인격을 파괴하며 살고 있었는데, 이는 자신에 대한 인격 모독이자 성적 학대다. 그는 '자신의 죄'에 대해 스스로 벌을 내리고 있다. 내게 도움을 간청하다가는 자포자기한 듯한 모습을 보인다. 이 만남이 몹시 서글프게 느껴진다. "당신은 참 고요하고 평화로워 보이는군요"라고 말하는 밥. 그는 오아시스를 만난 데 대해 고마워했다. 그의 거칠고 공격적인 태도가, 내 눈에는 도움을 청하며 울부짖는 상처 입은 어린 소년으로 보였다. 내가 말했다. "아무래도 이게 바로 당신이 오늘 방문한 이유인 것 같아요. 이것이 바로 당신에게 필요한 모든 것이겠죠." 그는 잠시 생각한 다음, "당신 말이 맞는 것 같아요" 하고 응수했다. 그는 줄곧 흐느꼈고 그건 나도 마친가지였다.

나는 남자들을 향해 분노나 혐오감을 가지는 대신 그들을 사랑하는 것이 중요함을 깨닫게 되었다. 그들 역시 상처를 입었다. 그렇지 않다면 이곳에 올 리가 없다.

메이의 말과 행동 속에는 질병에 대한 공포가 도사리고 있다. "그년들은 모두 거짓말쟁이에 사기꾼"이라고 떠들기도 한다. 분노하고 멸시하는 마음이 진정되면 메이는 친절해지고 실수에도 너그러워진다. 그녀는 우스갯소리를 해 가며 나를 챙기고 보호해 주는데, 손님들로부터 나를 떼어 놓으려고 이렇게 말한다. "얘는 임질에 걸렸어!"(이 말 한마디면 손님들은 쉽게 떨어져 나간다).

가련한 메이는 병에 걸릴까 봐 얼마나 겁을 내는지 모른다. 그녀는 자기 자신을 돌아볼 기회나 자기 자신을 홀로 내버려 두는 순간을 결코 용납하지 않는다. 성매매 업소는 고통과 분노와 두려움으로 가득 차 있다. 내가 할 수 있는 일이라고는 그 한가운데 자리하여 기도하는 것, 하느님이 기적을 베푸시도록 기도하는 것뿐이다. 테디는 점점 더 살아나고 있는 중이다. 그녀는 나날이 더 생기가 넘치고 활달하게 변해 간다. 그녀에게 생기와 우정을 선물로 주신 하느님께 감사드린다.

테디 베어: 1983년 5월 14일(요크빌)

어린 시절을 회상해 볼 때, 나는 조금도 행복하지 않았다. 몇 달 전부터야 비로소 행복해지기 시작했다. 이제 나는 미소를 짓고 크게 웃을 수 있게 되었다. 꾸며 낸 웃음과 미소가 아니기에, 사람들이 진실로 내 마음속 깊이 다가온다. 나는 다시 사랑할 수 있고, 사랑을 해 달라고 누군가를 몰아붙이지 않고도 사랑받는 존재가 될 수 있다. 사랑을 받지 못할 것이라는 두려움은 싹 사라졌다. 나 자신을 알아 가고 있다. 전에는 나 자신을 알지 못했다. 예전에는 자신에게 시간도 기회도 주지 않았다. 내 삶을 되돌아보건대, 약을 하고 성매매를 할 때는 내 삶이 똥 덩어리가 되도록 내버려 둘 만큼 어리석었다. 그것은 일종의 지옥 체험이었으나, 이제 내 삶은 완전히 달라졌고 아름다워졌다.

테디 베어: 1983년 5월 17일(요크빌)

기분이 썩 좋다. 두 시간 반에서 세 시간쯤 걸었다. 걸으면 기분이 나아진다. 걷는 동안 내 안에서 무언가가 나온다. 나는 걸으면서 많은 것을 생각하고, 상당히 색다른 감흥에 젖는다. 꼭 다른 세상에서 걷는 것만 같다. 달동네 거리와는 전혀 딴판인 풍광이 펼쳐진다. 방해하는 사람은 아무도 없다. 깨끗하고 신선하다. 사람들도 무척 다정하고 따뜻하다. 걸으면서 말과 수탉들을 보았고 너구리도 보았다. 다람쥐도 많았다. 숲 보호 지역에 들어서니 다양하고도 많은 새들이 있었다. 그 모든 풍경이 아주 또렷한 인상을 남겼는데, 특히 나무들이 인상적이었다. 개 두 마리도 만났다. 자연이 이토록 아름다울 수 있다니!

테디 베어: 1983년 5월 18일(요크빌)

내 몸을 얼마나 학대해 왔는지 돌이켜 생각한다. 어쩌자고 남자들이 내 몸과 마음을 마구 이용하도록 방치했던 걸까? 나는 정말 바보였다. 나 말고 누구를 탓할 수 있겠는가? 나 스스로 그들과 함께 침대 속으로 들어갔다. 이것은 돌이킬 수 없는 상처로 남았다.

테디 베어: 1983년 5월 19일(요크빌)

때때로 나는 높은 산꼭대기, 하늘로 수백 미터 치솟은 산 정상에 서 있고 싶다. 거기서는 다른 산꼭대기를 모두 둘러볼 수 있고, 아무도 내가 있는 곳까지 올 수 없다. 누구든 거기까지 당도하려면 여러 달이 걸릴 것이다. 나는 도망을 치고 싶은 것일까?

만약 그렇다면, 거기는 내가 숨으려는 곳이다. 아무도 나를 찾아내지 못하리라. 하느님만이 내가 있는 곳을 아신다. 하느님이 나에게 떠날 때라고 말씀하시기 전까지는 그곳을 떠나지 않을 것이다. 이것은 내가 만들어 낸 상상일까? 그럴지도 모른다.

1983년 5월 20일(요크빌)

오늘 나는 마흔 살이 되었다! 큰 은총과 깊은 평화를 느낀다. 어느 누가 나만큼 은총을 받을 수 있겠는가. 그동안 받은 모든 은총에 감사하는 마음뿐이다. 특별히 지난 19년간의 여정이 떠오른다. 나는 백 명이 넘는, 아니 천 명이 넘는 사람들에게 받아들여졌다. 그럼에도 항상 더 많은 것을 바라고 있다. … 나는 기도하며 청한 모든 것을 받았고, 그것 말고도 풍성히 더 받았다.

오늘은 숲에서 보낸다. 마흔 살 생일을 이보다 더 근사하고 풍요롭게 보내는 방법은 또 없을 것이다. 이곳에서 나는 하느님과 특별한 방식으로 함께한다. 이 오두막에서 그분은 나에게 신앙과 인내심을 가르쳐 주셨고, 새로운 사명의 씨앗을 뿌리셨으며, 나는 침묵 속에서 귀 기울이고 기다렸다. 숲은 아름답다. "이 아름다움이 너에게 주는 내 선물이란다"라고 하느님은 말씀하신다. 아름다움이 나를 온통 에워싸고 있다.

아름다움을 움켜잡거나 소유하지 않은 채 나는 그 안에 현존한다.

1983년 5월 23일(시카고)

호숫가

아침 일찍 밖으로 나와 호숫가와 좁은 공원을 걸으며
찰랑이는 물가를 따라갑니다.
아무렇게나 누워 자는 이들 곁을 서둘러 지나칩니다.
나무 기둥에 기댄 그들의 몸은 덤불에 반쯤 가려져 있습니다.
태양이 떠오르면
온화한 빛과 새들의 아침 합창이 노숙자들을 깨웁니다.
신선함 속에서 우리는 모두
자연의 평화로운 기지개에 동참합니다. …
그날 밤 나는 침대 옆 창가에서
도시 위로 번쩍이는 번개와 빗줄기를 바라보고
맹렬하게 울리는 천둥소리를 들었지요.
그리고 내 마음의 눈으로
구부정한 채 젖어 가는 몸뚱이들을 보았습니다.
휘몰아치는 비바람 속에서
밤비에 흠뻑 젖어 외들외들 떠는 그들에게
흥건하고 질척한 땅바닥의 기운이
다 해진 옷과 얇은 신발 바닥을 통해 스며들겠지요.

흠뻑 젖은 채 배회하는 가장 약하고 가난한 이들을
우리가 뛰노는 공원에서
나는 보았습니다.

1983년 5월 25일(시카고)

힘든 날이었다. 테디가 두 달 가까이 조사를 받았지만 복지 기금을 받지 못하게 되었다. 테디처럼 길거리를 방황하거나 성매매 말고는 다른 대안이 없는 여자들을 거의 불구로 만드는 불의와 관료행정에 나는 소름이 끼쳤다. 우리의 관료 제도는 가난한 사람들의 절박한 필요나 수치심에 대해선 전혀 고려하지 않은 채 관리 대장의 한 사람으로만 취급한다. 진정 우리는 이러한 관료 제도에 맞서야 한다.

테디는 굴욕감과 수치심을 느끼면서까지 복지 기관에 가고 싶지는 않았을 것이다. 당연한 일이다. 이 사회 체계는 그 사람들을 최악의 상황, 즉 아무 원조도 하지 않고 일자리도 제공하지 않으면서 돈도 빌려주지 않는 상황 속에 방치해 버린다. 그들이 무엇을 할 수 있단 말인가? 길거리에 나와 불법행위에 휘말린 다음 붙잡히고 유죄판결을 받는다. 이것으로 사회는 자기 정당성을 확보하고 이런 사람들에겐 아무런 도움도 베풀 필요가 없다는 판결을 공고히 해 왔다. 그러고는 자업자득이라고 쉽게 낙인찍어 버린다. 사회는 죄에 유연히 대처하지 못하고 항상 속죄양을 만들어 왔다. 희생자들은 패배하기 마련이다. 그들은 지지를 받을 수 없다. 지지받지 못하기는 사회도 마찬가지다.

메이의 업소에서 몇 시간을 보냈다. 화니타 혼자서 일하고 있었다. 너댓 명의 패거리가 다녀갔다. 밥이 또 들렀는데 제 맘에 들지 않는 화니타 말고는 아무도 없는 것 때문에 몹시 화를 냈다. 오늘은 나와 얘기를 나누지 않았다. 그리스 사람인 존과 피터도 왔다. 존은 음악가이며 확실히 처신을 잘하고 있었다. 아내를 사랑하지만 한두 번쯤 속이는 것은 괜찮다고 생각한다. 잡역부인 피터는 키우는 고양이 얘기를 한다. 이 모든 것을 지켜보는 나는 정말 맥이 빠진다. 메이는 아가씨들을 충분히 확보하지 못해서 전전긍긍하는 것 같다.

아직도 가톨릭 자선단체는 후원에 대해 묵묵부답. 좋으신 하느님, 우리를 시험에 들게 하지 마옵소서.

1983년 6월 2일(시카고)

복지 기관에 간 테디가 네 시간째 기다리고 있다며 내게 전화로 알려 왔다. 나는 그들에게 지난번 결정을 철회해 달라는 편지를 썼다. 누구도 승자일 수 없는 이런 경우에 어떤 일이 벌어질까? '존경받을 만한' 구석이 전혀 없는 시민이 도움을 청하는 편지를 쓸 경우, 상황은 어찌 전개될 것인가? 미미한 권력을 지닌 사람들이 일을 처리할 때, 이 가난한 사람들의 존엄성을 인정하거나 존중하길 기대하기란 어렵다. 그런 굴욕을 목격하면 정나미가 떨어진다. 최말단에 있는 공무원들도 스스로에게 굴욕감을 느끼고 있다. 그리고 민원인에게는 더없이 무례하다는 것을 나는 안다. 하지만 우리가 어떻게 이 사슬을 끊을 수 있을까?

나는 테디에게 일련의 '자기 훈련'과 그녀의 삶이 지닌 과제를 거듭 상기시키면서도, 짧은 기간 동안 그녀에게 아주 '바람직한' 일들이 일어난 것에 조금 염려하는 마음도 든다. 또 우리가 그녀 인생의 절박함과 진실을 지켜 갈 수 있을지도 불안하다. 자신에 대한 우리의 배려와 관심에 테디가 숨 막혀 하지 않았으면 좋겠다. 그녀는 영리하고 이해심이 많으니 내가 걱정할 필요가 없을지도 모른다. 나 대신 하느님이 그녀를 돌봐 주실 것이다.

집에 관해서는 아직도 감감무소식이다. 믿고 계속 기도할 뿐이다. 스텔라는 잠깐 동안이긴 하지만 공동체 센터에서 나와 함께 지내고 있다. 집이 없다는 불안 때문에 그녀는 가끔 하느님께 호소한다. 거리는 절망과 두려움으로 가득 차 있고 그리스도교 공동체는 잠들어 있다.

메이의 업소에서 스물네 살 된 벨린다를 만났다. 그녀는 클럽에서 스트립 걸로도 일한다. 남자들은 2분마다 1달러씩 지불한다. 벨린다는 자주색 아이섀도를 단장하느라 대부분의 시간을 부엌 탁자에 앉아서 보낸다. 메이는 지치고 긴장한 상태다. 이곳은 슬픈 집이다. 캐서린은 딸을 위해 다른 일을 하게 될 날을 고대하고 꿈꾼다. 이제 두 살이 된 샌드라의 엄마 캐서린은 머지않아 일을 그만둘 것이다.

테디 베어: 1983년 6월 3일(시카고)

기분이 최고다. 여전히 우리 집을 기다리는 중이다. 평생 처음 가지게 될 내 방을 꿈꾸며 약간 붕 떠 있다. 우리 집을 위해서라면 무슨 일이든 할 것이다. 에드위나가 하려는 길거리 사도직에 필요한 일도 누구보다 열심히 도와줄 것이다. 일종의 투쟁이 될 텐데, 특히 나에게는 더욱 그러할 것이다. 나는 표현을 조금 더 잘하게 되었고 남들과 소통하기 시작했다. 나 자신을 더욱 개방하고 드러낼 필요가 있다. 내가 말해 줄 것들은 많다. 길거리에서 겪은 다양한 일들이 무궁무진하니까.

테디 베어: 1983년 6월 5일

우리는 보스턴으로 가는 중이다. 너무나 흥분되고 떨리면서도, 얼마나 기쁜지 모른다. 내가 다른 주州에 합법적으로 머물 수 있다는 사실이 감격스럽다. 전에 도망자였을 때, 딱 한 번 다른 주에 머문 적이 있다! 도착하면 알게 되겠지만 거기라고 다른 점은 없을 것이다. 이 말이 조금 우습게 들릴 거라는 걸 안다.

1983년 6월 6일

집시, 에스키모, 스텔라가 우리와 함께 요크빌에서 주말을 보냈다. 그들이 피로를 풀고 여유롭게 주변 사물들에 관심을 보이는 모습을 보니 기쁘다. 작게나마 그들에게 친절을 보여 줄 수 있어 뿌듯하다. 자원 선교사 운동 공동체 덕분이다. 나는 아프리카와 파푸아뉴기니에서 나눔에 대해 많은 것을 배웠다. 몇 년간 함께 일했던 우간다인들은 아직도 내 삶에 영향을 미치고 있다. 노숙자들과 내가 지금 나누는 것은 몇 년 전에 아프리카인들에게 내가 받아들여진 첫 경험에 비하면 아주 작은 것이다.

    스텔라는 자기 침대가 있다는 사실에 무척 행복해한다. 그녀는 자기 자신과 외모에 대해 조금씩 관심을 보이기 시작한다. 자그마한 기쁨과 보살핌만으로도 사람들은 자존감을 회복한다. 아직도 그녀의 주머니가 다음 끼니 음식으로 채워져 있는지, 그녀의 가방 속에 상한 음식이 들어 있는 것은 아닌지 살펴봐야겠다. 그녀는 여전히 다음 식사를 걱정한다. 어제는 그녀의 코트 주머니에서 치즈 버거 두 개를 찾아냈다.

1983년 6월 7일

귀한 시간을 돈을 구걸하면서 보내고 싶지 않다. 그렇다. 하느님은 내가 당신의 사람들과 함께 살도록 부르신다고 느끼면서 돈에 신경 쓰는 것을 원치 않으실 것이다. 하느님의 일이기에 사도직은 실현될 것이며 다른 그 무엇에 의존해서 성취되지 않는다. 신앙 공동체는 예수의 생애를 증거해야 하므로 그분이 바라시는 것을 바라본다. 우리는 사도직을 수행하고 신뢰하는 것으로 충분하다. 나머지는 자연히 따라올 것이다.

 놀라우신 하느님, 집과 후원금을 우리에게 보내 주소서. 우리는 당신께 온 삶을 드리리이다.

1983년 6월 12일(보스턴)

테디와 함께 보스턴에서 며칠을 보내고 있다. 테디는 매우 흥분한 상태다. 비행기, 새로운 사람들, 바다가 그녀를 한껏 들뜨게 한다. 행복해하는 모습을 보니 내 마음도 흐뭇하다. 테디 속에 있던 어린아이가 드러나고 있다. 일찍이 허용된 적이 없던 아이의 모습. 테디의 삶은 끝없는 고통과 외로움과 반항으로 점철되어 있었다. 지금 나타난 어린아이는 아주 개방적이고 자연스러우며 삶과 새로운 가능성에 환호한다. 하느님도 몹시 환호하셨을 것이 분명하다. 사람들과 나누고 더불어 꿈꾸는 것이 얼마나 중요한지를 다시금 깨닫는다. 나를 북돋워 줄 다른 꿈쟁이가 필요하다. 가끔씩 영국에 돌아가서 일하고 싶어 하는 스스로를 보곤 한다. 그 편이 훨씬 수월할 거라는 생각에 갈등을 느낀다. 그럼에도 자기 자신에 대해 예언할 수 있는 사람은 없다는 걸 나는 안다. 나야말로 항상 집을 떠나라는 부르심을 받아 오지 않았던가?

테디 베어: 1983년 6월 12일(보스턴)

사람들은 대부분 자기 자신에 대해 만족하는 것 같다. 나도 한결 안정된 것을 느낀다. 그들은 나와는 아주 다르다. 생활 방식 전반에서 그들과 나는 전혀 다르다. 그럼에도 불구하고 그들은 나와 다르지 않다. 그들은 내가 무의미한 존재가 아니라 어엿한 한 사람이라고 느끼게 해 준다. 나에게 무슨 일이 일어나는지 인식하지 못한 상태에서, 아래층으로 내려가서 나 자신에 대해 말하고 나누었다. 그때 쾅 부딪혔다! 입이 닫히고 조금 의기소침해져서 그곳을 빠져나왔다. 다시 혼자가 되었다. 이게 변할 수 없는 내 모습이다. 어떤 것이 진짜 내 모습인지 의심하는 건가? (그럴지도 모르겠다.)

테디 베어: 1983년 6월 13일(보스턴)

하느님 우리에게 어서 집을 주세요. 빨리 내 방을 가질 수 있게 해 주세요. 우리의 도움과 사랑이 필요한 여자들이 많이 있답니다. 이 여자들이 행복해지고 사랑받는 존재가 되길 당신도 바라고 계시죠?

　그러니 다시 기도드립니다. 하느님, 제발 우리에게 아름다운 집을 주세요, 당신이 우리를 위해 고르신 집을 …. 사랑합니다, 하느님.

1983년 6월 16일(시카고)

몇 가지 난관에 부딪혔다. 일부 양식을 갖추지 못해 테디가 다시 복지 기금을 받지 못하게 되었다. 캐롤은 병원에서 퇴원한 후 다시 길거리에서 술에 취한 채 돌아다니고 있다. 조이스는 심리적으로 동요하고 있음에도 비교적 안정되어 보인다.

나는 하느님에게 집중하고 있는데, 이것은 사실 우리들만의 집이 없다는 욕구불만에서 비롯된 것이다. 나는 이 수도회에서 두 개의 방을 얻는 기막힌 행운을 누렸지만, 그 덕분에 길거리를 배회하는 내 친구들이 있는 곳과는 차단되어 있다. 나는 이곳 복도 양쪽의 많은 방 가운데 하나에서 잠이 들지만, 내 친구들은 이 거리의 뒷골목 한구석에서 웅크린 채 잠을 청한다. 내가 수녀들과 식사를 하는 동안, 내 친구들은 얼마 안 되는 빵과 생선 통조림, 아니면 요기가 되는 거라면 뭐든 나눠 먹는다. 우리에겐 여자들의 보금자리라고 할 만한 공간이 필요하다. 거기서 그들은 아무 대가 없이 환대받을 수 있음을 알게 될 것이다. 그곳은 보통 가정에서 있을 법한 압력이 없는 공간이 될 것이기에, 나와 테디는 물론 누구라도 언제나 환영받을 것이다.

어머니 하느님이 무얼 하고 계시는지 모르겠지만, 언제까지나 열을 올리고 있을 수만은 없다. 나는 믿음을 놓지 않고 계속 청할 것이다. 그렇지만 그분이 가급적 일을 좀 쉽게 풀어 주시길 바란다.

메이의 업소에서 오후 시간을 보냈다. 캐서린과 메이밖에 없었다. 캐서린은 검은 눈과 긴 갈색 머리칼을 가진 아름다운 여자다. 은밀한 학대와 잦은 구타를 당하며 살아온 그녀는 침착하고 평온해 보이는 가면을 쓰고 있다. 그녀에겐 두 살 된 아기와, 매일 2백 달러어치의 코카인을 구해 줘야 하는 남편 피터가 있다. 거기다가 그들이 사는 호텔 방에 매일 35달러를 지불한다. 캐서린이 메이의 업소에서 돈을 버느라 고생하는 동안 피터는 아기를 돌본다. 나는 그 어린아이가 처한 상황을 떠올리며 진저리를 친다. 캐서린이 제대로 살고 싶다면 먼저 피터에 대한 의존심을 버리고 그를 떠나야 하리라. 그녀는 "그럼 내가 일하는 동안 아기는 누가 돌봐 주나요?" 하고 반론을 제기한다. 악순환이라는 것은 그녀도 느끼고 있다. 피터를 떠날 수는 있지만 자기가 달리 무엇을 할 수 있냐고 반문한다. 일주일 내내 아기를 돌보란 말이냐고. 캐서린은 집세와 식비 등을 마련하기 위해 오랫동안 메이의 업소에서 일해 왔다. 그녀는 또 언젠가는 학교로 돌아가서 '제대로 살게 되기'를 희망한다. 그 요원한 바람을 이루려면 캐서린은 많은 장애를 극복해야 할 것이다.

우리가 속히 집을 구해서 그녀를 초대하여 함께 식사하고 대화할 수 있게 되었으면 좋겠다. 그 소망을 하느님이 이루어 주실 것이다.

좋으신 하느님, 제가 당신께 조바심을 치지 않게 해 주소서. 당신 손안에 모든 것이 있음을 압니다. 적절한 때 그것이 이루어질 것입니다. 저의 약한 믿음을 굽어 살펴 주소서.

1983년 6월 21일(요크빌)

테디가 술을 마셨다. 4개월 만에 처음 그녀는 거리로 나갔고 술을 퍼마셨다. 시카고에서 돌아와 보니 자제력을 잃고 울면서 간혹 공격성을 보이는 어린애 같은 그녀가 기다리고 있다. 그녀에게는 도움이 더 필요한 것이 분명하다. 여전히 너무나 허약하고 불안정하다. 나는 그녀가 꽤 강하다고 생각했고 더욱 강해질 것으로 확신했다. 그녀가 나를 너무 의존하게 만들어서, 이제는 내가 없으면 거의 아무것도 할 수 없는 지경에 이른 듯하다. 그러니 다시 처음부터 시작해야 하리라.

나는 알코올중독에 대해 더 많이 배워야 한다. 당혹스럽기 짝이 없다. 어떤 면에서 나는 실패했고 배워 가는 중이다. 연민을 끌어내려고 안간힘을 쓰는 한편 엄청난 분노와 실망감을 다스리고 있다. 어느 지점에서 잘못된 것일까? 모든 게 무너져 내렸다는 느낌에 곤혹스럽다. 그러나 포기하지 않을 것이다. 넘어졌으니 더 지혜롭게 처신해야 한다. 공동체 없이는 꾸려 나갈 수 없는 일이지만, 테디에게 내 공동체의 지지자가 되어 주길 바라는 것은 무리한 요구임을 깨닫는다. 그녀는 혼자만의 내적 투쟁으로도 몹시 숨이 가쁘다.

테디 베어: 1983년 6월 21일(요크빌)

지금 들어왔다. 새벽 3시 30분. 밤새 거리를 돌아다녔다. 엊저녁 공동체 본부에 돌아온 것은 9시 10분이었다. 아주 깜깜했다. 불빛이라곤 없고 누구도 보이지 않았다. 정말 아무도 없었다. 나는 완전히 혼자였다. 에드위나를 찾아봤어야 했지만 그러지 않았다. 다시 밖으로 나갔다. 밖에서도 사람은 전혀 만날 수 없었다. 나는 여전히 혼자였다. 강해지려고 마음먹었다. 거리를 걸었다. 이렇게 늦은 시간에 거리에 있는 것이 잘못이라는 생각이 들었다. 밤 시간에는 거리에 있지 않겠다고 에드위나와 약속했었다. 그런데 나는 약속을 지키지 않았다. 날이 밝으면 정부 보조금과 관련하여 할 일이 있었는데 …. 슬프게도 나는 늘 혼자다. 에드위나를 생각하면 뭐라도 해야 한다. 내가 너무나 사랑하는 최고의 친구! 나는 지금 울고 있다. 하느님, 제가 새날을 맞이하게 될까요?

1983년 6월 28일(요크빌)

자원 선교사 운동 공동체에서 테디를 적극 지원하고 있다. 테디와 함께 모두가 둘러앉아 그간 일어났던 일에 대해 조금 이야기를 나눌 수 있었다. 그녀는 자신이 사랑받는다는 것을 안다. 무엇보다 이제 그녀는 우리의 사랑이 그녀의 행동 때문이 아니라 그녀가 강하건 약하건 상관없이 그녀 자체를 사랑하기 때문이라는 걸 안다.

공동체는 생기가 넘친다. 사랑과 이해의 공동체는 사람들에게 자기 자신을 믿도록 북돋운다. 나는 많은 일을 혼자서 해 왔지만 그걸로는 여전히 부족하다. 테디 같은 사람에겐 남들의 지지가 필요하다. 나도 평신도 자원 선교사 운동 공동체의 지원이 없었다면 이제까지 제대로 버텨 내지 못했을 것이다. 우리는 인종과 계급과 문화의 장벽을 넘어 다른 사람들을 형제자매로 품으려는 공동 목표에 도달하고자 한다. 공동체는 오늘 테디를 한 명의 자매로 받아들였다.

1983년 6월 29일(시카고)

테디, 스텔라와 함께 시카고로 돌아왔다. 퇴보를 통해 얻은 것도 있다. 이번 일을 계기로 테디는 자신이 아직 치유되지 못했다는 것을 깨닫게 되었고 그런 만큼 더 조심할 것이다. 그녀는 자신을 더 깊이 이해하고 받아들이게 되었다. 게다가 정말 중요한 것은, 퇴보했을지언정 여전히 사랑받고 있음을 테디가 깨닫게 된 것이다. 테디가 다시 복지 기금을 받을 수 있도록 청구하는 증거자료를 작성하느라 6시까지 장소를 옮겨가며 지루한 시간을 보냈다. 자기 확신이 부족하고 굴종적인 사람이라면, 이렇게 시간을 허비하게 만드는 복지 기관에 시달리다가 마지막 신념까지도 잃고 말 것이 분명하다. 내가 등을 떠밀지 않는다면 테디 혼자서는 결코 해내지 못할 것이다. 이것이 그렇게나 많은 노숙자들이 복지 기금을 포기하고 마는 이유다. 그들은 복지 기금 제도를 달가워하지 않는다. 청구 과정에서 철저히 인간성이 외면당하는 것을 목격하고 체험한 나는 슬픔을 금할 길이 없다. 가난한 사람들은 똥 덩어리 취급을 받는다. 어지간해서는 그들 대부분이 시궁창에서 벗어나지 못하는 것도 놀랄 일이 아니다.

나는 하느님이 우리 모두에게 필요한 것을 주고 계시다고 믿는다. 얼마 안 되는 저금에 의존하고 있는 형편이지만 그래도 여전히 믿고 있다. 우리에게 편안함을 안겨 줄 아주 멋진 집이 생길 것이다. 사도직의 첫해는 으레 유동적이고 산만한 법이지만 언제까지나 이렇게 지낼 수는 없다. 상황이 안정되지 못하면 일을 추진하거나 계획하기도 어려워질 것이다. 나처럼 목표를 정해 놓고 그 '성취'를 즐기는 사람에게, 그것은 특히 힘든 상황이다. 하느님은 내 힘에 부칠 만큼 나를 몰아세우시지는 않을 것이다. 나는 하느님의 널찍한 정원에 남아 있으려 노력하는 중이다. 그 빈 터를 지킨다는 것은 어려운 일이고, 하물며 그 빈 터에서 사는 것은 더 어렵다.

1983년 6월 30일(시카고)

테디가 오늘 밤 또 술을 마셨다. 11시 30분까지 기다리다가 밖으로 나가 보았더니 길거리에서 술 마시는 패거리에 그녀가 끼여 있었다. 아, 하느님, 제가 그리 노력했건만 ….

하루 종일 골치 아픈 일의 연속이었다. 내 차의 바람막이가 부서지고 몸체가 몇 군데 긁힌 것을 시작으로, 집시가 나를 찾아와 모든 것이 불안하고 괴롭다고 하소연을 하더니 그다음에는 경찰, 정비소, 보험사 등에서 연달아 전화가 걸려 왔다. 아, 정말이지 혼이 나가 버렸다!

점심때는 메이의 업소에 갔다. 이렌느가 자기 사진을 메이에게 가져왔다. 그녀는 포주에게 무지막지하게 얻어맞아 그를 고소했는데, 그때 입은 상처를 치료받기 전에 사진을 찍어 둔 것이다. 찢어지고 부풀어 오른 상처 자국들을 보고 나는 입을 다물지 못했다. 데이브가 이렌느와 함께 왔다. 데이브는 중산층의 유부남이고, 현재는 손자 여럿을 둔 할아버지로서 안정되고 행복한 가정생활을 누리고 있다. 이중생활을 하는 또 다른 '회칠한 무덤'인 셈이다. '흑인 포주들이 단속하는 젊은 성매매 여성들'과 놀아나는 그는 남의 것을 몰래 훔치는 '도급업으로' 부자가 된 사람이다. 일흔 살이 넘은 데이브는 시궁창에서 이렌느를 꺼내 데려온 자신이 자랑스러운 듯했다. 메이가 내게 말했다. "모든 사내놈 속에는 짐승이 들어 있지." 이런 남자들을 볼 때면 나도 그 말을 믿게 된다.

메이가 자주 하는 말이 있다. "재미 보고 떠나면 끝이야!" 그리고 이렇게 말을 잇는다. "살면서 이 재미있는 꼴을 못 봤으면 어쩔 뻔했어? 나는 오래 살 거야!"

그럴지도 모른다. 그녀는 벌써 칠십 대 초반이지만 아직 건강하고 단숨에 수백 달러를 버는 능력이 있다. 대단한 사람이다. 저녁 무렵 그녀는 자기 이야기를 몇 가지 털어놓았는데, 주로 과거 자기 업소를 드나들던 단골들의 마조히즘에 대한 것이었다. 가정이 있는 '존경받는' 전문직 남자들이 그녀의 주 고객이었다. 그녀는 그들을 묶어 놓고 때리거나 '버릇없는 어리광쟁이 소년' 놀이의 어린애로 삼아 계속 두들겨 팼다고 한다. 이 남자들은 두드러진 성공과 권력을 움켜쥔 삶을 유지해야 한다는 데 너무나 억눌린 나머지, 자기 내면 깊이 자리 잡고 있는 왜소하고 무력한 부분을 충족시키고자 필사적인 듯했다. 메이는 이 남자들과 '놀

4 테디 베어 이야기 165

이'를 할 때마다 자기 앞에 놓인 돈다발를 보며 간신히 버텼다고 한다. 현실에 눈을 감고 오직 돈만 보려고 했다. 이런 상황에서 그녀는 스스로에게 생각하는 것을 허락하지 않았다. 그랬다가는 그런 행위를 할 수 없었을지도 모른다. 외로울 때도 많았다고 그녀는 고백한다. 이 같은 현실로 인한 분노와 괴로움에 함몰되지 않았다면, 그녀는 자기 안의 사랑과 친절을 간직한 채 살 수 있었을 것이다. 성매매를 시작하면서 메이도 커다란 상처를 입었음이 틀림없다. 그 이상은 나도 모르겠다. 그녀는 자신의 사생활을 보호하려 할 것이다.

이 일을 하는 여자들은 (최소한) 두 가지의 다른 삶을 사는 듯하다. 하나는 현재의 일상생활로, 허약한 자아를 가지고 우리 사회의 현실 속에서 살아가는 것이다. 그들은 개방적이고 정직하며 각자의 이름과 처지에 맞게 행동한다. 그것이 자발적인 것이든 포주나 단골이나 그 밖의 사람들에게 위선적으로 대응하는 것이든 말이다. 또 다른 삶의 방식은 보다 깊은 측면으로, 억압과 폭력과 애정 결핍, 근친에 의한 성폭력이나 학대 등으로 얼룩진 어린 시절에서 연유한 모습이다. 순수함을 지키기 위해 숨겨 놓은 좋은 기억들도 그 속에는 더러 있지만, 이 여자들은 대개 추악했던 기억들을 보호하고 숨기고 방어한다. 이런 기억들이 자신의 불안정한 자아를 어떻게 파괴할 수 있는지 '알기' 때문이다.

나는 지금 여기서 메이의 친구가 될 수 있을 뿐이다. 그녀가 내게 전화를 걸어 "여기 와서 내 빌어먹을 얘기를 좀 들어 줘!"라고 말했다. 이렇게 그녀가 나를 초대한 것이다! 아, 그렇지만 이 여자들이 안고 있는 그 많은 혼란과 고통스러운 사건들을 단번에 없애기는 힘들다. 테디, 메이, 이렌느, 이들 모두는 불안과 직면해 있다. 나라고 해서 다를 바 없다. 자동차 문제, 재정 문제, 가톨릭 자선단체의 무응답 … 이 모든 것이 혼란으로 다가온다. 1년 전 오늘 나는 30일 피정을 시작했다. 그때는 영적으로 몰입했던 시간이다. 내가 어디로 가도록 인도받을지, 그리고 그것이 나를 얼마나 혼란스럽게 할지 알았다면 나는 그 길을 따르려고 했을까? 그 모든 여정을 또다시 걸으려 할지 미지수다.

좋은 일들이 나에게 찾아왔음을 잊지 말아야 한다. 메이와 캐서린을 비롯한 여자들을 만나고 있고, 테디를 만나 사랑을 나누고 있으며 비록 실패를 반복하긴 해도 그녀가 새 삶을 살아가는 것을 돕고 있다. 집시, 조, 스텔라와 그 밖의 많은 노숙인들도 알아 가고 있다.

마음속에서는 '내가 뭔가 잘못하고 있는 건 아닌가?' 하는 의문이 떠오르는 것도 사실이다. 내면 깊은 곳에서, 특별히 테디의 퇴보로 말미암아 다소 편치 않은 의심이 솟구친다. 내가 제대로 가고 있는 건가? 지금 뭘 하고 있는 거지? 상황을 악화시키지 않고 보탬이 되는 일을 하고 있나? 이들의 알코올중독이나 경제적 어려움, 집 없는 문제를 더 잘 해결할 누군가가 있다면 나는 이 일을 그만두고 떠나야 하나?

하느님, 제가 참된 확신을 가지도록 도와주소서.

1983년 7월 1일(시카고)

밤에 이렌느를 만나러 갔다. 폭행을 당한 뒤로 그녀는 줄곧 불안해 보인다. 조니라는 사내가 그녀의 침대에서 벌거벗은 채 잠들어 있었고, 또 다른 성매매 여성인 젊고 호리호리한 흑인 여자 실비아도 있었다. 이렌느는 취한 상태에서 위스키와 담배를 훔쳐 왔다. 자주 있는 일이다. 주절주절 울면서 자기는 알코올중독이 아니라고 우기다가, "나 너무 무서워. 정말 무서워 죽겠어"라는 말을 몇 번이고 되풀이한다.

실비아는 뭔가 앞뒤가 안 맞는 말을 잔뜩 늘어놓으면서 신경질을 부린다. 손님을 받으면서 약을 한 것 같다. 지난 4월에 그녀의 남편이 총에 맞아 죽었다. 그녀도 함께 총을 맞았지만 다행히 회복되었다. 신문과 텔레비전은 하루가 멀다 하고 이 대도시 빈민가에서 마약과 약탈로 인한 총기 사고가 벌어진다는 소식을 전한다. 컵케이크라는 또 다른 젊은 성매매 여성이 뛰어 들어와서는 자고 있는 조니에게 물을 쏟아붓자 컵케이크와 이렌느가 악을 쓰며 싸우기 시작했다. 이 아귀다툼과 고통과 분노의 한복판에서 내가 할 수 있는 일은 도대체 뭘까? 컵케이크가 나가자 실비아와 이렌느가 말다툼을 벌이기 시작했다. 실비아가 나가고 이렌느는 울음을 터뜨렸다.

혼란, 난장판, 뒤죽박죽. 이 여자들의 삶은 그야말로 엉망진창이다! 하느님, 우리가 무얼 하고 있는 건가요? 한밤중에 집으로 돌아와 보니 테디가 밖에서 나를 기다리고 있었다. 그녀는 편안해 보였다. … 이 모든 것을 어찌해야 할지 모르겠다. 내가 여기 있음을 느낄 뿐이다.

거리에서

길거리 쓰레기 더미에서
성령이 일어나시는 것을 보았다.
그리고 술고래의 질질 끄는 발에서
예수의 발걸음 소리를 들었다.

마리아 막달레나는
매음굴에 홀로 조용히 앉아 있었다.

수치심과 번민에 휩싸인 내가
맨 처음 던진 냉정한 돌을
그녀는 바라보고 있다.

벌거벗은 포주 라자로는
더러운 침대에서 뻗어 있고
나는 취한 몸을 가누지 못하는
예수를 찾아 두리번거렸다.

비틀거리며 뒷골목을 헤매는 저 여인은
여기저기 뒤적거리며 한탄하지만
그녀가 붙잡을 난간도
그녀의 한탄을 달래 줄 그리스도도 없다.

무너진 건물과 깨진 창문 저편에서
들려오는 비명 소리에서
나는 시나이 사막을 가로지르는
이스라엘 민족의 울부짖음을 들었다.

그리고 나는 크게 야훼를 불렀다.
"아, 당신 백성의 탄식을 들으소서!
더는 그들이 울부짖는 고통에 침묵하지 마시고
귀를 열어 주소서."

테디 베어: 1983년 7월 3일(요크빌)

더할 나위 없이 기쁜 날! 아주 행복했다. 낮에 교회에 가서 점심을 잘 얻어먹었다. 행렬을 따라가며 행복감을 만끽했고 너무나 즐거웠다. 공동체에게나 나에게나 멋진 날이었다. 아무런 문제도 없었다. 전혀 외롭지 않았다. 어떤 우울함도 엄습하지 않았다. 웃음만이 가득했다.

토네이도의 기운이 느껴졌다. 바람이 무척 강하게 휘몰아쳤지만 공동체가 나를 꼭 감싸고 있어 조금도 무섭지 않았다. 하느님도 바로 내 곁에 계시다. 내가 복지 기관의 지원을 받게 된 것도 정말 다행이다. 나 스스로에 대해 좀 더 신뢰할 수 있게 된 것 같다. 지난 여섯 달 동안 나는 다음과 같은 것들을 알게 되었고 공동체와 함께 나누게 되었다.

공동체, 사랑, 아름다움, 하느님, 좋은 친구들, 잠자리, 먹을거리, 복지 기관의 지원, 건강, 맑은 정신(절주), 우정 … 그 밖의 많은 것들.

참으로 기쁘다. 그 무엇보다 나에겐 에드위나가 있다. 기쁘고 좋은 일들이 나에게도 일어날 수 있다. 감사합니다, 하느님.

1983년 7월 4일

테디가 어려움에 봉착해 있다. 기적이란 내 생각만큼 그리 쉽게 일어나는 것이 아니다. 테디는 온전해지기에 앞서 자신의 내적 불안 및 공포와 맞서야 한다. 이런 것들은 외부의 영향력이나 그녀를 소외시킬 새로운 선택들에서 기인한 것이 아니다. 외적 요인들은 불안과 공포를 자극하고 밀어붙이는 도구에 불과하다. 참된 치유는 자신의 내면에서 비롯

되지만 그녀는 아직 이 사실을 제대로 인지하지 못한다. 나는 실망감을 느끼는 동시에 교훈을 얻었다. 실망한 까닭은, 우리가 있는 그대로보다 더 대단한 존재이고 따라서 테디도 있는 그대로보다 더 강하다고 내가 착각했기 때문이다. 또한 교훈인 까닭은, 내 속도가 아닌 그녀의 속도에 맞춰 함께 걸어가야 한다는 사실을 배웠기 때문이다. 그녀의 걸음에 맞춰야만 진정한 완성에 이를 수 있다.

  나는 알코올중독이나 약물중독의 증세에 대해 일찍이 접해 본 적이 없다. 그러나 우리는 대다수 성매매 여성과 거리에서 생활하는 여성들이 안고 있는 온갖 형태의 '중독'이 지닌 위험성에 관심을 가져야 한다. 그러한 온갖 중독에 대해 나는 너무나 무지하여, 꽤 낙심하게 되고 스스로가 쓸모없는 사람처럼 느껴지면서 의욕이 꺾인다. 혹시 내가 실수를 하고 있는 것은 아닌지, 이 모든 게 내가 자신했던 것에 비해 훨씬 과중한 숙제는 아닌지 의심이 들기도 한다. 나는 배우는 자세로 되돌아가야 할 것이다. 그런 점에서, 자원 선교사 운동 공동체에서 아프리카나 파푸아뉴기니로 파견될 사람을 준비시킬 때면 항상 처음 여섯 달 동안은 듣고 보기만 하라고 권고한다는 점은 흥미롭다. 그다음 여섯 달은 질문을 하고 이렇게 1년이 지난 다음에야 사람들은 답을 찾는 법을 알게 된다. 나는 이제 막 질문하는 시기로 접어들었다. 다음 질문이 떠오른다. 이 여자들을 진심으로 돕기 위해 필요한 기술은 과연 무엇인가?

사도직

아무런 지원도, 구체적인 증거도, 지속되는 확신도 없다.
테디 베어나 집시나 스텔라에게서는

어떤 확신도 기대할 수 없다는 것을 나는 깨달아야 한다.
그들이 웃고, 맑아지고, 행복해하고, 희망을 품는 것을
보는 것으로 충분하다.
결과와 변화를 확인하려 하면서 내가 저지른 잘못은 무엇일까?
언제쯤이면 하느님께 열매를 드리려는 욕심에서 벗어나
하느님을 중심에 모시고 존재하는 것만으로 충분해질까?
이 사도직 안에서 우리는 온전히 하느님께 의지해야 한다.
사람들과 상황이 온전하고 사랑스럽게 현존하는 동안,
하느님께 열매를 모두 바치든 전혀 못 바치든
바로 그러한 존재의 현실을 받아들여야 하리라.
아무런 지배권도, 힘도, 계획도 우리에게는 없다.
그렇다. 단 하나의 계획조차 없다.

1983년 7월 5일

하느님이 주신 사명이
이 모든 혼란과 온갖 고통과 완전히 부서진 곳 안에 있기에
나는 투덜대며 이 자리에 앉아 있는 것일까?
이 말의 의미는 여기 있기만 하면 된다는 것인가?
이 사도직은 새롭고, 당혹스럽고, 뭐가 뭔지 혼란스럽고
아무 규범도 지침도 안내자도 없고
어떠한 교과서도 지도도 강습도 없다.
아, 오로지 예수의 영만이 뒷골목에 앉아 계시다.

하느님의 은총만이 매음굴 안을 맴돌고 있다.
하느님의 말씀만이 날카로운 사이렌 소리와
술 취한 남자들의 고함 소리 속에서 침묵하고 계시다.
아, 이 사도직은 분명 오직 하느님만이 하시는 것이다.

1983년 7월 6일(위스콘신)

며칠째 위스콘신에 머물고 있다. 쉬면서 기도하기에 좋은 장소다. 테디와 함께 지내 온 지난 넉 달을 돌아보면서 내 에너지를 어떻게 조절해 나갈지 고심 중이다. 내가 테디에게 너무 큰 관심을 쏟으면서 지나친 책임감을 느끼고 있기 때문이다. 특히 올바른 시각을 얻기 위해 한동안 홀로 나 자신을 돌아보는 시간이 필요하다. 테디에게 필요하고 성장에 도움이 된다 하여 나를 잃어버리는 것은 바람직하지 않다. 우리 둘 사이에 더 넓은 공간과 자유를 확보할 적절한 균형을 찾아내야 한다. 나는 우리 사이의 올가미에 쉽게 빠져들었다. 테디의 요구는 지나치게 큰데, 순진하게도 나는 너무 많이, 너무 한꺼번에 그녀에게 모든 것을 주었고 그녀를 기대하게 만들었다. 하지만 이제는 더 나은 균형을 도모하고 더 넓은 측면에서 노력하게 될 것이다. 그래, 우리는 할 수 있다.

그렇게 나는 다른 교훈을 얻었다. 내가 함께할 때만 뭔가 해낼 수 있다고 생각할 것이 아니라 테디 스스로 성장하고 나아가는 것이 지극히 중요하다는 사실을 …. 지금 우리에게는 변화가 절실하다. 테디는 이제 혼자서 걸을 수 있다. 나는 그녀를 사랑하기에 그녀가 내 없이 더 잘 걸어가도록 돕기 위해 최선을 다해 내 사랑을 보여 줄 것이다. 내가 붙잡아 주는 한 테디는 강해지지 못할 테니까.

요 며칠간의 햇빛과 휴식과 평온함 덕에 더 깊은 호흡이 가능해졌다. 이 모든 것은 하느님의 것이고 전부 다 하느님께 속해 있음을 되새긴다. 내 것은 아무것도 없다. 그 무엇도 누구도 나에게 의존해 있을 수 없고 하느님께만 의존해야 한다. 하느님이면 족하다! 테디가 이 사실을 이해하도록 내가 도울 수 있을까? 내가 그녀의 구세주일지 모른다고 착각하는 중독적인 상황에 우리가 빠져 버렸음을 어떻게 그녀에게 일깨워 줄 수 있을까 …. 매 순간 그녀는 나에게 도움을 요청하거나 공동체가 구해 주어야 하는 상황에 빠져 있고, 우리는 거기에서 헤어나지 못한다. 테디는 스스로를 책임지는 법을 배워야 한다. 테디 스스로 그것을 절실히 원해야 하지만, 그녀에게는 너무나 생소한 일이다.

테디 베어: 1983년 7월 9일(시카고)

어린 시절

기억이 닿는 한, 나는 행복하지 않았다. 사랑을 받지도 못했다. 나는 집에서 죄인 같았다. 어머니는 나를 사랑해 주지 않았다. 내게 말을 건넨 적도 없다. 아주 어렸을 때, 아홉 살이나 열 살 때쯤, 어머니는 내가 밖에 나가 노는 것을 금지했다. 외출할 때면 그녀는 나를 방 안에 혼자 남겨 두었다. 그녀가 나에게 먹을 것을 주거나 학교에 보내 줄 때까지 그 방에서 절대로 나올 수 없었다. 어머니가 내게 키스를 해 준 적도 없다. 열세 살이 될 때까지 나는 어떠한 사랑 표현도 받아 보지 못했다. 열세 살이 되던 해, 엄마가 나를 내팽개쳤으니 나도 내 맘대로 하겠다는 말을 남긴 채 집을 나와 버렸다. 더 이상 집에 있고 싶지 않았다. 잠은 친구 집이나 기차역에서 잤다.

기숙학교(13~17세)

생활환경 조사원에게 집으로 돌아가고 싶지 않다고 말했다. 나에겐 집도 가족도 없다고 했다. 그날부터 국가의 보호를 받게 되었다. 나는 기숙학교로 보내졌다. 그곳에서 나는 소극적인 아이였다. 아무에게도 마음을 열지 않은 채, 집에서 겪었던 일을 곱씹으며 지냈다. 그곳에는 사랑 빼고는 필요한 것이 다 있었다. 그러나 사랑만큼은 어디에서도 발견할 수 없었다. 그곳 보모들이나 다른 소녀들과는 그런대로 잘 지냈다. 어느 날 도망쳐 나오기 전까지는 친하게 지낸 사람도 몇 있었다. 나는 무언가 다른 것을 찾으려 했다. 그게 무엇인지는 나도 몰랐다. 늘 사고를 저질렀다. 구제 불능이었다. 아무도 나를 제어할 수 없었다. "난 떠날 거야!"라는 말을 남기고 그곳을 뛰쳐나왔다.

지나가는 자동차를 얻어 타고 캘리포니아로 갔다. 그때 나는 열다섯 살이었다. 경찰에 붙잡혀 기숙학교로 돌려보내졌다. 약을 과다 복용하여 3주 동안 정신병원에 갇혀 있었다.

열일곱 살 생일날 나는 그곳을 나가겠노라 선포하고 당당히 떠나왔다. 원하는 것은 무엇이든 할 수 있었다. 나는 다 컸고 사람들은 나를 혼자 내버려 두었다. YWCA의 방 한 칸에 머물렀다. 줄곧 약을 복용하고 있었는데 더 이상 약이 듣지 않자 이번에는 마약에 손을 뻗었고 중독되었다. 그때가 열여덟 살이었다. 국가에서 주는 푼돈은 죄다 마약 사는 데 들어갔다.

마약과 성매매(19세)

내 삶에서 가장 혹독한 시기였다. 마약을 하는 것 말고는 아무 할 일이 없던 나는 마약 살 돈을 벌기 위해 시카고 거리로 나와서 성매매를 시작했다. 성매매는 1년 내내 매일 밤 이어졌다. 나는 다양한 남자들을 상대했고, 마지막 동전 한 닢까지 마약을 사는 데 썼다.

스무 살이 되었을 때 포주인 한 남자를 만났다. 그에게 사랑을 느꼈고 그도 나와 똑같이 느낀다고 생각했다. 실은 그를 사랑한 게, 마음속 깊이 사랑한 게 아니었다. 그가 늘 마약을 대 주었고, 그래서 나는 그를 위해 일하기 시작했다. 모든 것이 그를 위한 일이었다. 그를 위해 마약을 팔았고 몸도 팔았다. 그의 요구라면 무엇이든 들어주었다. 그를 떠날 결심을 하기까지 3년 반을 그렇게 지냈다. 그를 떠나서는 뉴욕으로 갔다. 그 큰 도시에 홀로 머물면서 나는 계속 마약을 했다. 멈추면 금단 증세가 나타나기 시작했다. 뉴욕에서의 첫날을 지금도 기억한다. 나는 무서웠다. 뉴욕에서는 끔찍한 일들이 수시로 벌어진다고 들었으니까. 처음으로 60달러를 벌게 되자 (자연스럽게!) 마약 중개인을 찾아갔다. 3주쯤 지나자 시카고로 돌아오고 싶어졌다.

돌아왔을 때는 스물두 살이었다. 1년간 마약중독 치료 프로그램에 참여했다. 그동안에도 성매매는 이어졌다. 임신을 했다. 아기를 조산했는데, 그때도 마약을 하고 있었다. 그 사내 아기는 6개월을 살고 죽었다. 몇 달 후 또 임신을 했다. 그 아기도 조산했으며 여전히 마약을 끊지 못하고 있었다. 한 달 만에 아기를 어머니 집으로 보내야 했다. 도무지 돌볼 여건이 안 되었다. 마약을 사려면 계속 일을 해야 했는데 그러자니 아기가 걸림돌이 되었다. 어머니가 아기를 데려갔다. 아기가 두 살이 되었을 때 어머니는 아기를 입양 보냈다. 나는 반대하지 않았지만 상처를 입었다. 그렇다고 아이를 돌볼 수도 없었다. 나에게 삶은 너무나도 힘든 것이었다. 어쩌자고 나는 죽지도 못했을까? 내 삶은 파탄이 났다. 매일이 악몽이었다. 우울했다. 상처투성이였다. 분노가 들끓었다. 혼란스러웠다. 외로웠다. 사랑과는 너무나 거리가 멀었던 그때 나는 스물다섯 살이었다. 술을 마시기 시작했다. 술이 나를 더 괜찮은 사람인 것처럼 느끼게 해 주고 행복감을 준다고 믿게 되었고, 급기야 길에서 술을 마시는 지경에 이르렀다. 어느 누구도 나를 돌봐 주지 않았다. 나는 씻지도 않고 제대로 먹지도 못한 채로 노숙을 했다.

알코올중독, 쉼터, 병원(25~28세)

마약을 끊은 대신 술을 마셔 댔다. 날마다 정신을 잃을 때까지 술을 마셨다. 남의 집 문간이나 자동차, 공원에서 잠을 잤다. 겨울에는 쉼터에서 밤을 보냈다. 여름에는 쉼터가 필요 없었다. 아침이면 맥을 못 추었다. 술 말고는 필요한 것이 없었다. 구걸을 하며 술값을 마련했다. 어떤 때는 10~15달러를 마련하려고 몸을 팔기도 했다. 나는 집도 절도 없는 노숙자였다. 하루나 이틀 술을 쉬며 해독을 하기도 했다. 그렇게 두 해가 지나갔다. 마시고 마시고 마시는 것 말고는 아무것도 하지 않았다. 다른 건 먹지도 않았다. 먹을 수가 없었다. 병원에 갔더니 간염과 담석증이 발견되었다. 담석을 제거하고 한 달간 쉬어야 했지만 이틀 동안 금주한 다음 다시 마시기 시작했다. 내가 잘못하고 있다는 것을 알았지만 개의치 않았다. 육 개월 뒤 다시 병원에 갔다. 간염은 기본에, 이번에는 간경변이었다. 또 수술을 했다. 자포자기했다. 거의 죽은 목숨이나 마찬가지였다. 의사는 내가 회복하지 못할 것으로 생각했지만 석 달 만에 나는 자리에서 일어났다. 앞으로 두 해밖에 못 산다고 했다. 상관없었다. 몹시 쇠약해졌지만 나는 여전히 술을 마신다.

그러다 병원으로 되돌아갔다. 거기서 에드위나를 만났다. 그녀가 나를 만나러 왔다. 전에도 그녀를 본 적이 있었지만 그때는 맨 정신이 아니었거나 고까운 마음이 들었었다. 에드위나를 만난 그날 이후 내 삶은 완전히 바뀌었다. 나는 해방되었다. 그 후로도 몇 번 그녀와 만났던 일을 기억한다. 나는 그녀를 더 잘 알게 되었다. 그 후로도 한두 번쯤 술을 마셨는데 에드위나가 나를 거리에서 빼내 와 공동체 본부의 방을 제공해 주었다.

에드위나에게 나에 대해 털어놓았다. 처음에는 내가 성매매를 한다는 소리는 하지 않았다. 점차 나는 그녀에게 더 많은 것을 고백했다. 지금 우리는 거리 사도직을 함께 수행하고 있으며 나는 하느님을 만나게 되었다. 건강도 좋아졌고 나 자신을 돌볼 줄도 알게 되었다. 나는 하느님께 매일 기도한다. 에드위나와 함께 우리 공동체를 위해 기도하고 있다. 하느님은 나를 아주 특별하게, 특별한 방식으로 도와주셨다. 하느님은 내 삶을 관통한 모든 고통과 아픔을 통해 나를 일깨워 주셨다. 에드위나는 나에게 넓은 세상을 보여 주었고 많은 것을 가르쳐 주었다. 또 내가 하느님을 찾도록 도와주었다. 그녀가 나를 찾아내기 위해 긴 여정을 걸어온 덕분에 나는 에드위나를 만나게 되었다. 너무나 행복하다. 어느 누구나 요구할 수 있는 사랑을 나도 얻게 되었다. 자원 선교사 운동 공동체는 내 최상의 희망이다. 그들은 나에게 사랑을 가르쳐 주었다. 그들이 바로 사랑이다. 나에게 더없이 소중한 사람들이다. 그리고 나는 나 자신을 사랑한다. 하느님은 이토록 놀라우신 분이다.

1983년 7월 10일(시카고)

테디와 어떻게 함께 지내야 할지 나는 여전히 어렵기만 하다. 모든 일이 그녀에게 한꺼번에 들이닥쳤다. 그녀는 한꺼번에 어린아이, 소녀,

어른이 되려 한다. 이 모든 일을 어떻게 다루어야 할지 모르겠다. 하느님이 왜 나를 여기 데려다 놓으셨는지도 모르겠다. 온종일은 아닐지라도 거의 대부분의 시간 동안 나는 과연 이 사도직이 내게 적합한 것인지 의심하고 있다. 하느님의 은총으로, 테디를 대하는 방법을 보여 주시길! 더 큰 인내심을 발휘할 수 있어야 한다. 참으로 하느님이 모든 일을 진행하시도록 해야 한다.

테디 베어: 1983년 7월 16일(시카고)

지난 며칠간 여섯 살짜리처럼 굴었다. 잘못된 행동이었음을 안다. 많은 사람들이 나를 사랑하고 관심을 쏟는 것을 알고 있다고 해서 그렇게 행동해서는 안 되었다. 하지만 최근에 조금 침울했다. 이유는 모르겠다.

내 안에는 많은 혼란과 분노와 스트레스와 억압된 긴장이 있는데, 이것들로 인해 나는 아주 크게 상처를 입는다. 언젠가는 그것들이 모두 해소되어 내가 올바른 길로 나아가길 희망한다. 내 삶에는 무언가 잃어버린 것이 있음을 느낄 수 있다. 하지만 어떻게 해야 할지 모르겠다. 잃어버린 작은 퍼즐 조각들 같다. 이 모든 게 꿈이라 깨어나면 전부 사라져 버릴까? 나는 정말 가치 있는 존재일까? 특별한 존재인가? 아니면 그저 사라져 갈 먼지에 지나지 않는 것인가?

1983년 7월 17일(시카고)

7월 5일, 게리가 캐롤을 죽였다. 술꾼이었던 두 사람은 함께 거리를 배회하곤 했다. 그들은 술을 마시면서 서로 마음을 나누었더랬다. 캐롤,

미안해요, 정말 미안해요, 우리가 당신을 위해 할 수 있는 일이 아무것도 없어서 …. 게리의 고통이 어느 누구보다 크다는 것을 나는 알 수 있다. 길거리에 함께 앉아서 나는 그의 외로움과 두려움과 많은 밤들에 대해 들어 왔다. 자신의 처지를 한탄하며 울곤 하던 그였는데 ….

1983년 7월 18일(시카고)

메이의 업소에 갔다가 하워드와 캐서린, 벨린다와 이야기를 나눴다. 아직 스무 살도 안 된 가난한 소녀 벨린다는 열세 살 이후 길에서 일해 왔다. 거리와 성매매와 마약의 세계에 대해 경험하면 할수록, 나는 성매매가 이유 없이 생겨난 것이 아니라는 사실을 더욱 실감하게 된다. 통계를 보면 성매매 여성의 70~90퍼센트가 어린 시절 근친에 의해 학대당하고 성폭력을 당한 경험이 있다. 이것은 거리와 술집에서 몸을 파는 여자들의 숫자와 어린 시절에 그들을 학대하고 폭행한 친아버지나 의붓아버지, 삼촌, 할아버지들의 숫자가 거의 맞먹는다는 것을 말해 준다. 사회는 이 가공할 만한 '원죄'에 대해 성찰하고 이해하려 하지 않는다.

왜 성매매를 하는가? 사회는 근친에 의한 성폭력과 아동 학대로 말미암아 성매매를 하게 된 여자들을 처벌함으로써 그들이 당하는 고통을 억눌러 버린다. 미국의 감옥은 성매매 여성들로 가득하다. 감옥에 있는 여성 수감자들 중 30퍼센트를 이들이 차지한다. 나는 우리가 내는 세금을 성폭행범이나 아동 학대범, 각종 폭력범과 인신매매범을 척결하는 데 사용하는 것이 길거리 성매매 여성을 처벌하는 데 사용하는 것보다 더 중요하다고 본다. 미국에서는 다른 '범죄자'보다 성매매하는 이들을 더 많이 잡아들인다. 성매매 여성 한 사람을 몇 시간 동안 길거리에서 퇴치하려면, 경찰관 하나는 (보고서를 작성하고 재판에 출두하기 위해서) 거의 사흘간 거리 순찰을 할 수가 없다. 그러는 동안 미국 여성 네 명 중 한 명은 성폭행을 당하고 있는 실정이다! 어째서 우리는 이다지도 눈이 어두운 걸까? 어쩌자고 이렇게 이해가 느려 터진 것일까?

1983년 7월 20일(시카고)

저녁에 학창 시절 친구인 주디와 함께 거리로 나갔다가 이렌느를 만났다. 이렌느는 기둥서방인 조니와 함께 거리에서 호객 행위를 하고 있었는데 꼴이 영 말이 아니었다. 머리칼은 산발한 채 날리고 상처 난 얼굴은 화장도 하지 않아서 어떤 남자도 그녀를 거들떠보지 않았다. 나를 보고는 무척 반가워했지만 나는 그녀의 모습에 큰 슬픔을 느꼈다. 함께 그녀의 침침한 숙소로 갔다. 화장을 하게 하고 머리를 매만지게 했더니 한결 나아 보였다. 그녀도 제 모습에 흡족해했다. 다시 밖으로 나와 우리는 그녀를 거리에 두고 와야 했다. 당신을 위해 기도하겠다고 그녀에게 말했다. 자신이 사랑받고 있으며, 사랑받을 만한 사람이라는 것을 그녀 스스로 느끼길 바란다.

1983년 7월 21일(시카고)

감옥에 있는 한 여자가 편지를 보내왔다.

친애하는 에드위나,
　내 이름은 트레이시 존스예요. 8년째 끔찍한 성매매를 해 오고 있습니다. 어린 자식이 셋 있고 현재도 임신 10주째인데, 우울증이 심각해서 더는 살고 싶지 않습니다. 나는 지쳐 널브러져 있어요. 어디서부터 시작해야 할지 넋을 놓고 있었는데, 오늘 누군가에게서 당신 이야기를 듣고 새로운 삶을 꿈꾸게 되었습니다. 만약 이 기회를 놓쳐 버린다면 나는 자살할지도 몰라요.

나를 온전히 이해할 사람은 없겠지요. 나는 나약해 빠졌고 외로워 죽을 지경이에요. 당신도 알겠지만, 성매매를 하는 동료들과는 길에서 일하는 사정에 대해서 절대 의논을 할 수 없어요. 너 나 할 것 없이 서로 거짓말을 한답니다. 갈수록 삶이 저주스럽기만 합니다. 내가 누군지 밝히는 일, 또 변하고 싶다고 말하는 일이 몹시 쑥스럽지만 그래도 해야겠지요. 그러지 않으면 삶을 포기하고 벼랑 끝에 설 수밖에 없을 테니까요.

11개월 된 딸이 포주의 손에 죽고 나서 나는 길거리로 나왔습니다. 이때부터 약에 취해 살아서 무슨 일이 벌어지고 있는지 제대로 알지 못했어요. 약이 더 이상 듣지 않는 지경이 되어서야 약물중독 재활 프로그램에 참여하게 되었는데, 덕분에 약에서 확실히 벗어나긴 했지만 아울러 내 꼬락서니를 적나라하게 볼 수 있게 되었지요. … 나는 세상에 무가치한 인간쓰레기였더군요.

다시 딸을 낳았습니다. 그 애가 지금 8개월이에요. 내 생명보다 귀한 아이지요. 친아버지가 그 애와 다른 두 아들을 돌보고 있어요. 딸아이가 처음으로 나에게 변화를 꿈꾸게 만들었습니다. 다만 어디서부터 시작해야 할지 모르겠어요. 교통비나 식비, 숙박비 따위를 벌려고 나는 아직도 길에서 일을 해요. 어떻게 하면 이 일을 그만둘 수 있을까요? 내가 새롭게 시작할 수 없는 마당에 내 아이들을 살리기 위한 변화의 기회를 가질 수나 있을까요? 아시겠지만 일하는 동안에는 늘 취해 있어야

해요. 맑은 정신으로는 도무지 불가능한 일이기에 나는 망가져 가고 있어요. 다 알고 있지만 그렇게라도 하지 않으면 살아갈 수가 없습니다.

길거리로 나서는 것 외에 나에게 다른 방도가 없다는 것을 알아요. 쉼터에 머물고 싶지만 아침 6시만 되면 깨워서 밖으로 내몰더군요. 결국 쉼터를 포기하고 다른 숙소에서 지낼 임대료를 내기 위해 또 일을 하지 않을 수 없습니다. 거리 생활을 하는 누구라도 정말로 넌더리를 내고 칩거하지 않는 한, 그 생활 방식을 바꿀 수 없다는 것쯤은 당신도 알겠지요. 자녀나 부모에 의해 생활 방식을 바꿀 수는 없습니다. 변화는 오로지 그 사람 본인만이 이뤄 낼 수 있는 일이지요.

나는 새로운 삶을 원합니다. 내가 이루려는 것이 무엇인지 정확히 아는 사람의 도움 없이는 불가능한 일이지요. 보시다시피 나는 정신적으로 나약하고 내 지난 삶을 생각하는 것만으로도 상처가 되살아납니다. 지금 나는 아이들 옷과 내 옷을 훔친 것 때문에 70일째 감옥에 갇혀 있어요. 다음 달이면 나가야 하고 한동안은 임신한 채 지내야 합니다. 그 후에 또다시 나를 학대하는 생활로 돌아가고 싶지 않습니다. 그러니 나에겐 당장 머물 수 있는 공간이 필요하고, 공적 지원을 받는 방법도 알고 싶습니다. 사회보장 카드가 없으니 취득할 시간도 필요합니다. 어쨌든 더는 몸을 팔아 가며 살고 싶지 않아요.

바닥 청소나 여타 청소 일을 할 용의도 있습니다. 나 자신을 돌보고 이 한 몸 누일 공간을 위해서라면 뭐든 하겠습니다. 하지만 당신 도움 없이는 다 불가능할 거예요. 나는 계속 길바닥에서 자게 되겠지요.

하느님과 예수 그리스도를 믿고 있습니다. 그 믿음이 아니었다면 내가 지은 죄로 말미암아 지금쯤 죽고 없을 것입니다. 내 죄는 용서받았을 것이라고 믿지만, 내가 자살해 버린다면 먼저 간 내 딸을 하늘나라에서 만날 수 없겠지요. 부디 내가 나 자신을 도울 수 있게 해 주세요. 당신은 성매매 여성들에게 빛이 되어 주고 있어요. 누가 나를 돌봐 줄 거라는 기대를 해 본 적이 없었습니다. 꼭 내가 아니더라도 당신의 선행은 계속되겠지요. 두세 사람이라도 바른길로 인도하거나 변화시킬 수 있다면 당신의 활동은 헛되지 않을 거예요.

성매매는 어떤 것들에서 연유한 것이 아니에요. 그것은 암과도 같이, 그 자체로 병입니다. 문제의 근원이란 점에서 암은 성매매 여성과 다를 바 없지요. 우리는 자포자기한 인간 부류이고, 성매매는 우리 문제의 뿌리입니다.

이끌어 주길 간청합니다. 자선을 베풀어 달라는 것이 아닙니다. 공적 지원을 받을 동안만 임시로 머물면서 일하려고 합니다. 제발 외면하지 말아 주세요. 고맙습니다.

트레이시 존스

하루빨리 집을 찾아내야 한다!

1983년 7월 22일(시카고)

머리를 물들인 매춘부

저 아래 뒷골목으로
머리를 물들인 매춘부가

5달러에 몸을 팔려고 남몰래 나섰다.
(보통은 10달러지만 시대가 어려우니
이것저것 가릴 수가 없다.)
사복 경찰이
머리를 물들인 매춘부에게 손짓하여
가격과 서비스를 흥정한다.
그녀는 10달러를 요구했지만
할 수 없다는 듯이 … 다섯.
그 순간
경찰 배지가 번쩍이고 ….
머리를 물들인 매춘부는
침을 뱉고 고함을 지르고
이를 악물고 눈물을 삼키며
자동차 뒷자리에 묶인다.
우리가 그녀를 위해 지어 놓은
크고 붉은 감옥을 향해
차는 의기양양하게 달려간다.
우리는 그녀 주위에 쇠창살을 드리우고
벽돌 담을 높이 세운다.
그리하여 우리는 머리를 물들인 매춘부가
슬픔이 변한 분노,
고통이 변한 증오로 울부짖으며
우리에게 침 뱉는 것을 보지 않아도 되게 되었다.
우리는 그녀를 공중 십자가에 못 박고

고개를 설레설레 저으며 혀를 끌끌 찬다.
자기가 태어난 치욕 속에서
홀로 죽어 가도록
우리는 그녀를 내버려 둔다.
그리고 발길을 돌려
신성한 교회 담장 안의 안전한 어둠 속으로 도망친다.
십자가 위의 여인에게
하느님의 자비를 빌어 주기 위해서.

1983년 7월 23일(시카고)

혼자서 고요히 기도하기에 좋은 날이다. 홀로 보내는 시간이 갈수록 절실해진다. 스스로에게 여유나 침묵을 허용하지 않는다면 점점 더 절망감에 빠지고 말 것이다. 이런 시간이 없이는 이 사도직에 몰입할 수 없다는 것을 나는 깨닫게 되었다.

요즘 테디는 다가가기 어려울 만큼 변덕스러운 어린애처럼 굴고 있다. 나는 분노와 좌절감을 느낀다. 마음을 다스려 내적 근원에 의존함으로써만 나는 이 문제를 다룰 수 있으리라. 끊임없이 나 자신을 성숙시켜 고요 속에 머물면서 하느님과 더불어 고독 가운데 현존해야 한다. 나는 그 어떤 것도 아닌 하느님께만 의존하고 있음을 기억해야 한다. 바람직하고 긍정적인 다른 관계들이 있더라도 나와 하느님의 관계가 그중 최우선이다.

테디가 성장하고 독립하도록 돕고 싶다. 그러려면 지금까지 해 온 것보다 더 큰 이해와 너그러움과 인내가 필요하다. 어떻게 해야 자기 파괴적인 길을 걸어온 사랑스러운 그녀가 중독에서 벗어나도록 동행할 수 있을까!

저녁에는 혼자서 거리를 걸어 다녔다. 혼자 걷는 것이 낯설다. 테디를 만난 이후로 얼마나 오랫동안 그녀와 함께 걸어왔는지 깨닫는다. 아무도 모르는 길거리에서 홀로 보낸 낮과 밤들이 얼마나 외로웠던가! 나는 자주 겁을 집어먹었고 그것은 지금도 마찬가지다. 이 도시에 홀로 있으면 공격받기 십상이라고 느끼는 것도 여전하다.

교회 계단에 걸터앉아 거리를 둘러보며, 일을 하러 나온 버지니아와 한참 이야기를 나누었다. 그녀는 화려한 콜걸과 댄서로 지내던 지난 시절에 대해 신 나게 떠들어 댔다. 하지만 나는 이야기 뒤에 감춰진 그녀의 비명을 들을 수 있었고, 그녀가 치명적인 상처를 입고 외로움과 두려움에 사로잡혀 있음을 알 수 있었다. 그녀가 자신의 역사를 내게 들려준다면 나는 많은 것을 배울 수 있을 텐데 ….

밤늦은 시각에 이렌느가 위스콘신에서 훔친 신용카드로 전화를 걸어 왔다. 자신이 시카고를 떠났다는 사실을 내게 말하고 싶었던 것이다. 걱정이 된다. 폭주하는 것을 멈추고 도움을 청하지 않는다면, 그녀는 급속도로 곤두박질치고 말 것이다. 그럼에도 나는 이렌느가 나를 찾아준 것이 기뻤고 그녀의 전화에 용기를 얻었다. 내가 그녀와 인연을 맺을 시점이 온 듯하다. 이제 그녀를 위해 무언가 할 수 있는 때다.

1983년 7월 24일(시카고)

감옥에 갇힌 게리를 만나러 갔다. 그는 잘 지내고 있었다. 법정 심리 날짜는 금요일이다. 그는 캐롤을 죽인 것이 아니라 말대꾸를 하기에 때렸을 뿐이라고 말한다. 누가 진실을 알겠는가. 그들의 삶은 이미 죽음 앞에 있었다. 나는 파김치가 되어 집으로 돌아왔다.

테디는 다시 나가 버렸다. 그녀에 대해 걱정하지 않으려 노력하고 있다. 잠을 자고 싶다. 다시 시작해야 하나? 그녀가 다시 술을 마시지 않는다면 그것은 기적일 것이다. 문득문득 어떻게 살아가야 할지, 어떻게 희망과 믿음을 잃지 않고 살아갈 수 있을지 의문이 든다. 나는 테디 안에서 나타나게 될 삶의 기적에 큰 기대를 가지고 있는데, 그렇다면 나는 기적이 이러이러해야 한다고 판단하는 사람인가?

제발, 하느님 ….

1983년 7월 25일(시카고)

테디가 들어오지 않았다. 밤늦도록 밖에 있는 것이다. 나는 무력감에 빠져 괴롭다. 그녀는 자유를 누릴 권리가 있고, 자신이 선택한 것의 결과가 어떻든 받아들일 수밖에 없다. 사람들이 스스로에게 상처를 입히려고 멋대로 행동한다는 것까지도 나는 이해해야 한다. 그러나 그것을 지켜보며 속수무책 기다리는 일은 너무나 힘에 겹다. 그녀가 죽어 가는 것을 바라보고 있어야 한단 말인가? 그것은 쓸쓸하고도 괴로운 일이다. 나는 테디를 진심으로 사랑한다. 그녀가 생기를 찾고 성장하는 모습을 보았는데 그런 그녀가 다시금 죽어 가는 모습을 보고 싶지는 않다. 내 윤리적 태도에 의문이 든다. 분명 나는 누구라도 다리에서 떨어지려는 것을 본다면, 그 미친 짓을 멈추도록 나설 것이다. 사람이 죽어 가는 것을 멍하니 바라보고 있을 수는 없다. 죽음의 긴박함에 따라 차이가 나는 걸까?

자유를 주장하는 테디를 나는 통제할 길이 없다. 비록 그것이 파괴적일지라도 말이다. 그녀에게 유익하고 그녀의 발길을 돌이킬 수 있을 법한 일들을 도모해 보았지만 전부 실패했다. 곁에 있는 것 말고 더 무엇을 할 수 있을지 모르겠다. 내가 아는 것이라고는 나도 크게 상처를 입었고 그녀를 매우 두려워한다는 사실이다. 그럼에도 나는 그녀를 내 삶에 데려오신 하느님께 기도드린다. 하느님이 그녀를 돌봐 주실 것이고, 이 모든 일을 통해서 그녀가 살아가고 성장하게 하실 것이다. 테디는 오늘도 밤새 밖에 있을 것이다. 나에게 자신감과 믿음을 주십사고 기도해야 한다. 하느님, 제발 테디를 돌봐 주세요.

희망

지옥문 앞에서까지
구원을 믿습니다.
당신 곁에 아무도 남아 있지 않은 곳에서
당신 은총으로 힘차게 일하게 하소서.
그것만이 당신을
진실과 사랑과 확신을 가지고
믿고 따르는 것입니다.
믿음이 없음에도 불구하고
믿는 것입니다.
희망을 거슬러서 희망함,
이것이 신앙입니다.
이 선물이 가장 필요한 이들은

아주 심각한 고통 속에서 모든 것을 잃은 이들입니다.
당신은 사랑과 희망을 드러내 보여 주셔야 합니다.
그래야만 내 사람들도 자신을 믿고 새로이 시작할 것입니다.

1983년 7월 26일(시카고)

테디한테서 아직도 아무 소식이 없다. 잘 지내기만 한다면 다행이겠다. 나는 무력감에 완전히 주저앉아 버렸다.

  이 일이 이렇게나 힘들 줄 어찌 짐작이나 할 수 있었을까요, 하느님. 정말이지 이 사도직이 버겁습니다. 어떤 식으로든 만져 볼 수 있는 결실이라곤 눈곱만치도 없군요. 내가 당신의 기적들로부터 동떨어져 있다고는 말하고 싶지 않습니다. 당신이 나를 불러내신 이곳에는 너무도 많은 상처와 고통이 있습니다. 나는 내 신앙뿐만 아니라 그들의 상처와 그들의 고통까지 공유해 왔습니다. 그로 인해 그들이 두려움과 불안과 외로움에 시달리고 있음을 배우고 있습니다.

  저녁 8시에 테디가 뉴욕에서 전화를 걸어 왔다! 방금 버스를 타고 오다가 내렸다고 한다. 그녀는 돌아와 다시 시작할 준비가 되었다고 말한다. 그래, 우리는 다시 시작할 수 있다! 하느님, 부디 제가 인내심을 가지고 이해할 수 있도록 이끌어 주시고 도와주소서.

  지금은 한밤중이다. 뉴욕에 있는 테디와 이야기를 나눴다. 그녀는 두렵고 지치고 외로운 듯했다. 정글 속에 있는 어린아이와 같다. 그녀는 자신에게 힘이 있다는 것, 즉 잘못된 것에서 옳은 것을 식별하여 올바른 길을 갈 능력이 있다는 사실을 모른다. 그녀에겐 자기 인생을 자유롭게 선택할 권리가 있지만, 자신을 덮쳐 와 무너뜨리는 고통의 무게를 그녀가 과연 감당할 수 있을까?

기적

기적은 죄의 용서가 아니다.
기적은 신뢰하는 사랑이다.
우리가 마주하는 경이로움,
그것은 우리 자신에 대한 경이로움이다.
하느님의 위대하신 사랑,
즉 하느님의 빛을 자각하면
우리 죄는 바다 밑바닥으로 가라앉고
동쪽과 서쪽 사이의 거리만큼 멀리 던져져
우리 생명은 무덤으로부터 구원받는다.
가끔씩 우리는 자신이 죽어 가고 있으며
거의 쓸모없는 존재라고 생각하곤 한다.
하느님은 우리가 모든 죄를 바닷속 깊이 던져 버리고
구덩이에서 일어나길 바라신다.
그 사랑을 믿지 못하고 웅크리고 있는 우리를
하느님은 간절히 열망하고 기대하는 사랑으로
바라보고 계시다.
우리는 하느님의 놀라운 사랑을 믿고
무덤에서 일어나야 한다.
하느님만이 그토록 열렬히 사랑하실 수 있다.
우리가 구렁텅이와 무덤에 빠져 있다고 믿는 한,

우리가 하느님의 무한한 사랑을 받는 자녀임을 믿지 못하는 한, 어떤 기적도 일어나지 않을 것이다.

최근 이삼 일간 품고 있던 어둠이 나에게서 많은 것을 앗아 갔다. 나는 하느님이 그 모든 것을 통해 함께 계셨고, 내 약함과 무지를 통해 나를 부드럽게 이끄시며 테디 역시 그녀 자신을 통해 이끌고 계심을 믿는다. 새로운 삶이 다가올 것이다. 그런데 어쩌면 죽음이 먼저 찾아올지도 모르겠다.

1983년 7월 27일(시카고)

테디가 돌아왔다! 혼란스럽고 두려움에 사로잡혀 있는 것 같다. 이러한 자기 상태를 들키지 않으려 안간힘을 쓰면서도 공격성과 괴로움을 드러낸다. 가지고 있던 돈은 몽땅 술 마시고 마약을 하는 데 써 버렸다. 돌아온 모습을 바라보며 안심하는 나를 확인하고는, 내가 그동안 얼마나 스트레스를 받았는지 느낄 수 있었다. 큰 기적을 바라거나 스스로 이루어 내지 못한 것을 자책하길 그만두어야 한다. 변화는 미미하지만, 그들을 이해하기 시작하니 결코 작은 것이 아니었다. 그러한 변화로 인해 나는 사람들의 선함을 신뢰하는 법과, 또 사회에서 실패자로, 이미 글러 먹었다고 낙인찍힌 이들에게 어떤 식으로 희망을 품어야 하는지 배울 수 있었다.

요즘은 스텔라가 복지 기금을 받도록 돕고 있다. 이것은 또 다른 투쟁이다. 스텔라는 질문과 인터뷰에 겁을 먹고 있다. 누군가 '자기를 데려갈' 거라고 생각한다. 마리아와 나는 그녀가 들려준 이야기들을 정리했다. 처음에 그녀는 형제들과 함께 살았는데 어느 날 법적인 문제가 발생했고 형제들은 그녀를 떠나 버렸다. 그녀는 집 안에서 꼼짝도 하지 않은 채 그들이 돌아오기를, 아니 최소한 연락 정도는 해 주기를 기다렸다. 결국 배고픔을 못 이겨 밖으로 나왔지만, 경찰이 두려워 이리저리 배회하면서도 집으로는 다시 돌아가지 않았다. 지난 7년간 그녀는 거리에서 숨어 지냈다. 나는 아무도 당신을 붙잡아 가지 않는다고 그녀에게 설명해야 했다. 그녀가 자기 이야기를 충분히 할 수 있도록 달래가면서 나는 서류 작성에 필요한 내용을 얻을 수 있었다. 또 우리는 그녀의 형제들처럼 그녀를 버려 두지 않을 거라고 안심시켰다. 그럼에도 스텔라는 아직 두려움에 휩싸여 있다.

좋으신 하느님, 당신의 사람들이 공포와 외로움에 빠져 있나이다. 제가 두려움에 사로잡히지 않게 도와주소서. 두려움과 비참함에 둘러싸여 있을지라도 언제나 희망과 확신의 표지가 되게 하소서. 제 삶이 이 모든 절망 속에 작은 기쁨을 가져오게 해 주소서.

테디 베어: 1983년 7월 27일(시카고)

집에 돌아왔다. 기분이 영 별로다. 왜 그랬던 걸까? 나는 내 마음을 잃어버렸다. 다시 일을 저질렀고 아무런 이유도 없이 무조건 도망쳤다. 내가 사랑하는 많은 이들에게 상처를 입혔다. 나는 떠나야 한다. 이 모든 것을 누릴 가치가 없다. 그들의 도움을 받을 가치도 없다. 나는 떠날 것이다. 하느님, 제발 저를 도와주세요(혼란스럽기 짝이 없다).

1983년 7월 28일(시카고)

복지 기관에 가서 스텔라를 위해 서류를 작성하느라 여섯 시간을 보냈다. 굴욕과 비애를 절감한 경험이었다. 우리는 세상 맨 밑바닥에 있다. 서류를 접수시켰으니 이제 스텔라는 식비와 지원금을 받게 될 것이다. 그녀가 자기 자리를 잡아 가기 위한 첫 관문이다.

서글프고 우울하다. 의욕과 기쁨을 잃은 채 나는 몹시 흔들리고 있다. 테디의 태도와 내가 그녀에게 쏟아부었던 온갖 걱정과 에너지로 인해 지금 무력증에 빠지게 된 것이 분명하다. 게다가 스텔라의 일과 아무 지원도 없는 공동체, 꾸준한 기도 생활을 유지하지 못한 것도 중요한 요인이다. 이 사도직 자체에 책임을 전가하고픈 유혹을 받는다. 이 사도직은 내가 해낼 수 있는 종류의 일이 아니므로 그만두고, 덜 힘들고 덜 소모적인 다른 무언가를 찾는 것이 나으리라는 유혹 …. 그러나 이것은 유혹일 뿐이다! 결코 하느님으로부터 온 것이 아니다. 하느님은 게임을 하시는 분이 아니니까. 하느님은 갑자기 충격적인 '전환'을 꾀하시지 않는다. 그렇다면 나는 하느님께 온전히 의탁하고 있지 않은 것인가? 하느님, 오직 하느님께만 의탁할 것 … 하느님만이 이 모든 것 안에서 나를 지탱해 주실 수 있다. 그 밖에는 모두 별것 아니다!

그런데 나는 그 밖의 것들을 중심으로 삼고서는 하느님을 주변부로 밀쳐 버렸던 것은 아닌가? 나만의 시간이 부족하여 침묵 속에서 하느님께 귀 기울이지 못한다면 내 안에는 평화와 확신이 없을 것이다. 믿음이 부족할 뿐이다! 나는 이 도시 속 이 자리, 소음과 악취와 오염과 가난과 폭력 한가운데서 거룩한 공간과 거룩한 시간을 찾아내야 한다. 바라건대 시카고 도심 한복판으로 새들이 지저귀고 누구라도 은둔할 수 있는 오두막을 갖춘 숲을 옮겨 와야 할 것이다. 그곳에서 하느님과 함께 머물면서 하느님을 나의 연인으로 체험할 수 있으리라. 자기 자신과 창조 세계의 아름다움을 맛보지 못한 여자들, 또 나를 이어 이 사도직을 수행할 사람들과 이 사도직을 수행하다 지쳐 버린 이들을 위해 숲을 옮겨 와야 한다.

내가 실천하고 있는 '선한 행위'를 하느님이 받아들이실지라도 그걸로 충분한 것은 아니다. 어떠한 활동과 엄청난 선행으로도 부족한 기도를 메울 수는 없다. 이렇듯 정신없이 들쑥날쑥 사도직을 수행하면서 어떻게 꾸준한 기도 생활을 이어 갈 수 있을까? 온통 소진되어 냉담해져 버린 주님 제자가 되고 싶은 마음은 추호도 없다. 생기 있고 활기가 넘쳐야 한다. 하느님의 복음은 분명 생기 있고 활기가 넘치는 것일 테니까. 내가 '죽어' 우울하다면 잘못된 메시지를 전달하고 있는 것이다. 거리의 여성들이 줄곧 보여 준 억눌림과 절망의 메시지 말이다.

밤 11시에 테디가 나갔다. 차를 몰고 나가 찾아다니다가 길거리에서 술을 마시는 그녀를 보았다. "내가 얼마나 사랑하는지 알지요?" 하며 집으로 돌아오라고 간청했지만 거절당했다. 테디는 울음을 터뜨리며 자기를 그냥 내버려 두라고 했다. 결국 그녀 혼자 놔두고 돌아왔다. 다시금 나는 비탄에 빠진다. 아무것도 할 수 없는 이 무력감! 오직 하느님만이 나를 도우실 수 있다 ….

새벽 1시, 술 취해 우는 테디의 전화를 받았다.

1983년 7월 29일(시카고)

마리아, 수와 통화하면서 테디에 대해 의논했다. 두 사람 다 내겐 좋은 벗이다. 그들은 내가 속한 공동체의 일원이자 가족으로, 모든 활동에서 나를 지원해 주고 있다. 마리아는 내가 영국에서 자원 선교사 운동을 시작한 후 만났으니 함께한 지 거의 10년이 되었다. 쿠바 출신으로, 강하고 성실한 사람이다. 여자들과 대화하거나 그들이 눈물을 흘릴 때 그녀는 묵묵히 귀를 기울일 줄 안다.

마리아보다 나중에 알게 된 수는 요크셔 출신이다. 이렇게 우리 셋은 몇 년간 공동체를 다져 왔다. 수는 내가 은둔하던 때나 거리에서 지내는 동안 큰 도움이 되어 준 사람이다. 웃음이 많고 유머 바이러스를 퍼뜨리는 수를 여자들도 좋아한다. 수와 자원 선교사 운동 공동체가 마련해 준 집과 숲이라는 안식처가 없었다면 나는 지금 여기 있지 못할 것이다.

작은 공동체는 내가 데려간 모든 노숙인과 성매매 여성들을 두 팔 벌려 환대해 준다. 그들이 경험해 보지 못한 가정과 사랑과 보살핌을 체험할 수 있도록 수와 마리아가 도와준다. 곁에 이 두 자매가 있는 것이 내게 얼마나 큰 행운인지 모른다. 나를 사랑하고 나와 함께 걱정을 나누어 주는 그들은 집시와 조와 스텔라와 테디와 다른 모든 이들에게도 사랑을 베풀어 준다.

1983년 7월 30일(시카고)

메이의 업소로 차를 몰고 가서 몇 시간을 보냈다. 캐서린과 캐롤, 스트립 걸로 일하는 벨린다를 만났다. 여전히 나는 내가 맡은 역할에 대해서 끊임없이 자문한다. 다시 운전을 하고 돌아오는 길에 길가에서 술을 마시고 있는 테디를 발견했다. 그녀는 달아나면서 새되게 악을 쓰고 내게 욕을 퍼부었다. 그 상황을 받아들이기가 너무나 힘들었다. 나 자신을 짓누르는 끔찍한 통증을 느꼈다. 차 안에 앉아 있는 것도, 운전을 하여 그 자리를 벗어나는 것도 다 힘들었지만 가까스로 그곳을 빠져나왔다. 집시가 옆에 있어 그나마 위안이 되었다. 나는 몹시 지쳤다. 아직까지도 테디를 어떻게, 왜 믿어야 하는지 모르면서도 나는 믿고 있다. 내 자신의 존재 이유를 이해하려고 노력 중이다. 테디를 비롯하여 거리의 다른 모든 여자들을 위해 나는 존재할 필요가 있을지 모른다. 이 모든 일 속에서 하느님을 찾는다. 크나큰 고독 속에 홀로 머문다.

주님을 신뢰하고 그분께 기대하지만 외로움은 어쩔 수 없다. 내 마음은 어딘가에서 부서져 산산이 흩어진 진리의 조각들을 찾으려 두리번거리고 있지만, 지금 이 순간 진리는 나에게서 멀기만 하다. 고통을 느낄 수 있을 뿐, 고통의 이유는 짐작할 수도 없다. 내 마음을 끊임없이 후려치는 고통에서 벗어날 방도를 찾을 수도 없다. 이해하지 못하지만 그럼에도 나는 신뢰한다. 호칭기도를 하듯이 이 말을 반복하고 있다. "저는 믿습니다, 믿어요 …" 하고. 더욱 자주, 더욱 충실히 이 말을 반복한다면 머지않아 여유와 신뢰를 되찾게 될 것이다.

테디를 위해 기도한다. 그녀의 소중한 삶을 위해 …. 내가 만난 모든 여자들의 삶도 더할 나위 없이 귀하다. 그것을 하느님이 아시고 나도 아는데, 어째서 그들만 모르는 걸까?

1983년 7월 31일 (시카고)

오늘은 주일이자 내게는 무척 복된 날이다. 오늘 나는 너무나 자유롭고 평온한 가운데 내 안에 현존하시며 사랑을 채워 주시는 하느님을 느꼈다. 지난주에 바짝 긴장하고 충격을 받은 후라 더욱 기쁘고도 평화로운 체험이다. 이렇게 다시 새로워지는 시간을 주신 하느님께 깊이 감사드린다.

저녁 나절, 집시와 산책하면서 여러 사람을 만났다. 크리스와는 한참 대화를 나누었다. 크리스는 위스콘신 소도시 출신의 성매매 여성이다. 우리는 비둘기 광장에 자리를 잡고 앉았다. 네 갈래 길목이 만나는 이곳 작은 광장에서는 포주와 성매매 여성들, 노숙인과 술주정뱅이와 성매매 단골들을 만날 수 있고, 때로는 이 지역에서 일하는 다른 사목자들도 만날 수 있다. 외지인들은 차를 타고 휙 지나쳐 버리기 때문에 이 작은 공간 안에 얼마나 많은 인생이 자리하고 있는지 알아채지 못한다. 약을 복용한 탓인지 크리스는 눈물을 찔끔거리며 우울해한다. 모든 것을 그만두고 싶다고 말하지만 그녀는 한 발자국도 내딛지 못한다.

수많은 고통이 똬리를 틀고 있는 그곳에서 나는 인내를 배워야 한다.

> 씨앗이 자라고 열매를 맺는 것은
> 나의 능력과 은사 때문이 아니라
> 하느님께 뿌리내리고 있는 어둠 속 공간에
> 내가 머물러 있기 때문이다.

테디 베어: 1983년 7월 31일(시카고)

나를 죽게 내버려 두지 않으신 하느님께 감사드린다. 언젠가는 나 자신을 더 선명하게 이해하게 될 것이다. 가끔 스스로에게 묻곤 한다. '자신에게 가하는 이 지독한 고통에서 헤어 나올 날이 올까? 내가 일어서는 날이 찾아올까?' 진정 나는 무서워하고 있다. 정말 두렵다. 모든 것을 다시 시작하고 새롭게 살아가고 싶을 때도 있다. 또 일찍이 몰랐던 이 공동체에 속하고도 싶다. 이 모든 것을 나는 진심으로 바라는가? (그조차 모르겠다.)

테디 베어: 1983년 8월 2일(시카고)

돌로레스에게

제발 나에게 알려 줘. 왜 너는 내가 너를 찾는 걸 도우려 하지 않니? 내가 너를 알려는 것을 어째서 그토록 무서워하는 거니? 네가 어떻게 느끼는지 나는 안다고 생각해. 종종 나도 같은 방식으로 느끼기 때문이야. 그렇지만 서로를 찾지 않는 한 우리는 같이 갈 수 없어. 언젠가 우리는 동행하면서 각자의 상황에 대해 털어놓을 것이고, 그럼으로써 너는 나를 돕고 나도 너를 도울 수 있겠지. 어떤 점에서는 우리 둘은 똑같으니까. 우리는 함께 있을 것이고, 잠시 혼자서 시간을 보내기도 하겠지. 조용한 곳, 테디와 돌로레스 말고는 아무도 없는 곳에서. 괜찮지? 너를 사랑해.

돌로레스에게 편지를 썼다. 내가 그러하듯 그녀도 빨리 깨어났으면 좋겠다. 하느님, 고마워요.

테디 베어: 1983년 8월 7일(시카고)

하느님, 에스키모 조를 위해 기도합니다. 부디 그를 행복하고 평안하게 해 주세요. 정말 그가 그립습니다. 그가 머무는 곳에 평화를 주세요. 우리는 그가 길에서 자는 것을 압니다. 저는 그를 정말 많이 사랑해요. 그는 내 형제, 다시 없을 형제랍니다. 당신도 저도 그가 행복하지 않다는 걸 압니다. 그러니 조와 함께 계셔 주세요. 조를 지켜 주세요. 제발 조에게 행복과 웃음을 선사해 주세요. 이번 주에는 조를 만나 보고 싶어요. 그를 사랑하는 많은 이들이 조가 떠나거나 죽을까 봐 염려합니다. 언젠가는 그도 자기 집을 가지게 되겠죠. 다른 그 누구도 아닌 조의 집을 말이에요.

하느님, 제 아들 알렌을 위해서도 기도합니다. 그 아이가 건강하고 평안하길 바랍니다. 그 아이 걱정이 머리에서 떠나지를 않아요. 애틋한 마음으로 그리워하며 시간을 보냅니다. 그 아이가 무엇을 하고 지내는지, 어떤 모습을 하고 있는지 궁금하기도 합니다. 저는 갓난아기 때 그 아이를 돌봐 주지 못했습니다. 이제는 다섯 살 하고도 삼 개월이 되었네요. 하느님, 제가 아들과 함께 지낼 수 없다는 것을 알지만, 꼭 한 번 알렌을 보고 싶어요. 그 아이는 저처럼 끔찍한 길을 밟지 않게 해 주세요. 그 아이에게 내가 걸어온 길이 아닌 올바른 삶의 길을 보여 주세요. 먼 훗날에는 어엿한 어른이 되겠지요. 결코 저를 닮아서는 안 됩니다. 알렌을 보살펴 주세요. 그에게 자유를 주세요. 지혜를 찾아가게 해 주세요. 하느님, 알렌이 활짝 피어나고 있나요? 그 아이도 언젠가는 제가 누구인지 알게 되겠죠? 정말 혼란스럽군요.

행복한 저녁이었다. 사람들과 함께 좋은 영화를 보았다. 갈수록 마음이 편안해진다. 또 밤이 깊어 가고, 저마다 고요한 독방에 머물러 있다. 왜 이런 느낌이 드는지는 모르겠지만 어쩐지 혼자 있는 것이 좋다. 전에는 한 번도 '사생활'을 누려 본 적이 없었기 때문인 것 같다. 내 기억이 맞다면 이것이 내 평생 처음 맛보는 사생활이다. 어째 좀 나른한 기분이 들기도 한다. 이렇게 특별한 날을 마련해 주신 하느님, 감사드려요.

1983년 8월 7일 (요크빌)

숲에서

자연이 하느님의 얼굴을 비춰 준다는 사실을
날이 갈수록 확신한다.
이 숲에는 깊고도 심원한 평화가 있으니,
들꽃들이 지천으로 피어 있고
새들이 대기 가득히 노래를 흩뿌리며
산들바람은 향기로운 내음을 실어 나르고
따뜻한 비와 피어나는 꽃송이들,
이 모든 것이 하느님의 생명과 함께 고동치나니.
어머니 하느님은
촉촉하고 풍성한 대지를 부드럽게 가로질러
당신의 눈부신 아름다움을 부드럽게 내쉬시네.

이른 아침 태양이 떠오르면 따뜻한 햇살이 이슬을 머금은 풀잎들에 내려앉고, 새들은 노래하며 자유롭게 날아다닌다. 코로 스며드는 모든 냄새는 맑고 신선하다. 나는 어떤 강요나 방해 없이 발돋움하는 듯하다.

이러한 창조 세계를 하느님은 끝없이 경험하게 해 주신다. 우리가 이 세상을 파괴하여 심하게 망가뜨려 놓았는데도 아름다움은 여전히 남아 있다. 우주를 바라보면서 우리는 세상이 조화를 이루도록 하느님이 일러 주시는 너그러운 길들을 확인할 수 있다. 우리는 이 모든 것을 알아보고 숙고하는 마음을 키워야 한다.

1983년 8월 8일(요크빌)

주변에 어두운 기운이 드리운다. 테디가 느끼는 감정을 이해하고픈 심정에서 그녀와 이야기를 나눴다. 그녀가 내 말을 들을 수 있는 상태인지는 가늠하기 힘들다. 가끔은 포기해 버리고 싶은 마음도 든다. 늘 고민하며 염려하고 밤늦도록 다니는 테디의 안위를 걱정하면서도 그녀 앞에선 무슨 말을 해야 할지 모르겠다. 그녀가 자기 자신을 내팽개치려는 모습을 목격하게 될까 봐 겁이 난다. 그러한 걱정과 고통으로 인해 사무치게 두려울 때도 있다. 밤새도록 집에서 걱정하고 기도하면서 기다리는 것이 어떤 것인지 그녀는 과연 짐작이나 할까? 그녀가 죽거나 어디가 아프거나 술에 취해 다친 채 감옥에 있는 것은 아닌지 조바심치는 마음이 밤의 침묵 속에서 스멀스멀 부풀어 오른다.

내 안에서 속삭임이 들려온다. '그녀 일에 상관하지 마. 지옥에 가든지 말든지 너나 편히 살아!' 테디와 다시 시작하려 할 때마다 점점 더 약해져만 가는 나를 느낀다. 사람들은 항상 나를 보고 강한 여자라고 말해 왔다. 때로는 강한 여자로 지내는 것에 진저리가 난다. 강한 여자도 큰 상처를 입을 때면 멀리 도망쳐 버리고 싶다. 도움을 주기보다 받아야 할 때도 있는 법. 때때로 나도 도망치고 싶다.

1983년 8월 9일(시카고)

테디와 스텔라와 함께 어제 요크빌에서 돌아왔다. 오늘은 라우라를 방문했다. 성매매로 살아가는 라우라는 지금 병원에 있다. 포주에게 얻어맞았는데 거의 죽다 살아난 것이다. 병원의 호출을 받고 그녀를 방문했을 때 마침 그녀를 보고 괴로워하는 부모님을 만나 이야기를 나눌 수 있었다. 라우라 역시 다른 이들과 비슷한 과정을 겪었다. 불안정한 어린 시절을 보낸 그녀는 부모의 사랑을 느끼지 못했다. 딸을 사랑하면서도 부모는 그들 자신이 받은 상처로 인해 그 사랑을 표현하지 못했다. 이것은 죄악이다. 누구나 지나오는 어린 시절에 아이는 부모에게 부당하게 상처를 입는다. 그 부모가 입은 상처는 또 그들의 부모에게서 받은 것이다. 이러한 고통의 사슬을 끊어 내는 기적이 일어나지 않는 한, 우리는 우리를 사랑하는 이들의 희생양이 되어 버리고 만다.

테디가 사라졌다. 어제 점심 무렵 나가서 오늘 아침까지도 나타나지 않았다. 나는 근심에 사로잡혔다. 기다리고 번민하고 걱정하는 이 모든 것이 이젠 정말 지긋지긋하고 … 분노가 치밀어 오른다. 상처와 분노 속에서 나 자신과 씨름하는 동안 안에서 속삭임이 들려온다. '이해하고 용서하렴. 그녀는 약하고 두려움에 떨고 있어.' 내 안에서 힘이 죄다 빠져나가 버리면 나는 다시 강해지기 위해 분투한다. '이 정도면 됐어' 하며 포기해 버리고 싶은 마음도 들곤 한다.

8월 2일에 테디가 이런 글을 썼다. "아주 오래전에 하느님께 나를 도와주십사 청한 적이 있다. 그래서 하느님이 나에게 에드위나를 보내 주신 것만 같다. 그녀가 나를 절대 포기하지 않았으면 좋겠다. 죽어도 에드위나를 잃을 수 없어요, 하느님. 나는 정말 열심히 노력할 것이다. 이것이 마지막 기회일지도 모르니까. 오, 하느님, 제발 에드위나가 저를 포기하지 않게 해 주세요. 부디 제발! 저는 그녀가 필요해요. 그녀가 나에게 준 모든 것이 소중해요."

속에서 비명이 터져 나올지언정 나는 결코 포기해선 안 된다.

오늘 미사의 첫째 독서는 하느님이 선택하신 것임에 틀림없다.

> 힘과 용기를 내어라. 너는 이 백성과 함께, 주님께서 그들의 조상들에게 주시겠다고 맹세하신 땅으로 들어가서, 그들에게 저 땅을 나누어 주어야 한다. 주님께서 친히 네 앞에 서서 가시고, 너와 함께 계시며, 너를 버려두지도 저버리지도 않으실 것이니, 너는 두려워해서도 낙심해서도 안 된다(신명 31,7-8).

부디 하느님, 저에게 힘을 주소서. 저를 계속 나아가게 해 주시고 기적이 가능하다는 것을 믿게 하소서.

1983년 8월 10일(시카고)

테디가 이틀 만에 술에 취한 채 돌아왔다. 고통과 걱정이 내 존재의 핵심을 휘저어 놓는 것에 대해 깊이 숙고해야 한다. 근심에 빠져 혼란스러울 때면 나의 확신이 흔들린다. 내 삶에 들어온 여자들과 함께 내가 할 수 있는 모든 것을 한 다음에는 하느님과 함께 머무르면 된다. 나는 아직 이 가장 깊은 확신을 배우지 못했기에, 기적에 목을 맬 게 아니라 마음을 여유롭게 해야 할 일이다. 테디가 자기 자신을 죽이고 있다고 하더라도, 그녀에 대한 기적이 금주로 나타나는 일은 없을 것이다. 하느님이 테디와 노숙자들과 성매매 업소의 여자들을 보살펴 주실 것이고, 나는 하느님이 주관하시도록 해야 한다. 나는 아무 힘도 없다. 다만 신뢰할 뿐이다. 내가 사람들을 바꾸거나 그들의 행동을 통제하거나 새 삶을 선택하게 할 수 없으며, 한다 하더라도 한계가 있다. 자비로우신 어머니 하느님은 결코 당신의 사람들을 포기하지 않으신다. 그분은 항상 새로운 선택지와 신선한 대안을 제시해 주신다. 우리가 하나의 대안을 '거절'하거나 다른 것을 선택하지 못하더라도 하느님은 상심하지 않으시고 또 다른 가능성들을 내놓으신다. 그 대안들을 사람들에게 전하면서 그녀들이 더욱 편안한 가운데 하나의 대안을 선택하도록 격려하는 것이 바로 내가 할 일이다. 하느님께 가는 데는 실로 무한히 많은 길이 존재하며, 하느님은 우리가 선택한 하나에만 갇혀 계시지 않는다. 하느님은 우리가 상상하는 것 이상으로 자유를 허용하신다. 내가 제시한 대안들이 받아들여지지 않더라도 괴로워하거나 염려할 필요가 없다. 하느님이 주관하시도록 맡겨 드리면서, 나는 상상력이라는 선물을 활용하고, 다시 시작할 수 있는 은총을 받았음에 감사드리는 것으로 충분하다.

상상력을 드높여 하느님의 무한하신 정신을 추구하기 위하여 나는 성령에 더욱 열려 있어야 한다. 성령께서 내 '자궁' 속에 씨앗을 심으셨으니 하느님이 내 안에서 육화하실 수 있다. 하느님이 내 삶을 더욱 주관하시도록 허용해야 한다. 아, 이제야 나는 오두막에서의 체험이 왜 필요했는지 알 것 같다. 어떻게 하면 나는 이 거리에서 그 체험을 되살릴 수 있을까? 내 영성은 모순과 혼돈으로 불타오르고, 거기서 다시 새로워지기를 기듭힌다.

테디 베어: 1983년 8월 10일(시카고)

무섭다.

나는 정말 머저리 같다.

모두에게 미안해 죽을 지경이다.

1983년 8월 14일(요크빌)

요크빌의 오두막 밖에 나와 앉아 있다. 이곳 공동체는 언제나 나를 반겨 주며 이해해 주려 애쓴다. 내가 많이 지치지 않았는지도 늘 염려해 준다. 내가 아무리 아닌 척해도 그들은 내 상태를 알아챈다. 지금은 나 혼자다. 나 홀로 있는 지금 이 순간이 얼마나 아름다운지 모른다. 나무와 들꽃들에 둘러싸여 새소리와 풀벌레 소리를 들을 수 있는 이곳은 평화와 기쁨이라는 위안을 얻는 작은 에덴동산이다. 나를 감싸고 흐르는 힘과 평화가 느껴진다. 이곳은 지극한 지혜이신 하느님이 주신 특별한 선물이다. 나에게 이곳이 얼마나 소중한지 그분은 알고 계시다.

 테디와 힘든 시간을 함께해 왔다. 나는 그녀에게 정기적으로 알코올 중독 상담을 받아야 한다고 최후통첩을 보냈다. 테디도 동의하여 목요일에 함께 상담가를 만나러 갈 것이다. 설사 일이 잘 풀리지 않는다 해도 또 다른 경험을 하게 되는 셈이다. 테디 자신이 원하는 대로 존재하도록 허용하는 것이 곧 궁극적 자유이리라. 자유란 모든 선택지를 받아 든 상태에서 하나를 선택하는 것이고, 당사자가 충분히 동의할 때 참된 것이 된다. 나는 테디에게 선택 사항들을 제시했으니, 그녀가 어떤 선택을 하든 받아들여야 한다.

테디 베어: 1983년 8월 15일(시카고)

정말로 최선을 다해야 한다. 어엿한 한 사람이 되는 것, 거기에는 큰 고통이 따르리라는 걸 안다. 상처도 많이 받게 될 것이다. 하지만 내 곁에 누군가가 있고 그와 나란히 서는 것은 정말 행복한 일이다. 나는 결코 혼자가 아닐 것이다. 고맙습니다, 하느님.

나 그리고 바다(테디 베어)

바다를 바라보는 내 모습을
스스로 바라보는 순간,
바다는 깊고 시원한 바람이 된다.

내가 나에게 귀 기울이는 순간,
씨앗이 자라는 소리,
물기를 머금고 아름답게 자라나는 소리를 듣는다.

내가 나를 지긋이 지켜보는 순간,
나는 바닷가 백사장의 모래를 느낀다.

내가 나를 바라보는 순간,
나는 바다 곁에 계신 하느님을 본다.

나와 바다와 아름다우신 하느님을.

테디 베어: 1983년 8월 20일(시카고)

좋으신 하느님, 제가 올바르게 결정하도록 도와주세요. 제가 바른 행위라고 여기는 것을 실천하고 싶습니다. 올바른 일을 이루도록, 그럼으로써 강해지도록 도와주세요. 강한 여자가 되어 에드위나가 하는 일을 저도 도울 수 있었으면 좋겠어요. 그녀는 함께 일할 사람이 필요하고, 내가 그런 사람이 되고 싶거든요. 제발 하느님, 제 소망을 들어주세요. 감사합니다. 언젠가는 반드시 강한 여자가 되고 말 겁니다.

1983년 8월 22일(시카고)

테디는 잘해 나가고 있다. 그녀를 도울 방법을 찾느라 애쓰는 중이다. 테디가 알코올중독 상담가에게 호감을 갖게 된 것은 우리에게 매우 획기적인 돌파구가 되었다. 어제는 처음으로 단주 친목 모임Alcoholics A-nonymous에 함께 참석했다. 유익한 시간이었다. 한 여자가 자신의 삶에 대해 한 시간 가까이 이야기를 했는데 대단히 인상적이었다. 테디도 영향을 받았으리라 생각한다. 이것이 두 번째 돌파구다! 그리고 오늘 세 번째 돌파구가 열렸다. 테디가 하루 아르바이트를 하러 외출한 것이다. 이 말인즉슨 하루 동안 일한 수당을 받는다는 의미다. 걱정과 희망이 동시에 밀려온다.

　예전보다 더 큰 외로움이 엄습한다. 심각한 문제가 산더미인데 일할 사람은 부족하다. 자원 선교사 운동 공동체가 적극 지원을 해 주지만, 이 사도직을 함께할 다른 동료가 생기기 전까지는 나 혼자서 테디와 라우라와 조이스와 집시와 스텔라와 다른 이들을 위해 여러모로 고군분투해야 한다. 자애로운 목자이신 하느님이 나를 승인해 주지 않으신다면 나는 이 자리에 있을 수 없다. 언제 우리에게 집을 찾게 해 주실지 하느님께 묻는다. 아마도 테디가 자기 발로 제대로 서는 그날쯤이 되지 않을까? 혹시 테디가 하느님을 기다리는 것이 아니라 하느님이 테디를 기다리고 계시는 건가? 그녀와 이야기를 해 봐야겠다.

요즘 나는 라우라에게 부쩍 신경을 쓰고 있다. 그녀가 스스로의 삶을 구원하는 데 필요한 것이 무엇일지 궁리한다. 그녀에게 필요한 다른 선택들을 가능하게 하려면 무엇보다 먼저 집이 마련되어야 하지 않을까 하고 자문해 본다. 그녀들이 한곳에 머물면서 꾸준한 관계를 맺는 가운데 꿈을 이뤄 가야 한다는 나의 믿음은 더욱더 확고해진다.

최근에 상담 대가로 375달러를 받았다. 부업이 생기니 마음이 뿌듯하다. 길거리 사도직과는 무관한 내 유일한 수입원이다. 하느님은 이렇게 다 마련해 주신다! 진실한 소망, 그것이 정녕 바람직하고 긍정적인 것이라면 결국 이루어지리라는 걸 처음으로 느낀다. 토대는 놓여 있다.

밤 10시. 낮에 적었던, '걱정과 희망이 동시에 밀려온다'는 말을 다시 떠올린다. 테디는 여태 감감무소식. 오늘 번 돈으로 술을 마시고 있는 것이 분명하다. 낮에는 스텔라와 함께 의사를 만나려고 다섯 시간을 기다렸다. 사도직을 하는 동안 늘 막연히 기다리면서 희망을 잃지 않으려 애를 쓰고 있지만 이런 시간을 얼마나 더 보내야 하는 건지 궁금하지 않을 수 없다. 여유를 가지고 오직 이 순간에 현존하면서 손 내밀어 초대하는 것이 나의 일이긴 하나, 그 초대는 대부분 거절당하고 만다!

테디를 위해 할 수 있는 일은 무엇이든 가리지 않았다. 하지만 그녀가 술을 선택했을 때는 우두커니 기다리는 것 말고는 할 수 있는 일이 없다. 포기하지는 않겠지만, 내 역할은 조용히 기다리면서 희망을 놓지 않는 것뿐이다.

지금 테디는 나약하고 갈팡질팡하고 악에 받힌 채 스스로를 통제하지 못하고 있다. 그것을 알기에 나는 고통스럽다. 그녀는 자신의 가능성을 보지 못한다. 넘어서지 못하는 현실 때문에 아름다운 모든 가능성들이 묻혀 버렸다.

저녁에는 입원 중인 라우라를 방문했다. 그녀가 잘해 나가는 모습을 보니 나도 희망을 가지게 된다. 라우라는 새로운 삶을 시작하고 싶어 한다. 그러기 위해서는 어떤 선택을 해야 할지 함께 이야기를 나누었다. 테디와의 일을 통해 나는 많은 것을 배웠다. 테디와 그랬던 것처럼 다른 이가 나를 삼켜 버리게 하는 일은 더 이상 없을 것이다. 라우라와 동행하겠지만 라우라를 위해 걷지는 않을 것이다. 그녀를 사랑하지만 나 자신보다 더 사랑하지는 않을 것이다. 그녀가 자기 자신을 찾도록 도울 것이지만 그 과정에서 나를 잃어버리지는 않을 것이다. 라우라는 자신이 선택한 삶에 책임을 져야 한다. 외로운 밤, 누군가와 함께 저녁 식사를 하고 싶다. 깜짝 쇼로 테디를 마중 나갈까도 생각해 보았지만 그만두었다.

1983년 8월 23일(시카고)

테디가 또 나갔다. 라우라를 보러 병원에 갔다가 아침에 돌아와 보니 어젯밤 늦게 돌아온 테디가 몇 시간 눈을 붙이고 다시 나가 버린 뒤였다. 태연하게 나 자신을 진정시키고는 있지만 걱정이 되는 것은 사실이다. 테디를 보살펴 주십사고 온종일 하느님께 매달려 기도했다.

좋으신 하느님, 당신은 왜 저를 포기하게 내버려 두지 않으시나요?

일을 그르친 장본인이 바로 나라는 자괴감이 들곤 하지만 어쩔 수 없다. 나는 성인聖人이 아니지만 '노력한다'.

　왜죠? 하느님, 도대체 왜 그러시는 건가요? 내가 혼란에 빠지면 다른 사람들을 어떻게 도우라고요. 좋으신 하느님, 저를 너무 힘들게 몰아세우지 마세요. 테디를 보살펴 주세요. 저도 잊지 마시고요.

> 저를 도우소서,
> 앞으로 나아가도록
> 믿음을 지키도록
> 희망을 간직하도록.
> 저를 도우소서,
> 기적을 믿도록
> 브로드웨이의 장미라는 기적을 믿도록.

몹시 슬프다. 이 미친 꿈, 이 어둡고 외로운 사도직을 지켜 나가기 위해 나는 발버둥 치고 있다. 아, 정말이지 모든 것이 암흑이다!

1983년 8월 27일(시카고)

테디가 아침에 고주망태가 돼서 전화를 했다.

　그녀가 살아 있는 것을 확인한 것만으로 일단 안심이 되면서 한편으로는 거듭되는 고통과 실망으로 말미암아 테디와 나 사이에 집착을 벗어난 초연함이 자리 잡아 가는 것을 확인한다. 그것이 내가 제정신으로 온전할 수 있는 유일한 길이다. 테디와 나는 이제 어디로 나아가야 할까? 모르겠다. 우리는 '왁자한' 술자리에서 '지껄한' 술자리로 옮겨 가고 있는 것은 아닐까? 그녀는 여러 선택 사항 가운데 하나를 택할 것이고, 나는 그녀가 죽는 것을 지켜보고만 있어야 하는 건가?

그녀가 치유받기를 나는 매일같이 기도한다. 그녀를 위해 기도하면서 가능한 한 일상을 평온하게 유지하는 것이 내가 할 수 있는 일의 전부다. 그녀를 가르쳐 주시고 지켜 주시고 치유해 주십사 나는 하느님께 간청한다.

1983년 8월 28일(시카고)

병원에 있는 라우라를 방문하고 오는 길에 테디를 보았다. 그녀도 나를 보았다. 술에 취해 있었지만 걸음걸이는 멀쩡했다. 처음에는 웃으면서 내 쪽으로 걸어오는가 싶더니 갑자기 멈춰 섰다. 그러곤 등을 돌리더니 공원 쪽으로 사라질 때까지 한 번도 뒤돌아보지 않았다.

1983년 9월 1일(시카고)

테디가 생활 치료 프로그램을 신청하여 참여하고 있는 중이다. 아, 새로운 돌파구다! 그녀가 해낼까? 잘 버텨 낼 수 있을까? 새로운 시작을 기념하는 뜻에서, 테디는 거리에서 쓰던 이름 대신에 세례 때 받은 '돌로레스'라는 이름을 사용하기 시작했다. 이제 자신의 참된 자아가 등장해야 할 때라고 테디는 말한다. 이 얼마나 나에게 희망이 되는 말인가! 희망과 실패와 고통과 실망으로 얼룩진 일곱 달이 가고 이제는 그녀가 정말로 무언가를 이루어 가고 있는 것 같다. 그녀는 이제 우리더러 테디 베어 대신에 돌로레스라고 불러 달라고 한다. 상황이 이렇게 호전되

다니, 참으로 다행이다. 결국 우리는 이겨 낸 것이다. 이것은 분명 새로운 시작이요, 돌로레스에게 새로운 예루살렘이다. 얼마나 고통스러운 여정이었던가요, 하느님! 이제는 모든 일이 잘 풀려 가는 건가요?

저녁에는 캐나다인 친구 테드 우드를 만났다. 테드는 과묵하고 듬직한 청년이다. 모든 사람이 평등하다는 시각을 가지고 있으며, 그런 세상을 만드는 데 기여하고 싶어 한다. 우리는 이 사도직에 남자가 함께할 때 벌어질 문제점과 장점들에 대해 토론했다. 그는 남자들이 성매매 여성들을 억압해 왔고, 아버지와 삼촌들이 그녀들을 성폭행한 경우가 많았으며, 포주에게 학대받고, 손님들에게 시달리고, 판사와 경찰들로부터 괴롭힘을 당한 사실들로 인해 남자들의 사도직 참여가 저항을 받을 수 있다는 점을 지적했다. 하지만 다른 한편으로 남자가 이 사도직을 분별력 있게 실천해 나갈 경우, 여자들이 생애 처음으로 한 남자와 건강한 관계를 맺을 기회를 가지게 될 거라고 테드는 말한다. 우리는 함께하기로 했다. 집을 빌려 같이 지내면서 내년 1월부터 사도직 공동체를 본격적으로 시작할 것이다. 동료이자 동반자가 생겨 너무나 행복하다. 또 다른 돌파구인 셈이다! 하느님이 이곳에서 활동하고 계시다. 다음 차례는 뭐가 될까?

돌로레스: 1983년 9월 1일(시카고)

좋으신 하느님, 새로운 날을 향해 나아가는 나 자신을 사랑합니다. 머시않아 어엿한 한 사람이 되겠지요. 나를 강하게 해 주시는 당신을 사랑합니다.

돌로레스: 1983년 9월 6일(시카고)

생활 치료 프로그램에 점점 더 익숙해져 간다. 나 자신이 자랑스럽고 뿌듯하다. 이번에는 성공하리라는 사실을 분명히 예감할 수 있다. 하느님이 미소 지으며 나를 내려다보고 계시다는 것도 잘 알고 있다.

1983년 9월 13일(시카고)

오늘도 충만한 날! 스텔라와 함께 노인 주거 시설을 방문했다. 그녀에겐 최적의 장소라는 확신이 들었다. 두 주에 걸쳐 목요일마다 그녀와 함께 그곳을 다시 찾아가 보기로 했다. 이 또한 은총이 아니겠는가! 그녀가 받는 사회 보조금은 충분치 않지만, 한 교구에서 도움을 주기로 했다. 안 그랬다간 스텔라는 길거리로 돌아가야 할 판국이다. 돌로레스와 스텔라가 새 삶을 찾았다. 나는 생일을 맞은 어린애 같은 기분이다. 이토록 큰 선물이라니 … 축복의 시간이 도래했다! 그다음 차례는 집이다. 돌로레스는 프로그램을 잘 따르면서 많은 걸 배우고 있다. 돌아올 때는 무언가 달라져 있겠지. 이 순간도 모든 것은 끊임없이 변하고 있다. 하느님이 활동하시는 이 기쁜 순간도 마찬가지. 참으로 다행한 일이고 나는 흥분하지 않을 수 없다. 결국 하나하나씩 다 이루어지리라!

새로운 창조, 무언가 강렬하게 '일어나는 것'이 있다. 하느님은 일하시고 나는 경외감에 사로잡힌다. 하느님이 웃고 계시다. 새로운 탄생이 이루어지고 있음에 한없이 감사드린다. 브로드웨이에 어린 장미가 자라고 있다. 씨앗이 자라는 소리를 나는 듣는다.

1983년 9월 16일(시카고)

스탠리

오늘 스탠리가 경찰이 쏜 총에 맞았다.
그들은 정당방어라고 주장한다.
스탠리, 나는 그를 똑똑히 기억한다.
푸릇푸릇하고 여성스러운 이 사내는
꽃무늬 셔츠에 꼭 끼는 진 반바지를 입고 있었다.
다정하지만 상처로 얼룩진 채
사랑을 찾아 뒷골목을 헤매 다니는 남자 매춘부였다.
복잡한 교차로에서 마주칠 때마다
그의 눈동자는 빛나고 있었다.
나를 끌어안고는 "당신 참 아름다워요" 하던 스탠리.
가볍게 몸을 흔들면서 이야기를 나누는
그의 모습도 아름다웠다.
그는 냉혹하고 폭력적인 이 세상과 결코 어울리지 않았다.
꽃무늬 셔츠와 멋들어진 팔찌는
그가 배회하던 거리의 쓰레기 더미나 아수라장과는
어울리지 않았다.
스탠리,
우아하고 아름답지만 지독히도 외로웠던 그가
피 웅덩이에 누워 있다.
총알 세 발이 그의 부드러운 가슴을 관통했다.

아, 총을 맞기 전에 내가 그 자리에 있었더라면
스탠리는 나를 끌어안고 흐느끼고 흐느꼈으리.
그리하여 그 자리에는
피의 웅덩이가 아니라 눈물의 웅덩이가 생겨났으리.

돌로레스: 1983년 9월 17일(시카고)

하느님, 저의 내면에 이토록 큰 상처가 자리하고 있었군요. 무척 외롭습니다. 상처가 너무나도 큽니다. 그럼에도 저는 행복합니다. 최선을 다해 이 자리를 지키고 있습니다. 저는 에드위나와 함께하고 싶어요. 제대로 정신 차린 지 이제 고작 20일 정도밖에 안 돼요. 외로움과 고통 속에서 허덕이는 저를 제발 도와주세요.

1983년 9월 20일(시카고)

지금이 마치 거룩한 순간처럼 느껴진다. 외로움에 사무쳐 고독하게 지내 온 오랜 시간들 …. 이 새로운 삶의 자리를 열어 준 것이 바로 외로움이고, 나는 여전히 어떻게 살아가야 할지 알지 못한다. 늘 그래 오셨듯이 하느님은 마지막 순간에 올바른 길을 열어 주실 것이다. 아니, 마지막 순간이 지나도 나는 기다릴 것이다. 보금자리라고 부를 만한 공간을 맞이할 준비가 이제는 분명히 갖춰졌다.

돌로레스: 1983년 9월 22일(시카고)

나는 아름답고 친절하고 매력적이다. 물론 바보 같은 면도 있다. 전에는 미처 알지 못했던 자신의 모습에 대해 차츰 알아 가는 중이다. 친구도 제법 있다. 거짓 친구가 아닌 진짜 친구들. 사랑을 담은 친절을 베풀 수도 있다. 나는 점점 더 많이 사랑하고 사랑을 받는다. 내가 나를 찾게 되는 그 순간, 나를 증명할 수 있게 되리라. 내가 얼마나 아름다우며, 도움이 필요한 이들에게 친절하고 사려 깊을 수 있는지를 온 세상에 증거하게 될 것이다. 도움을 필요로 하지 않는 이에게라도, 하느님이 내게 말씀하시고 이루어 주신 것을 증명할 것이다. 그동안 나 자신을 이해하지 못했던 것은 내가 스스로에게 기회를 준 적이 없었고 무관심했기 때문이다. 그러나 지금은 다르다. 나 자신을 아주 잘 이해한다. 또 삶을 스스로 결정해 나가야 한다는 것도 이해하게 되었다. 사실 어려운 일도 아니다. 에드위나가 "덤벼 봐, 너는 할 수 있어!"라고 한 말대로 나는 이 경주에서 물러서지 않을 것이다. 쉽지는 않겠지만 해낼 것이다. 싸우고 덤벼서 이겨 낼 것이다.

돌로레스: 1983년 9월 23일(시카고)

내면의 고통을 잊으려 애쓰고 있지만 상처가 너무나 많아 쉽지가 않다. 울기도 자주 한다. 오늘도 엄청 울었다. 그래도 행복해지려 노력하고 있다. 이런저런 이유로 기분이 좋지 않다. 나는 어떤 것도 떨쳐 내지 못했다. 무엇보다 외로움이 사무친다.

　고립감은 위협이 되고 상처가 된다. 상처로 인해 더욱 나약해지고 신경이 예민해진다. 세찬 비바람과 거친 파도로 호수가 일렁이고, 커다란 바위들을 파도가 사정없이 내리치는 것과 비슷한 상태다. 내 신경줄은 마치 7월 4일(미국의 독립 기념일)의 불꽃놀이 같다.

1983년 9월 23일(시카고)

매우 충만한 나날을 보내고 있다. 이렌느가 알코올중독 치료를 받게 하려고 두 시간에 걸쳐 설득했다. 몹시 쇠약해졌는데도 그녀는 치료를 거부한다. 메이가 더 이상 그녀를 고용하지 않을 것이기에 잠시라도 머물 수 있도록 임시 숙소로 데려갔다. 그녀는 계속 일하고 싶어 하지만 여러 이유로 거부당하고 있다. 이렌느는 멋진 사람이다. 정신이 맑을 때면 더없이 온화하고 친절하고 재치와 유머 감각도 많아서 업소에 있는 이들의 배꼽을 빼 놓는다.

임시 숙소에 도착해 보니 많은 사건이 기다리고 있었다. 맨 먼저 숙소 책임자와 마주쳤다. 좋은 사람 같았다. 편안한 분위기에서 한참 이야기를 나눴다. 그가 미니애폴리스에서 도망쳐 온 소녀들과 통화하는 것을 들었다. 그곳을 나오려는데 10대 소녀인 조조와 미셸이 경찰서에서 풀려나 찾아왔다. 미셸은 거리에서 콜걸로 일하다가 지금은 큰 호텔들과 계약을 하고 '근무한다'. 그녀는 자신보다 어린 조조를 보살피고 있으며, 파괴적인 이 생활에서 벗어나고 싶어 한다. 보호 기관의 보살핌을 받으며 조조와 함께 안전한 곳에 머물고 싶은 것이 그녀의 바람이다. 이 어린 성매매 여성들은 자기들이 겪는 고통과, 그러한 생활로 인해 치러야 할 대가를 알고 있다.

1983년 9월 26일(시카고)

돌로레스에게 성공적인 하루였다. 외출했다가 무사히 귀가한 그녀와 앞으로 어떻게 살 것이며 미래는 어떠할지에 대해 이야기를 나눴다. 새로운 창조, 그녀 안에서 피어나고 있는 새로운 삶이 보이기 시작한다. 하느님은 과연 놀라운 방법으로 일하신다. 한 시간쯤 에스키모 조와 함께 길가에 앉아 있었다. 그가 눈물을 흘리면서 "집시나 나 같은 사람들을 돌봐 주는 이유가 뭐요?" 하고 물었다. 가슴이 뭉클했지만 어떤 말도 할 수 없었다. 노숙인들은 '정상인'이 자신들에게 진짜로 관심을 보이는 것을 놀라워한다. 생면부지의 사람이 자신들을 왜 걱정하는지 이해하지 못한다.

노숙인들과 가난한 이들, 여간해서는 눈에 띄지 않는 이들에 대해 내가 품었던 편견과 무관심을 돌이켜 본다. 도시 중심부에서 추방당한 그들을 '일반 시민'은 보지 못한다. 그래서 우리는 그들 중 얼마가 사라져 버린다고 해도 아무런 죄책감도 느끼지 않는다.

오늘 집시한테서 전화 메시지를 받았다. "당신이 추천해 준 중독 치료 센터에 있어요." 집시가 치료를 계속 받을 수 있을지 확신은 못하겠다. 단번에 산을 옮기듯이 모든 일이 일사천리로 전개되지는 않을 것이다. 이들을 우리가 사는 사회에 안전하게 자리 잡게 할 힘은 과연 무엇일까?

돌로레스: 1983년 9월 29일(시카고)

나, 돌로레스는 지금 참여하는 프로그램에서 정말 많은 것을 배우고 있다. 이 치료는 내게 매우 유익하다. 알코올중독에 대한 모든 것을 이번에 배웠다. 그 정체가 무엇이며 내 삶에 얼마나 영향을 미쳤는지를 말이다. 나는 이제 이것이 조절 불가능한 질병이고, 알코올 앞에서 내가 무력하다는 것을 안다. 단주 모임에 대해서도 알게 되었고 거기서 무슨 일을 하는지도 배웠다. 모두 여기 오기 전까지는 알지 못했던 것들이다. 이 모든 배움에서 비롯된 강력한 힘이 나에게 영향을 미치고 있다. 사랑과 이해에 대해서도 더 잘 알게 되었다. 정말 많이 성숙해졌고 나 자신을 사랑하고 존경하며 제대로 만나게 되었다. 주고받는 것에 대해 배운 것도 무엇보다 소중한 경험이다. 이런 기회를 얻게 되어 참으로 행복하다.

1983년 10월 5일(시카고)

시간은 쏜살같이 흘러서, 11월 1일 내가 영국으로 떠나기 전에 많은 일이 진행되고 있다. 시작 단계인 일이 많아 막상 떠나자니 난감한 심정이다. 1년간 집을 빌릴 수 있도록 가톨릭 자선단체에서 1만 2천 달러를 보냈다는 반가운 소식을 들었다. 이제 시작이다! 이 돈을 종자돈으로 여기고 다른 기관들에도 계속 편지를 쓸 작정이다. 지금 우리에겐 보금자리가 절실하다!

돌로레스는 내일이면 전체 프로그램을 수료한다. 놀라운 사건이다. 이제 새 삶이 시작되는 것이다. 그녀를 축하하는 저녁 만찬을 준비할 계획이다. 일자리도 구해야 할 텐데 그녀로선 쉽지 않을 것이다. 이곳 달동네의 실업률은 언급할 필요도 없다.

1983년 10월 7일(요크빌)

아주 기분 좋은 날이었다. 주말을 스텔라와 마크(집시), 돌로레스와 보내려고 요크빌에 와 있다. 함께 지내기 좋은 곳이다. 저마다 독특한 이들이 서로를 지지해 주고 돌보면서 공동체를 체험하고 나누는 곳. 우리의 다양성과 조화성에 대해 하느님께 감사드린다. 밤에는 카드놀이를 하며 배를 잡고 웃어 댔다. 어우러질 것 같지 않은 우리가 이렇게 뜻밖의 장소에 모여 함께 웃고 있는 것에 대해 하느님께 감사드린다. 노숙자, 술주정뱅이, 성매매 여성, 선교사 겸 사목자가 이 지역 한복판에 자리한 자원 선교사 운동 본부에 모여 있다. 뒤로 물러앉아 그들을 바라보며 하느님의 풍요로운 계획에 놀라워한다. 우리 사회는 순응하라고 주장하지만, 하느님은 이들이 각자 다른 장단에 맞춰 춤추는 것을 즐거워하신다. 우리 사회는 더욱더 많은 물질을 획득하도록 몰아붙이지만, 하느님은 당신이 가진 모든 것과 당신 존재를 끊임없이 주고 계시다. 하느님만이 서로 아주 다른 우리가 동등하게 만나고, 우리만의 특별한 길을 함께 여행하는 것이 옳다고 여기신다.

1983년 10월 8일(시카고)

후원금 모금에 오전을 다 보냈다. 할 수만 있다면 피하고 싶다. 이것만 하면 초주검이 되니 원! 오후에는 돌로레스와 함께 쇼핑몰을 돌아다녔고 돌로레스가 저녁을 샀다. 대화 중에 내가 영국으로 가는 이유를 설명하면서 그녀에게 이해와 지지를 구했다. 나는 여전히 자원 선교사 운동에 깊이 개입해 있고 정책 결정과 진행에 참여할 책임이 있다. 올해도 나는 아프리카에 있는 우리 평신도 선교사들이 어떻게 지내는지 보러 방문한다. 자원 선교사 운동을 위한 일에 참여하는 것과 시카고에서 시작한 새로운 활동 사이에서 나는 갈등을 느끼기 시작한다. 그러면서도 돌로레스를 믿고 있으며 그녀의 성장을 낙관한다. 한동안 내가 없어도 그녀는 잘 지낼 것이다.

돌로레스: 1983년 10월 9일(시카고)

맑은 정신으로 있는 것이 얼마나 좋은지 모른다. 완전히 다시 태어난 것만 같다. 나는 다시 일상을 느낀다. 웃을 수 있다. 진심으로 웃으면서 삶을 즐긴다. 바람직한 삶의 길이다. 술에 취해 불행해하지도 않고 외로움과 절망을 느끼지도 않는다. 신선한 공기를 깊이 들이쉬는 것처럼 나 자신을 사랑하고, 이전에는 경험하지 못한 방식으로 사람들을 느낀다. 나는 나 자신을 알고, 내가 누구인지 알고 있으며, 삶의 진면목도 안다. 이게 다 내가 맑은 정신으로 삶을 받아들일 수 있게 되었기 때문이다. 삶이란 내가 만들어 나가는 것이다. 나는 삶의 매 순간을 사랑하고 즐긴다.

돌로레스: 1983년 10월 11일(시카고)

마리아, 수, 에드위나와 함께 저녁 식사를 하러 나갔다. 내가 아는 가장 좋은 레스토랑에 가서 퐁듀와 쇠고기와 닭고기와 샐러드를 먹었다. 네 명이 먹은 가격이 백 달러쯤 되는 아주 비싼 곳이었다. 이런 경험은 태어나서 처음이다. 내게 이런 일이 일어나다니 … 정말 기적과도 같은 일이다. 친구들, 사랑, 보금자리. 이들은 과연 참된 친구들이다. 가족,

공동체, 나의 모든 것.

　무지무지 행복하다고 큰 소리로 외치고 싶다. 오늘을 결코 잊지 못할 것이다. 빛나는 하루. 우리의 보금자리.

돌로레스: 1983년 10월 12일(시카고)

가톨릭 자선단체가 집을 허락했다. 에드위나가 월요일에 계약서에 사인을 할 것이다. 나의 새로운 삶에 한없이 감사드린다. 이것은 시작일 뿐이다. 새 삶에서 내가 누릴 것이 아직 많다.

돌로레스: 1983년 10월 17일(시카고)

오늘 에드위나가 차용 계약서에 사인했다. 드디어 우리 집이 생겼다.

돌로레스: 1983년 10월 21일(시카고)

하루가 끝나 간다. 모두가 먹고 마시고 웃으면서 즐기고 있다. 정말 재미있다. 술을 마시고 싶은 마음이 간절하지만, 첫잔을 피해야 한다는 것을 잘 안다.

　좋으신 하느님, 이런 갈망에서 헤어 나오도록 도와주세요. 더 이상 술을 마시고 싶지 않아요. 지금의 삶을 저는 사랑합니다. 다시는 절망이나 슬픔에 빠지고 싶지 않아요. 나는 이제 정상입니다. 가끔씩 내기 왜 알코올중독자가 되었을까, 자문해 봅니다. 왜 이렇게 되었을까요? 나는 자제해야 합니다. 행복해지고 싶어요. 맑은 정신으로 행복해져야 합니다. 다른 누군가가 되어선 안 됩니다. 나 자신인 '돌로레스'가 되어야 합니다.

돌로레스: 1983년 10월 23일(시카고)

나는 마침내 삶이 얼마나 아름다운지 알게 되었다. 이 세상에서 내 삶을 변화시키고자 한다면 더욱 현명해지고 성숙해지는 길밖에는 없다. 나는 나를 사랑한다. 하느님의 나라야말로 내가 살아갈 곳이다.

돌로레스: 1983년 10월 26일(시카고)

한시라도 빨리 집을 청소하고 근사하게 꾸미고 싶다. 이 집은 나만의 방이 있는 처음이자 진정한 나의 보금자리가 될 것이다. 이 모두가 나 자신을 위한 것이다. 무슨 일이든 우리를 위한 안성맞춤이 될 것이다. 여전히 일자리를 기다리고 있다. 그러나 하느님이 적절한 순간이라고 생각하실 때, 가장 좋은 자리를 마련해 주실 것이다. 때가 되고 준비가 되면 나도 직업을 가지게 될 것이다.

5

보금자리

1983년 10월 26일(시카고)

오랜 시간 의미 있는 일들을 기록해 왔지만, 글로 담아 놓은 것보다 삶은 더욱 빠른 속도로 흘러가고 있다. 써 놓지 않을 수 없는 많은 일들이 일어났고, 그때마다 기록해 놓은 내용은 죄다 놀라운 것들이다.

드디어 우리 집이 생겼다!

10월 둘째 주에 하느님이 진짜로 선물을 보내셨다. 집을 세놓는다는 광고를 보고 나는 집주인에게 전화를 걸었다. 이미 여러 곳을 둘러본 터였으나, 이곳이야말로 무언가 특별함을, 우리가 보금자리라고 부를 만한 무언가를 가지고 있었다. 돌로레스와 함께 가서 보고, 우리 둘 다 특별한 호감을 느꼈다. 계획했던 것만큼 크지는 않지만 시작하기엔 충분하다. 커다란 잠재력을 지닌 토대가 될 것이다. 우리 기대보다 하느님이 늦게 주실 때가 있는데, 그런 만큼 더욱 풍성하기 마련이다. 10월 17일 월요일에 차용 계약서에 사인을 했고, 오늘 집들이 잔치가 열릴 예정이다. 주인이 오늘 떠났으니 이제 새 단장을 시작할 것이다. 집들이 잔치는 거실에서 열릴 것이다. 가구는 하나도 없지만.

정말로 우리 집이 생기다니!

우리는 이 집을 '창조의 집'이라 명명하고 '혼돈을 빠져나온 새 출발'이라는 의미를 부여한다. 고맙습니다, 하느님! 창조의 집을 주셔서.

1983년 10월 28일(요크빌)

요크빌의 숲에서 잠시 고요한 시간을 즐긴다. 따사로운 정오에 마지막 낙엽들이 지고 있다. 가끔은 이런 시간이 필요하다. 일주일 내내 정신없이 달리다가 잠깐 짬을 내어, 다시 고독과 침묵의 여백 안에서 꿈에 빠져든다. 이 순간 나는 가장 진실하고 생기 넘친다. 이 숲 속에서 이 세상은 하느님의 것이고, 우리가 혼란의 도가니에 빠져 있을 때조차 어머니 하느님은 우리 안에 현존해 계심을 절절히 깨닫는다. 여백과 침묵은 꼭 필요하다는 사실을 나는 안다. 이 시간 덕분에 다른 모든 시간을 내 삶에 쉽게 받아들일 수 있다. 숲에서 발견한 하느님께 먼저 젖어 들지 않는 한, 내게는 그 어느 것도 의미가 없고 생명을 주지도 못한다. 모든 것은 거기에서부터 따라온다.

돌로레스는 나날이 지혜로워지고 성숙해진다.

나흘 후 런던으로 날아가야 한다는 것이 실감이 나지 않는다. … 사실, 지금은 떠나기 힘든 때다.

변화

좋으신 하느님, 저와 함께하소서,
때로 원치 않는 일을 하며 당신의 길을 걸어가야 할 때.
저와 함께하소서,
제가 머물러 있기를 원하는 이들에게 작별 인사를 할 때.
저와 함께하소서,
이제 막 어렵게 받은 선물을 두고 떠나야 할 때.
저와 함께하소서, 주님,
때로 서글픈 심정으로 당신의 길을 걸어가려 할 때.

1983년 11월 1일(시카고)

오늘 나는 영국으로 떠난다. 의욕이 안 나 짐도 꾸리지 않았다. 멍하니 앉아 손 하나 까딱할 수 없는 상태다. 떠나려면 지금 마음을 굳게 다잡아야 한다. 모든 일이 잘되어 가는 중이고 나도 여기 계속 머물고 싶지만 현실은 여의치 않다. 돌로레스와 테드가 아주 열성적으로 집 단장을 하고 있다. 내가 돌아올 때쯤이면 그 많은 일이 다 끝나 있겠지. 이 집을 창조하는 순간을 함께할 수 없는 것이 슬프다. 나는 분명 가난 서원을 했다! 이는 비단 돈과 관련된 서원만이 아니다. 창조의 집을 완성할 창조적 에너지를 접어 두어야 한다는 사실에서도 가난을 되새길 수 있다. 함께하고픈 욕심이 있더라도, 일을 창조하고 틀을 잡는 데 다른 사람들이 기여하도록 내버려 둘 때 나는 진실로 가난한 사람이 될 수 있을 것이다. 마리아와 수는 이런 면에 별 의미를 두지 않는 것 같지만 상관없다. 내가 돌아올 때쯤이면 이 '위대한 선물'은 어떤 모습을 하고 있을까?

정든 벗들과 작별 인사를 나눴다. 그래, 힘들어도 떠나야 할 시간이다. 내가 떠난 빈자리를 하느님이 채우실 것이고, 지금 내 안에서 깨끗이 치우시는 자리도 당신께서 쓰실 것이다. 앞으로 두 달간 아프리카를 여행하며 자원 선교사 운동의 평신도 선교사들을 비롯한 여러 사람을 만나는 동안, 많은 새로운 도전에 직면할 것이다. 사랑하는 사람들과 특히 새로운 거리 친구들을 돌봐 주십사고 주님께 기도드린다.

돌로레스: 1983년 11월 30일(시카고)

나는 지금 창조의 집에 있다. 정식으로 이사를 왔다. 지난 한 달간은 아무것도 적지 못했다. 참, 그동안 불행히도 몇 차례 무너졌다. 모든 면에서 뒷걸음질을 쳤다. 나는 예상했던 것만큼 강하지 못했다. 에드위나가 너무 그립다. 속수무책인 심정에서 술을 마셨다. 술 마신 사실을 아무에게도 밝히지 않았지만 다들 알고 있을 것이다. 요크빌에 가서 기도를 했고 지금은 다시 정신을 차렸다. 모든 것을 다시 시작하려고 알코올중독 재활원에 간다. 다시 첫걸음을 내딛는다. 어쩌자고 나는 이렇게 어리석은 걸까? 에드위나가 나를 이해해 주었으면 좋겠다. 하느님, 제가 다시 강해지도록 도와주세요, 제발 더 강해지게요.

좋으신 하느님, 부디 제 삶을 행복하게 해 주세요. 외롭지 않게, 더욱 강해지게요. 정말 간절히 청합니다.

돌로레스: 1983년 12월 8일(시카고)

무슨 말을 하고 무엇을 적을 수 있을까, 말짱 도루묵이 되었다는 말밖에. 부끄럽고 미안하다. 나는 왜 이러는 걸까? 에드위나도 곧 알게 되겠지. 그녀가 떠난 후 벌써 네 번째다. 에드위나와 이야기를 나누고 싶다. 마음이 산란하다. 딴 데 정신이 팔려 있는 탓이리라. 하지만 나는 숨지 않고 마주할 것이다. 에드위나, 미안해요. 내가 나를 죽여 버리기 전에 빨리 돌아와요. 나는 내가 미워요.

1983년 12월 18일

사랑하는 돌로레스,

    거리로 나갔다는 소식을 들었어요. 돌로레스, 당신이 지금 어디에 있든지, 무엇을 하든지 언제나처럼 당신을 사랑할 거라는 사실만은 알아 줘요. 자신의 선택을 실천할 힘이 당신에게 있다는 것을 나는 항상 믿어요. 당신이 거리에 있다고 생각하면 애가 타지만 누구도 당신을 붙잡아 올 수는 없겠지요. … 하지만 언제든 당신이 돌아와 새롭게 시작할 수 있게끔 그들은 항상 기다리고 있을 겁니다. 하느님께서 당신을 살펴 주시고 다시 시작하게 해 주시도록 나도 매일 기도하고 있답니다.

    내가 아무리 당신을 그리워한다 해도, 당신을 살리거나 죽일 수 있는 건 당신 한 사람뿐이라는 것을 알아요. 그래도 나는 당신에 대한 희망, 당신을 위한 기도, 당신을 향한 사랑을 절대 포기하지 않을 것입니다.

그것 말고는 할 수 있는 일이 없으니까요.

너무나 마음이 아픕니다. 이토록 사랑하는 당신이 죽어 가는 것을 지켜보기가 얼마나 힘든지 몰라요. 당신이 다시 시작하기로 결심하는 날까지, 우리는 당신의 벗으로서 변함없는 사랑과 지지를 보내며 기다릴 겁니다. (또한 포기를 모르시는) 하느님이 당신을 돌봐 주실 거예요.

사랑하는 돌로레스, 당신이 자신을 찾도록 하느님께서 도와주시고 우리에게 다시금 기쁨을 가져다주실 거예요.

돌로레스: 1983년 12월 20일(시카고)

돌아왔다. 친구들의 환대를 받으니 기분이 무척 좋다. 그들은 내게 과분한 사람들이다!

돌로레스: 1983년 12월 21일(시카고)

좋으신 하느님, 다시 한 번 더 제가 아름다워지게 해 주세요. 저도 해낼 수 있다는 걸 모두에게 보여 주고 싶어요. 저를 지켜봐 주세요. 그동안 수도 없이 실패한 저이지만, 그래도 제발, 제 기도를 들으시고 이루어 주세요. 절망에 빠진 여자가 도움을 간청합니다.

돌로레스: 1983년 12월 25일(시카고)

성탄이다! 근사한 선물을 많이 받았다. 제일 마음에 드는 것은 에드위나가 준 코알라 모양의 덮개다. 성탄절에 이렇게 많은 선물을 받은 것은 태어나서 처음이다. 덮개, 향수, 액자, 성탄 양말, 열쇠고리, 테디 베어 달력, 코알라 인형, 모자와 장갑, 사진 포스터 …. 오늘 얼마나 행복했는지 모른다. 아직도 행복하다.

1984년 1월 9일(시카고)

돌로레스가 거리로 나가서 다시 술을 마시고 있다. 아직도 삶을 선택할 준비가 되어 있지 않은 것이다. 작년에 실패하고 만 원인은 돌로레스 자신보다는 나에게 있는 듯하다. 그녀가 보여 준 일기를 읽어 보니, 얼마나 나에게 의존하고 있는지 알 수 있었다. 지독한 결과를 내가 초래한 셈이다. 진정 그녀는 의존 단계를 벗어나야 한다. 나에게 기대지 말아야 하고 힘을 가진 사람들의 손을 놓아야 한다. 돌로레스가 요구하는 것은 너무나 크기 때문에, 내가 충족시켜 줄 수도 없고 오히려 나까지 소진되어 버린다. 그녀와 함께 있으면서 나도 약해져 버렸고, 그녀의 조울증과 감정 기복에 휩쓸려 내 중심마저 잃어버렸다.

    서로를 건강하고 적절한 방식으로 돌보면서 인정하는 공동체와 모임을 통해서만 이 사도직이 유지될 수 있다는 것을 나는 다시금 깨닫는다. 우선은 돌로레스와 함께 어떻게 행동할지 선택해야 한다. 어쨌든 내가 계속 동행해야 하니까. 지금까지 동행해 온 것은 어떤 면에서는 축복이지만 다른 한편으로는 불행이었다. 돌로레스는 선택을 놓고 갈팡질팡하면서 나를 필요로 했지만, 나를 끌어들인 채 알코올중독 상태로 돌아가 버렸다. 더 이상 그녀 자신을 속여서는 안 될 일이다. 더 이상 자신의 문제를 외면하게 내버려 둘 수도 없다. 또다시 알코올에 사로잡힌 것은 안된 일이지만, 내게 새로운 목표가 생긴 것에 대해서는 감사드린다. 그것은 돌로레스의 문제들을 즉각 처리하려는 데서 벗어나, 한결 차분하게 그 문제들에 대해 보다 자유로운 마음을 가지고, 내 문제들과 뭉뚱그림 없이 그녀의 문제들과 씨름하는 것이다. 나도 건강함을 선택해야 한다. 그게 아니라면, 사람들에게 전해 줄 수 있는 것이 무엇이겠는가? 나는 알코올에 대해 더 많이 배워야 하고 폭넓은 선택을 하도록 노력해야 한다. 1년이 지나고서야 내 앞에 몇 가지 질문이 명확하게 떠오르기 시작한 셈이다.

1984년에는 어떤 일이 다가올까? 혼자 우물쭈물하며 거리를 서성이던 작년에는 모든 것이 너무나 어색하고 낯설었다. 처음엔 다들 이 활동에 무관심했다. 그리고 1년이 지난 지금, 우리에겐 집과 약간의 지원금, 두 개의 공동체가 생겼으며, 신앙과 희망 안에서만 응답을 들을 수 있는 많은 질문이 생겼다. 배워야 할 것이 많지만, 결국 그것은 여자들이 우리에게 가르쳐 주어야 하는 것이다. 짧은 한 해 동안 그토록 많은 것을 체험하게 해 주신 하느님께 감사드린다. 나는 거리로 돌아가는 것이 기쁘다. 오늘 우리는 작은 길고양이 한 마리를 데려왔고, '제네시스'(창조)라 부르기로 했다.

1984년 1월 10일(시카고)

돌로레스가 술을 마시고 풀이 죽어 돌아왔다. 이야기를 나누는 동안 그녀는 울었다. 다시 시작해야 할까? 그래, 다시 시작하자! 그녀의 모습을 보면서 속으로는 크게 좌절했다. 더러운 행색에 머리는 온통 헝클어져 있고 술 냄새가 진동한다. 그렇지만 나는 여전히 그녀를 사랑하고 그녀에게 희망을 두며 그녀를 믿는다. 그녀는 자포자기한 듯, 사람들이 자기에게 보여 준 신뢰와 희망을 내팽개쳐 버렸다. 그녀는 만신창이가 되었고, 이런 것이 이 사도직에서 감내해야 하는 상황들이다. 우리의 과제는 나락에서 나락으로 굴러 떨어지는 이들과 동행하는 것이다. 그들이 자신의 하느님을 만날 때까지 동행하는 것이 우리가 할 일이다. 함께 걸어가는 것의 가치야말로 중요하다. 내 믿음과 상관없이, 돌로레스에게는 자유롭게 선택할 권리가 있다. 비록 그 선택이 그녀를 죽음으로 몰아간다 해도 말이다. 그녀가 나처럼 선의를 지닌 사람들에게마저 지배와 억압을 받는다면, 인생에 있어 선함은 과연 무엇이란 말인가? 어제 테드와 함께 돌로레스를 병원에 데려갔다. 치료를 받고 몇몇 절차를 거친 후에 그녀는 회복실로 보내졌다.

너무 피곤해서 더는 못 쓰겠다!

1984년 1월 14일(시카고)

돌로레스가 새 프로그램을 잘 따라가고 있다. 부디 잘 견디길, 회복 프로그램과 재활 프로그램을 통해 좋아지길 기도한다. 이제는 농담할 기력도 없다. 오랜 기간 지원이 필요하다는 사실을 그녀 자신이 받아들이는 것이 중요하다. 그렇지 않으면 더 이상 살아 나갈 수 없을 것이다. 우리 구성원 두세 명이나 요크빌 공동체로는 그녀에게 충분한 지원을 해 줄 수가 없다. 나는 돌로레스가 그녀 자신뿐 아니라 나에게 커다란 고통의 원천이 되리라는 것을 안다. 나는 딸처럼, 여동생처럼 그녀를 사랑하게 되었고 이 사랑이 생명을 주는 것이 되길 기도한다. 중독으로 인한 그녀의 속임수에 걸려 넘어지지 않도록 주의해야 한다. 그런 일은 매우 쉽게 일어날 수 있다.

1984년 1월 16일(시카고)

오마

오마의 시신이 그녀의 허름한 호텔 방에서 발견되었다.
그녀는 사흘 전에 죽었다.
앨라배마 출신으로 한쪽 눈이 먼 거리의 여인,
이 늙은 여자 오마를 나는 사랑했다.
주름 지고 초췌한 얼굴은 흡사 말린 자두 같았다.
꼬챙이처럼 마른 몸은 술에 찌들었지만
그녀의 성품은 온화하고 아름답다.
푸르디푸른 한쪽 눈동자는
겁에 질린 채 비정한 세상을 경계하는 듯하다.
그 모든 고통에도 불구하고 오마는
흔쾌히 웃고 줄담배를 피우면서
그녀가 속한 도시의 너절함과 폭력 속에서
인간이 되고 싶어 하면서
자신처럼 외로운 사람들과 어울리며
집도 절도 없이 술에 취해 있었다.
마침내 자기만의 방을 마련했을 때
오마는 몹시 뿌듯해했다.
어둡고 갈라진 담벼락 속에서
죽어 가고 있던 그녀들이었기에.

1984년 1월 19일(시카고)

온종일 메이의 업소에 있었다. 메이는 기운이 넘쳤다. 추운 날씨에 오히려 벌이가 좋은 사업이라 돈 버는 데 온 정신을 쏟고 있었다. 지난 섣달그믐에는 '아가씨들'에게 일당을 주고도 6백 달러 넘게 챙겼다. 오늘은 세 여자가 있었다. 이렌느는 얼마 전 퇴원하여 술을 마시지는 않지만 그렇다고 정신이 온전하지도 못했다. 그녀는 막 출소한 조니와 다시 살고 있다. 조니는 그녀의 기둥서방이다. 둘 사이에 애정은 식은 지 오래지만 이렌느는 그 모든 것을 참고 견디려 애쓰고 있다. 몇 달 전에 그녀는 조니 때문에 거의 미치다시피 했었다. 감옥에서 조니가 보내온 편지는 꽤 열정적이었고 두 사람의 미래에 대한 약속으로 가득했지만, 지금 그는 그녀를 떠날 수 없는 알코올중독자 포주일 뿐이다. 그에게는 혼자인 것보다 이 상황이 낫다. 이렌느는 조니를 떠날 선택권이 자신에게는 없다고 믿는다.

'리'라고 불리는 테네시 출신의 젊은 임산부도 있었다. '성매매로 생긴 아기'를 원치 않아 임신중절을 계획하고 있는 그녀는 절대로 아이를 낳지 않겠다고 단언했다. 자신이 당한 학대가 아기로 인해 끊임없이 상기된다는 이유에서다.

르네는 나보다 나이가 많다. 그녀는 남자들을 유혹하고 관심을 끄는 데 아주 열심이다. 그런데도 남자들이 계속 그녀를 무시하는 것이 마음 아프다. 그녀에겐 열여섯 살 난 딸이 있으며 기숙학교에서 지내고 있다. "그 아이는 제 어미랑 다른 삶을 살았으면 좋겠어" 하고 르네는 말한다.

메이가 30달러를 손에 쥐여 주었다. 프레드는 줄곧 내게 관심을 보내는 단골 중 한 사람인데, 오늘은 '나의 교회'를 위해 10달러를 내밀었다.

앞뒤가 안 맞는 이 모든 상황에 하느님께서 미소를 보내고 계시는 듯하다. 메이의 업소에 앉아 있는 것이 한결 더 편안해졌다. 이러기까지 1년이 걸렸다!

1984년 1월 20일(시카고)

하느님 나라

당신이 하느님 나라를 받아들일 때
현실이 한 번은 불가피하게도 곤두박질친다는 것을 느꼈으리라.
하나씩 하나씩 (처음에는 거의 눈치도 못 채게)
당신은 그것들이 미끄러져 떨어지는 것을 본다.
당신이 붙잡고 있고 소유하고 집착하는 모든 것이
당신이 분주한 틈을 타 어찌 된 영문인지 사라지고
다른 지평들 안으로 녹아 들어가 버린다.
홀로 공황 속에서 상실감에 마비되고
두려움에 휩싸일 때까지 당신은 알아차리지 못할 것이다.
그렇다. 현실은 변해 버렸다.
갑자기 당신은 큰 소리로 울부짖으면서
다시 선언하고 다시 소유하고 다시 세우고 싶어 하겠지만
그러나 오, 당신은 발가벗겨졌음을 느끼고 달라져 있다.
하느님 나라는 아, 그런 식으로
하느님 나라는 모든 것을 선포한다.

돌로레스: 1984년 1월 22일(시카고)

죽을 만큼 외롭다. 전보다 더. 내 안에 생채기가 난다. 눈물은 그치지 않고, 나 자신에게 미안하기만 하다. 뭘 어떻게 해야 할지 모르겠다.

좋으신 하느님, 내게서 외로움을 없애 주세요. 기분이 나아지도록 도와주세요. 더 이상 외로움으로 울고 싶지 않아요. 기쁨과 희망과 행복을 원해요. 언젠가 그렇게 될 것을 알지만 지금도 조금은 필요합니다. 그 어느 때보다 조금 더.

제 기도를 들어주세요. 지난 과오를 깨닫고 지금 바로잡으려 하고 있어요. 저에게 필요한 과정이겠지요. 하지만 당신 말고 누가 저를 이해할 수 있겠어요.

1984년 1월 23일(시카고)

일어남 직한 모든 일이 이번 한 주간 벌어졌다. 차가 망가지고, 가스 요금 고지서가 나오고, 화장실이 고장 나고 등등. 더 이상 남은 돈이 없다. 우리 사도직을 위해 후원금을 보내 주겠다고 관심을 보이는 사람도 이젠 없다. 다들 "곤란한데요" 한다. 이로써 사회나 교회가 성매매 여성과 노숙인들을 어떻게 생각하는지 알 수 있다. 우리는 상식의 관습적 범주와 경계에서 벗어나 있다. 애초에 하느님이 해 오신 뜻밖의 제안, 모든 것은 거기에 연유한다.

나는 이곳이 좋다. 대책 없는 낙천주의자인 나는 우리가 해낼 것을 믿는다. 내 방은 이제야 사람 사는 곳 같다. 내가 없는 동안 미리어와 수가 페인트칠을 하고, 벽에 그림을 걸고 창문과 방문에 커튼을 달았다. 근사하게 탈바꿈한 내 방을 보고 깜짝 놀랐다.

1984년 1월 24일(시카고)

돌로레스가 아주 잘하고 있어서 정말 기쁘다. 제발 하느님, 이번에는 성공하게 도와주세요. 그녀가 우리에게 큰 기쁨을 안겨 줄 날이 머지않아 올 것이다. 우리에겐 돈이 없고 마련할 방도도 없지만 나는 더없이 평화롭다. 모든 것은 하느님 손안에 있으니, 우리가 무엇을 두려워하겠는가?

돌로레스: **1984년 1월 25일(시카고)**

나에게는 재활 프로그램이 필요한 것 같다. 지금 몹시 혼란스럽지만 잠시나마 모든 걸 잊고 싶다. 일단은 알코올중독에 대해 좀 더 배워 볼 생각이다. 이것이 더 중요하다.

지금은 내가 더 성장하고 어른이 되기 위한 시간이다. 내 안의 돌로레스를 돌봐야 한다. 이 일은 내 책임일 뿐 다른 누구에게도 의지할 수 없다. 더 이상 기대서는 안 된다. 나는 나 자신과 마주 보아야 하고 어른이 되어야 한다. 스물여덟 살인 아직까지도 나는 여덟 살에 머물러 있으려 한다.

좋으신 하느님, 제가 올바른 결정을 할 수 있도록 도와주세요. 저는 최선을 다하렵니다. 상처를 입은 채 주저앉아 있고 싶지 않아요. 통통 튀는 고무공처럼 씩씩해지려 노력하고 있어요. 오늘 맑은 정신으로 있게 해 주셔서 감사합니다. 당신을 사랑합니다, 주님. 내 공동체도 사랑하고요.

돌로레스: 1984년 2월 2일(시카고)

지금은 한밤중이다. 나는 큰 행복과 내면의 선善을 느낀다. 재활 프로그램이 나에게 필요하다. 결심했다. 그곳에 가야겠다.

1984년 2월 2일(시카고)

돌로레스가 재활 시설로 간다. 하느님이 이토록 살뜰히 그녀를 지켜 주심에 감사드린다. 테드와 함께 그녀를 데려다 주었다. 작고 약간 낡은 건물이지만 친근하고 편안해 보였다. 돌로레스에게 안성맞춤이다. 그녀는 잘해 나갈 것이다. 브로드웨이에 한 송이 장미가 자라날 것이다.
   테드와 나는 쉼터에서 밤새 뜬눈으로 지새웠다. 절망과 비애감이 사무친다. 코치즈라는 이름의 인디언 남자가 쉼터에 들어왔다. 지금은 꾀죄죄한 모습에 무시당하는 처지지만 두 세대 전만 해도 그들은 뛰어난 사냥꾼이요 전사였다. '그의 아내'를 자처하는 마리가 고약한 냄새를 풍기며 자루바지를 걸치고는 남편 옆에 꼭 붙어 있다. 아름답고 자부심 강한 인디언 여자가 자기 남자 곁에 있는 것이다. 우리는 과연 무슨 짓을 한 것인가. 우리 대부분은 아직도 인디언이 평화로운 개척자들을 공격한 '악인'이라는 할리우드의 신화를 믿는다. 우리가 어떤 식으로 이 땅을 침략하여 신성했던 모든 것을 더럽히면서 그것들을 단번에 손에 넣기 위해 모든 것을 제 소유라고 속였는지를, 대부분의 사람들은 모른다. 우리는 우리 땅을 완강하게 방어하면서 인디언들이 자기네 것을 방어하는 것은 잘못이라고 말한다. 이제 우리는 이 모든 것의 의미, 우리가 그들을 인디언 보호구역이나 길거리로 내몰았다는 사실에 주목해야 한다. 아, 거리마다 너무나 끔찍한 슬픔이 도사리고 있다.

돌로레스는 회복될 테지만 나는 몹시 지쳤다. 하느님과 나 자신을 위해 한동안 고요한 시간이 필요하다.

돌로레스: 1984년 2월 6일

재활 시설에서 지내며 많은 것을 느끼고 있다. 전에도 시설에 있는 동안 그랬던 것 같다. 요즘은 무척 행복하다. 깊은 안도감이 든다.

돌로레스: 1984년 2월 8일

나 자신의 삶을 다시 살아가는 법을 배워야 한다. 나 자신 말고는 아무도 나를 대신해서 살 수 없다. 머리에 세 가지 그림이 떠오른다.

1. 상쾌하고 깨끗한 요크빌의 공동체. 고요함.
2. 시카고. 공동체 안에 있는 내 방. 내 보금자리, 내 생명, 내 가족이기도 한 그곳.
3. 검붉은 살덩어리들과 팔들. 수많은 팔이 내게로 뻗쳐 온다. 적들처럼 보인다.

1984년 2월 8일(시카고)

메이의 업소에 앉아 있다. 하느님도 여기에 앉아 계신 걸까? 소위 '선량한' 사람들이 나와 함께 여기 앉아 있는가? 사람들이 있는 곳에 머물면서 사랑에 희망을 거는 것 말고는 우리는 아무 일도 할 수 없는 걸까?

그동안 충분히 설교하고 교화해 왔다. 이제는 고통과 더불어, 또 그동안 우리 설교로 인해 상처받았을 이들과 더불어 앉아 있어야 할 때다.

캐서린이 돌아왔다. 더 야위고 슬퍼 보인다. 피터를 떠나 어머니에게 갔었지만 다시 그에게 돌아왔다고 한다. 어째서일까? 어린 시절 학대 받은 여자들이 너무도 익숙한 과거의 학대 방식을 되풀이하는 관계를 고수하고 반복하면서 인생을 허비하는 것이 여전히 놀랍기만 하다. 그들은 두려워한다. 홀로 남겨지는 것을 두려워하고 얻어맞거나 상처 입는 것을 두려워하고 감옥에 갇히는 것을 두려워한다. 그들은 진정한 자기 자신이 되는 것을 두려워한다. 자신 안에 정말로 괴물이 들어 있을까 봐 겁을 내는 것이다.

르네가 지저분한 몰골로 쭈뼛쭈뼛 들어오자 메이가 욕을 퍼부었다. 몹시 빈정거리면서 화를 냈다. 메이는 자신이 관리하는 여자들에게 그런 식으로 감정을 발산하곤 한다. 첫 손님이 르네를 거부하고 캐서린과 나갔다. 크게 상심한 르네는 울지 않으려 안간힘을 썼는데 그 모습이 너무너무 안돼 보였다. 이 씁쓸한 곳에서 나는 무력감에 빠진다! 마치 지옥의 한 장면처럼 슬픔과 거부와 불행과 분노를 지닌 사람들이 모여 있는 것 같다. 그들은 자신이 다른 장소로 갈 수 있고 다른 사람들을 만날 수 있다는 것을 모른다. 저주를 퍼붓는 메이가 부서진 사람들에 둘러싸여 있다. 지옥이다!

1984년 2월 9일(요크빌)

재활 시설에 있던 돌로레스를 데리고 요크빌에 왔다. 이것이 그녀의 새로운 시작이다. 나는 그녀가 회복될 거라고 믿는다. 그녀는 성장하고 있다. 맑은 정신으로 행복해하는 돌로레스를 보는 것이 너무 기쁘고 위로가 된다. 뿌듯하다. 이 모습이 다른 이들과 우리 모두에게 희망의 표지가 될 것이다.

1984년 2월 13일(요크빌)

지난 며칠간 돌로레스가 우리와 함께 지냈고, 내일은 재활 시설로 돌아갈 것이다. 그녀는 행복하고 정신이 맑고 의욕에 차 있다. 이대로만 갈 수 있다면 그녀는 많이 성장할 것이다! 나는 돌로레스에게 매료되었다. 이 호감이 오랫동안 우리를 이끌어 왔다. 새로운 사람으로 변해 가는 그녀를 바라보는 것은 얼마나 가치 있는 일인가. 마크(집시)가 요크빌에서 우리와 함께 머물고 있다. 그 역시 대단히 괜찮은 사람이고, 정신이 맑을 때는 유쾌하다.

돌로레스: 1984년 2월 13일(요크빌)

내일이면 시설로 돌아간다. 빨리 가고 싶다. 겁도 조금 난다. 기숙학교에서 지내던 시절 이후로 이렇게 오랫동안 어디에 들어가 있는 것은 처음이다. 행복하다. 정신도 맑다. 나를 위해 무언가를 하고 싶다. 나는 그 누구도 아닌 나, 정신이 맑고 아름다운 나 자신일 뿐이다. 이 모든 것은 어느 날 단번에 이루어진다.

하느님, 오늘 스물네 시간을 주시고 이렇게 새로 시작하게 해 주셔서 감사합니다. 사랑합니다. 알코올중독자들을 위해 기도합니다.

끝, 새로운 시작, 새로운 삶.

돌로레스: 1984년 2월 20일

혼란스럽다. 나 자신 안의 낯선 느낌에 사로잡혀 있다. 그 느낌이 폭주하고 있다. 나는 정말 유치하게 행동해 왔다. 때로는 모든 것과 모든 사람 속에 지옥이 있다고 말하고 싶은 충동이 인다. 그러나 그럴 수 없다. 내 가족을 사랑하기 때문이다. 나는 결코 포기할 수 없다.

1984년 2월 22일(시카고)

바쁘고 바쁘고 바쁘다! 사랑의 하느님, 저를 당신의 침묵과 현존 속에 머물도록 지켜 주소서.

 돌로레스에게 계속 마음이 쓰인다. 그녀는 힘든 시간을 보내며 가라앉아 있다. 그녀가 포기하지 않길 기도하는 것 말고는 우리가 할 수 있는 일이 아무것도 없어 보인다. 프로그램을 포기하고 떠난다면 그녀는 영영 회복되지 못할 것이다. 아직은 맑은 정신으로 사는 인생을 맞이할 준비가 되어 있지 않은 것일까? 좋으신 하느님, 돌로레스를 지탱해 주세요. 그녀는 먼 길을 돌아오고 있습니다.

 점심나절 두세 시간을 메이의 업소에서 보냈다. 르네가 슬픔과 절망에 빠져 있다. 손님을 받지 못하고 있는 것이다. 모든 남자들이 캐서린 아니면 비키와 나간다. 무시당하는 게 분명한데도 그녀는 공포 소설에 열중하는 체했다. 메이는 인정머리 없이 비웃는다.

 캐서린은 피터한테 맞아서 얼굴이 온통 붓고 멍이 들어 있다. 이 여자들은 어쩌다가 이 모든 것을 감수하는 것일까? 어렸을 때 학대의 상처를 입지 않도록 보호받는 것이 최선이다. 어린이들은 그들 부모만이 아닌 우리 모두의 책임이기도 하다. 우리는 언제쯤이면 깨어날까? 남들의 사생활을 존중해야 한다는 이유로 우리가 아무것도 하지 않으려 든다면 그 누가 어린이들을 보호할 수 있을 것인가?

돌로레스: 1984년 2월 22일

좋으신 하느님, 오늘도 이렇게 스물네 시간을 주셔서 정말 감사합니다. 에드위나와 자원 선교사 운동을 위해 기도합니다. 나 자신을 위해서도 기도하려 합니다. 내가 더욱 성장하고 이곳을 내 집과 내 가족처럼 여기기를, 또 그동안 사랑하는 이들에게 상처 입힌 것을 용서해 주시기를 청합니다. 하느님, 저는 그들을 잃고 싶지 않아요.

감사합니다, 하느님. 제발 저에게 귀 기울여 주세요.

1984년 2월 23일(시카고)

마크(집시)와 이야기를 나누다가 다음과 같은 인상 깊은 말을 들었다.

"나는 사람이 싫어요. 사람들은 상처를 주거든요. 사람보다는 고양이가 낫죠. 고양이가 어디 사람들처럼 상처를 입히던가요? 그 녀석들은 선한 존재들이고, 당신도 알다시피 대개는 상처를 입는 쪽이잖아요."

마크는 수많은 상처로 고통받다가 더 이상은 비난이나 생채기를 입지 않으려고 제 주위에 거대한 벽을 쌓았다. 우리는 아픔과 상처로 얼룩진 이들의 체험을 깎아내리면서 그들을 몰아세우고 들쑤셔 놓는다. 사랑이라는 이름으로 그들을 혼란에 빠뜨린다. 우리와 함께 지내는 이 집에서 마크는 자신을 돌아보고 자신이 무엇을 해야 하는지 묻는다. 함께 있으면서 우정을 보이는 것만으로 충분하다고 대답하자, 그는 이 말을 어떻게 받아들여야 할지 어리둥절해했다. 내가 말했다. "마크, 더 이상 당신 자신으로부터 도망치지 말아요." 그는 자신이 두려움에 빠져 있다는 것을 인정한다. 그는 사랑을 두려워한다. 그러나 그가 느끼는 혼란은 바람직한 것이다. 적어도 그는 지금 자신이 붙들고 싸우는 그 자리를 지키고 서 있지 않은가!

마크와 대화를 나누다가 문득 어제 만났던 성매매 여성 비키의 말이 떠올랐다. 그녀는 간곡한 어조로 말했다. "사람은 꼴도 보기 싫어요. 언제 나에게 애완동물을 좀 구해 줄래요?" 그녀는 분노와 고통으로 야위었다. 공통된 실마리는 '상처'다. 하느님의 은총만이 그 고통을 깨 버리실 수 있다. 나는 이 여자들이 자신이 겪은 학대와 상처를 깨닫기를 바라며, 아울러 그들 자신이 끊임없이 스스로를 더욱 학대하고 있음을 인지하기를 바란다. 자비로우신 우리 어머니 하느님처럼 우리도 자비로운 사람이 되게 해 주십사 기도한다.

1984년 2월 27일(시카고)

바다

바닷가에서 수많은 바위들이
빛나는 조약돌과 함께 버티고 있다.
밀물과 썰물이 부드러운 조화를 이룬다.
텅 빈 하늘에서 갈매기들이 우는 소리와
항구 뒤편에 밧줄로 묶어 둔 통들이 부딪치는 소리를

나는 들었다.
바위와 바닷물과 갈매기와 밧줄 속에 하느님은 계셨다.
빛이 나지만 물에 젖은 채 하느님은 울고 계셨다.
이 세상 안에서 눈에 띄지 않게 아무 흔적도 없이
하느님은 바삐 살고 계셨다.
이 세상을 만드셨을 때 그분은
세상 속에 당신 자신을 스며들게 하셨다.

돌로레스: 1984년 3월 1일

나 자신이 성장하고 성숙해지고 있음을 느낀다. 이곳 시설에 있는 동안 많은 것을 생각하고 있다. 나 자신과 내가 필요로 하는 것, 장차 바라는 것이 무엇인지 찾기 시작했다.
　시간이 빠르게 흘러가고 있다. 곧 봄이 올 것이다. 꽃과 새들도 나오겠지. 하지만 나는 하루가 한순간인 듯 마음을 다잡아야 한다.

돌로레스: 1984년 3월 2일

중요한 것은 하느님과 연결되어 있는 것이다. 고마운 일이 참 많다.

돌로레스: 1984년 3월 5일

되돌아보면 나는 에드위나를 비롯하여 사랑하는 사람들을 얼마나 많이 상처 입혔는지 모른다. 참으로 어리석기 짝이 없다.

좋으신 주님, 오늘 스물네 시간을 맑은 정신으로 있게 해 주셔서 고맙습니다. 모든 것에 감사드립니다. 음식과 침대와 쉴 곳을 주심에도…. 이곳 여자들을 위해 기도하는 것이 행복합니다. 도움이 필요한 다른 이들을 위해서도 기도하고 싶습니다.

돌로레스: 1984년 3월 8일

나는 퇴보하고 있다. 왜 이리 어리석게 행동하는 걸까? 나 자신이 아직 미성숙하다는 것을 안다. 온전치 못하다. 성장하고 싶은 마음에 그동안 기를 써 왔다. 더는 어느 누구도 상처 입히고 싶지 않다. 그저 돌로레스가 되고 싶을 뿐이다. 나 돌로레스는 결코 부끄럽거나 속되지 않은 괜찮은 사람이다. 당당한 사람이 되고 싶다.

사랑하는 돌로레스에게

내가 이 편지를 쓰는 것은 네가 자신에게 기회를 주고 스스로를 더 잘 알게 되길 바라서란다. 너는 인생의 밝은 부분을 외면하고 있구나. 네 앞에 펼쳐진 새로운 삶을 내팽개치지 말고 온전히 끌어안으렴. 너는 분명 돌로레스로 성장하고 있어. "나는 절대 안 돼!"라는 말은 하지 말아 다오. 더 이상 울지도 말고. 내가 너를 알고 있잖니? 앞으로는 네 안의 좋은 것만 보렴. 물론 돌로레스 네 안에 상처와 거부와 외로움이 도사리고 있다는 것을 나도 안단다. 하지만 꼭 그렇지만도 않아. 너는 많은 사람들, 특히 나로부터 사랑받고 있지 않니? 네가 에드위나를 그리워하는 것도 잘 안다. 그녀도 너를 사랑하고, 비록 몸은 멀리 떨어져 있어도 그 사랑은 나날이 커 간다는 것만 잊지 않으면 돼. 그 사랑은 앞으로도 계속 자라날 거란다. 돌로레스, 너는 정말 행운이 넘치는 여자란 사실을 잊지 말렴. 나의 돌로레스, 너를 위해 기도하마. 너를 사랑하는 것은 물론이고.

너를 사랑하는 하느님으로부터

좋으신 하느님, 제 앞에 펼쳐진 놀라운 삶을 이제는 이해하게 되었습니다. 그래요, 당신이 옳아요. 에드위나가 그립지만 절망하지는 않을 거예요. 아마 조금 외롭겠지요. 그러나 그녀는 돌아올 거예요. 당신 말씀이 옳아요. 상대가 곁에 없을 때 사랑은 더 강해지는 법이죠.
 하느님, 당신 편지에 감사드려요. 당신은 제 눈과 마음을 열어 다른 이들이 어떻게 느끼는지 보고 깨닫게 해 주셨어요. 저 홀로 느끼는 것이 아니라는 사실을 명심하겠습니다.

맑은 정신(돌로레스)

정신이 맑으니 너무나 좋다.
다시 태어나는 것만 같다.
아름다운 장미를 피워 내는 씨앗처럼.

맑은 정신.
이것은 좋은 향기,
비 그친 뒤 빛나는 정원에서
온 천지로 퍼져 나가는 아름다운 향기다.

맑은 정신은

깨끗하고 단정하며

서로서로 보살펴 주는 친구가 있을 때 피어나는 것.

돌로레스: 1984년 3월 16일

나 자신이 바로 기적이기에 내 안의 모든 기적을 위해 기도한다.

돌로레스: 1984년 3월 18일

하느님, 저는 착하고 정신이 맑은 사람이고 싶습니다. 하느님, 저는 겁이 나요. 내 안의 무언가를 잃어버렸는데 이 부분을 다른 것으로 채우려 하고 있습니다. 길거리를 전전하고 술을 마시면서 내 삶의 중요한 것들을 맥없이 놔 버렸습니다. 이것들을 찾도록 도와주세요. 맑은 정신과 염려해 주는 친구들이야말로 참으로 귀한 것임을 이제 저는 압니다.

돌로레스: 1984년 3월 22일

아침에 몇 가지 문제가 있었던 것만 빼면 괜찮은 날이다. 방에 앉아서 나만의 장소로 정해 둔 한쪽 구석을 바라본다. 내가 정한 그 작은 공간이 참 마음에 든다. 내게는 고맙고도 소중한 것들이 많다. 정말 좋은 친구들한테서 전에는 상상도 못한 많은 것을 선물받았다. 거짓 우정이나 그릇된 우정이 결코 아니다. 길에 사는 사람들과 비교할 때 내가 얼마나 가진 것이 많은지 알 수 있다. 지나온 1년을 돌이켜 보면, 나는 친구들과 선물들에 둘러싸여 있었다. 에드위나를 만나지 못했다면 자원 선교사 운동과도 만나지 못했을 것이다. 1년 전만 해도 나에게 진정한 친구는 없었다. 지금 나는 환호성을 지르고 싶을 만큼 행복하다.

나에겐 최고의 힘Higher Power이라 부르는 하느님이 계시다. 이에 대한 진지한 대화가 필요하다. 요크빌에 가면 우리는 그곳의 아름다운 자연에 대해 이야기를 나눈다.

하염없이 걷는 것이 좋다. 나에게는 혼자 있는 시간이 필요하다.

혼자 … 홀로 있는 것이 좋다. 혼자 있는 것 때문에 슬퍼하거나 좌절할 이유가 없다. 고독은 나와 함께 존재한다. 나 자신 속에 잠긴다. 그것이 이기적이라고 생각하지 않는다. 고독은 내 일부이며 나는 나(돌로레스) 말고는 누구에게도 속해 있지 않다.

돌로레스: 1984년 3월 25일

얼마나 오래 맑은 정신으로 있을 수 있을까? 이 기분을 잃고 싶지 않다.

하느님, 또 하루를 주셔서 감사드립니다. 이런 저에게 자비를 베푸소서. 당신은 제가 무엇을 하려고 하는지 이해하시죠? 저는 무지무지 힘겨운 투쟁을 하고 있습니다. 이런 저를 도와주셔서 감사합니다.

돌로레스: 1984년 3월 26일

나 자신에게 미안함을 느낀다. 뛰쳐나갈 수 있다면 좋으련만 …. 시카고로 돌아가고 싶지만 그럴 수 없다는 걸 안다. 책임 있게 행동해야 한다. 무너지고 싶지 않다. 그렇다면 무엇을 할 수 있는가? 아침에 기도를 했다. 조금 힘들었던 것 같다. 좋으신 하느님, 오늘도 도와주세요.

돌로레스: 1984년 3월 28일

돌이켜 보면, 1년 전부터 나는 에드위나와 함께 많은 변화를 겪어 왔다. 무수한 두려움과 상처와 고통에 빠져 있었지만, 이전에는 나를 돌봐 준 사람이 아무도 없었다.

돌로레스: 1984년 4월 9일

얼마나 오랫동안 고통 속에서 허우적대고 있었던가. 그것들이 내 오장육부에 뿌리박혀 있었던가. 여전히 혼란스럽기만 하다.

하느님, 나 자신과의 싸움을 잘해 내도록 도와주세요. 오늘 하루도 저를 도와주셔서 감사합니다. 저의 짐을 잘 지고 가도록 이끌어 주세요. 저는 이웃에게 정직하지 못했습니다. 이런 저를 용서해 주세요.

당신께 감사와 사랑을 바칩니다.

1984년 4월 11일(시카고)

지금은 새벽 3시, 쉼터에 있다. 여느 때처럼 밤의 품에 잠겨 들었다. 간간이 코 고는 소리가 들려오는 것 말고는 조용하다. 교회 마룻바닥, 이 열악한 곳에 잠들어 있는 많은 노숙자들을 보자니 마음이 너무도 쓸쓸하다. … 슬프고 착잡하고 쓰디쓰다.

마크가 거리로 돌아가 버렸다. 그는 지금 매우 자학적이고 공격적인 상태다. 자기를 방어하느라 술로 도망쳐 버렸다. 사랑했던 이들이 모두 그의 곁을 떠났다. 그는 아내의 죽음이 자기 탓이라 자책한다. 그가 술을 마시지 않았다면, 아내는 제대로 치료받았을지도 모른다. 하지만 집 안에 진동하는 술 냄새 때문에 의사는 그녀가 술 취했다고 생각해 내버려 두고 떠났다. 마크는 분노를 쏟아 낼 수도, 병원을 상대로 큰소리를 낼 수도 없었다. 그에게 세상은 늘 낯설고 냉정한 곳이라 그저 숨어서 술을 마시며 벽을 쌓아 올렸을 뿐이다. 그는 아내를 무척이나 사랑했다. 지금도 날마다 그녀를 그리워한다.

돌로레스와 마크 같은 이들은 악순환에 빠져 있다. 돌로레스에겐 일자리가 필요하고 그래서 직장을 구하고 있는데, 그러기 위해서는 뚜렷한 동기와 훈련이 필요하다. 그런데 현재 돌로레스에겐 일을 하려는 동기가 없다. 그녀에겐 직업의식이 없다. 그녀는 직업이 정체성을 부여해 준다거나 존엄성을 갖추게 해 준다거나 다른 여러 특권을 준다는 것을 알지 못한다. 직업이 그녀에게 고유한 삶을 살아가도록 힘을 준다는 사실을 알지 못한다. 그저 돈을 버는 길 정도로 생각하지만, 돈이 꼭 필요하다고 느끼지도 않는다. 기껏해야 그녀의 동기라면 나를 기쁘게 하려는 것 정도다. 노동에는 생명을 살리는 의미가 있다고 우리가 그녀를 '교육'시킨다 할지라도, 그녀가 받는 교육과 훈련은 별 의미가 없을 것이다. 취직하여 돈을 번들 당장의 욕구를 충족시키는 데 써 버릴 것이고, 그것이 뜻대로 안 되면 그 욕구를 지워 버리려 술을 마셔 댈 것이 뻔하다. 그간의 삶과 관계 속에서 그녀는 자신이 원하는 것을 위해 평온히 기다리는 법을 배우지 못했다. 직업의 의미를 모르니 만족하지 못할 것이고, 오랜 기다림 뒤의 성취감을 맛보기 힘들 것이다. 그 결핍을 어떻게 채워 주어야 그녀가 당장의 만족을 유예하는 법을 배울 수 있게 될까? 하느님, 당신의 사람들에게 자비를 베푸소서. 그들은 길을 잃고 크나큰 외로움 속에서 떨고 있나이다.

쉼터 일지에서 (코치즈의 아내인) 마리가 세상을 떠났다는 소식을 접했다. 분명 알코올과 약물 때문일 것이다. 그녀는 고결한 영혼의 소유자였고 늘 남편과 함께였다. 죽음은 그녀가 자초한 것일 터. 무척 믿음이 가는 사람들이었는데 …. 말도 못하게 피곤하지만, 그래도 다음 단계를 향해 나아가야 한다.

1984년 4월 12일(시카고)

흰 독수리 조

흰 독수리 조가
술 냄새와 악취를 풍기며
지하 쉼터에서 비틀거리고 있다.
검은 눈을 반쯤 가리도록 붉은색 양털 모자를 눌러쓰고
닳아 빠지고 깡총한 스웨터에
기름에 절어 반질거리는 헐렁한 바지를 입고 있다.
빙긋이 웃지만 눈에 초점이 없는 흰 독수리 조는
비틀비틀거리며
체크무늬가 그려진 시트와 얇은 스티로폼 매트를
지하 바닥으로 끌어온다.
허술한 일회용 컵에 담긴 커피가 시멘트 바닥에 흐르고
조는 무거운 부츠를 벗으려고 기우뚱 몸을 구부린다.

'이런 젠장!'
이내 포기한 듯 맥없이 쓰러져 늘어지는 조.
옷도 안 벗고 컵을 손에 든 그대로다.
씻지도 않고 더러운 옷을 걸친 이들의 지독한 냄새가
지하 쉼터를 가득 채우고 있다.
기침 소리, 와글거림, 침 뱉는 소리, 코 고는 소리 …
노숙자와 부랑자들이 고통스럽고 쓸쓸하게 잠이 든다.
흰 독수리 조는
사회의 낙오자, 부랑자, 술꾼.
무심하게, 처량하게, 자포자기한 채 타락한 모습으로
쉼터의 차디찬 회색 바닥에 쌓인 짐들 사이에서
대자로 뻗어 있다.
싸늘한 겨울날의 아침이 밝아 온다.
갈매기와 조깅하는 사람 하나가
얼어붙은 공기를 뚫고 움직인다.
고요하고 잔잔한 호수가 풍성한 햇살을 받아 낸다.
빛나는 물결을 따라 퍼져 나가며 가만히 속삭이는 미풍.
거대하고 바닥 모를 어두운 그림자가
은빛 호수에 드리워져 있다.
깊디깊은 호수와 광활한 하늘을 멀거니 바라보면서
흰 독수리 조는 홀로 외롭게 앉아
자기 안으로 깊숙이 몰입하여
다른 세상, 다른 삶으로 빠져든다.
순간 산들바람이 검게 빛나는 머리칼을

장난치듯 쓸어 올리고
청동빛의 고귀한 얼굴이 어슴푸레한 태양 아래 드러난다.
흰 독수리 조는 당당하고 굳건하게
고향 땅과 호수의 아들이자 형제로 앉아 있다.
그는 광활한 들판의 사냥꾼이자 전사였지만
위풍당당한 천 개의 꿈을 잃었고 장대함도 죽어 버렸다.
그럼에도 흰 독수리 조는
당당하고 굳건하게 앉아 있다.

돌로레스: 1984년 4월 13일

더욱더 행복해지려 노력하고 있다. 그것만이 내게 주어진 길이다. 그릇된 결과로 드러났던 나 자신의 문제들에서 달아나길 멈추는 법을 배워야 한다. 문제들을 대면하여 어떻게 행동해 나갈지 고민해야 한다. 왜 나는 감정이 엉망진창이 되어 버리는 것일까? 왜 이렇게 허약한 걸까?

1984년 4월 18일(시카고)

이렌느가 다시 병원에 들어갔다. 며칠 전 그녀와 조니가 묵는 호텔 방으로 찾아갔을 때, 이렌느는 침대에서 신음하고 있었다. 즉시 그녀를 의료 센터에 데려갔고, 거기서 다시 병원으로 이송했다. 나는 매일 그녀를 방문한다. 치료를 받고 있지만 아직 침대 밖으로 나오지는 못한다. 날마다 포도주를 4리터 이상 마시던 사람이니 그리 놀랄 일은 아니다. 문병을 다니면서 그녀와 깊은 대화를 나눌 수 있었다. 그녀의 인생에 대해 함께 이야기를 나눴다. 이렌느는 열여섯에 헤로인을 시작했고 그걸 계속하기 위해 성매매에 발을 들였다. "약을 하거나 취하지 않고는 일을 할 수 없었어요." 그 말은 사실이다. 많은 여자들에게서 똑같은 말을 들었다. 손님들의 괴이한 요구에 대해서도 들은 바 있다. 여자들 대부분은 환각 상태에서나 그런 행위를 할 수 있다고 말한다.

병원을 나와 메이의 업소에 갔다. 니키, 일명 마리와 잠깐 이야기를 나눴다. 그녀는 돌로레스가 다녔던 기숙학교에서 곤란에 처한 여학생들의 '상담가'로 재직했다. 그녀의 진짜 직업은 가정간호사였는데, 어렸을 때 성적 학대를 당한 것 때문인지 많은 피해 여성들과 자신을 동일시했다. 현재 성매매 일을 하지만, 집세를 내지 못하는 어려움에 시달리고 있다.

로렌도 그곳에 있었다. 그녀는 내가 만난 첫 번째 '주부 성매매 여성'이다. 현재 '목표를 이루기 위해 뒷걸음치고 있는 상태'라고 말한다. 남편은 병이 들어 실직했고 세 명의 자녀가 있다. 운명 따윈 믿지 않는 그녀는 다른 일들을 해 보려고 노력하는 중이다. 백화점에 취직하는 것이 그녀의 꿈이다. 경제적 빈곤과 성차별이 많은 여자들을 성매매로 내모는 실정이다. 나는 아직까지 신화화된 '행복한 매춘부'를 만나 보지 못했다. 산업 시장은 최근까지도 여성에겐 취약한 분야다. 누구도 그 이유를 알지 못하는 것 같다. 경찰의 단속이 갈수록 강화되어 여자들은 업소를 자주 옮겨 다녀야 한다. 고객들 역시 긴장하고 있는 듯하다. 마리아가 창조의 집을 대표하여 재판을 참관한 적이 있다. 스무 명 남짓한 고객과 열 명의 여자가 출석했다. 남자들은 한 사람도 벌금을 내지 않았고 여자들은 전원 벌금을 물었다. 그중 한 남자가 자기 아내가 알지 못하도록 우편물을 집이 아닌 변호사에게 보내 달라고 요청하자 판사가 동의했다! 성매매에 대한 사회의 관점은 여전히 그런 수준이다.

1984년 4월 19일(요크빌)

어제 메이의 업소에 앉아 있는 동안 자포자기와 절망이라는 친숙한 감정을 맛보았다. 다섯 명의 여자가 일하고 있었는데 하나같이 지치고 기분이 언짢은 듯했다. 그중 둘은 고도 비만이어서 별 매력이 없어 보였지만 진하고 어색한 화장에 꽉 끼는 옷을 입고 교태를 부리려 애쓰고 있었다. 그들을 바라보는 마음이 무척이나 서글펐다. 어제 손님 중에는 경찰서장도 있었다고 메이가 귀띔해 주었다. 맙소사! 한편에서는 여자들을 괴롭히고, 다른 한편에서는 그들을 소비하다니. 인간이 하는 짓거리란 정말이지 ….

그곳을 찾는 남자들은 대부분 중년의 뚱뚱한 체구에 침울한 표정이다. 우울하고 비생산적인 장소라 하지 않을 수 없다. 고객들 몇 사람과 이야기를 나누었다. 빈스라는 남자가 나에게 호기심을 보이면서 밖에 나가 같이 점심을 먹자고 했다. 같이 나갈 마음은 전혀 없었지만 그의 의중이 궁금해서 호응하는 태도를 유지했다. 그는 하느님, 신앙고백, 회개 등에 대해 질문을 쏟아 냈다. 이탈리아 사람인 마리오는 과묵하고 편안한 사람이었다. 알은 대학교수처럼 보였는데, 키스에 목을 매는 그를 메이와 그곳 여자들은 키스광이라고 불렀다. 나는 여전히 그 남자들과 있는 것이 불편하다. 함께 섹스를 할 수 없다는 것 말고는, 나 또한 그들에게는 이름 없고 무시해도 좋은 또 다른 대상일 뿐이다.

여자들과는 포주에 대해서 의미 있는 대화를 나누었고, 왜 그들에게 붙잡혀 있는지 들었다. 리는 3년 동안 한 사람에게 매여 있고 그것 때문에 지독히 고통스러운 상황이다. 자신이 학대당하고 있다는 것도 안다. 여자들은 시간이 갈수록 더 힘들고 더 끔찍한 처지로 떨어진다. 캐서린은 또다시 피터를 떠나 자기 아파트에서 스스로를 지켜 내려 애쓰고 있다. 그녀는 최근 몇 년간 피터의 마약 값으로 전 재산을 탕진했다. 하지만 이제는 스스로를 돌보고 구원하려 하면서, 자신을 위해 유익한 일들을 해 나갈 수 있음을 깨닫기 시작했다. 앞으로도 그 마음이 변치 말아야 할 텐데 …. 여자들이 자신의 억압에 대해 각성해 나가는 것과 자신의 능력으로 무언가를 바꾸어 나가는 것 사이에 온 우주가 존재한다. 치유와 온전함을 이끌어 낼 올바른 선택을 하려면 시간이 필요하다.

오늘 나는 몇 가지 문제를 되짚어 보기 위해 숲으로 왔다. 거리와 술집과 성매매 업소에서는 균형과 조화를 잃어버리기 십상이다.

멋진 금요일

숲에 와 있다.
지난 몇 달간 목격한 수많은 죽음 속에서 목말라하던
새 생명을 이곳에서 보았다.
내가 목격한 모든 곳,
지구 전체는
죽은 잎들과 파괴된 대지 사이에서
요동치며 출산을 하고 있었다!
시냇물은
신선하고 깨끗한 물을 샘 솟게 하고
재미난 것을 새로 발견한 아기처럼 꼬물거린다.

새들은 자유로운 음조와 길게 이어지는 소리로
순수한 노래를 지저귄다.
모든 것, 모든 곳에서 나를 부르는 소리가 들려온다.
생명!
이 모든 목마름과 노래와 웃음 속에서
나는 한 송이 꽃이 자라는 소리를 듣는다.

숲 속 냇가에 앉아 있으면 허심탄회해진다. 하느님이 창조하신 세상의 조화와 진실 속에 나 자신을 흠뻑 적신다. 내가 얼마나 조화롭지 못하고 정직하지 못한지 뼈저리게 느낀다. 이것은 중요한 일이기에, 나는 숲의 자궁 속에서 고요히 침묵한다. 이 같은 진실을 자각하는 동안, 내가 받은 부르심을 깊이 각성하게 된다.

부르심

나는 아름다워지도록 부름 받았다.
맑은 시냇물처럼, 바다처럼, 대지가 생명을 키워 내는 것처럼
나는 다시 태어났다.
강한 나무들처럼 지혜로워지라고
나는 배웠다.
거짓 없는 모든 창조 세계처럼
나는 조화로움을 사랑했다.
벌레를 관찰하는 것은 중요한 일.
그 녀석은 자신이 속한 대지에서 부지런히 일하기 때문이다.

하느님, 창조주/창조 세계는 조화를 이루고 있고
우리도 그것을 받아들인다.
신성에 감싸여 몰입하도록 우리는 부름 받았으나
너무 깊이 파묻히게 될까 두려워한다.
우리는 벌레에게서 많은 것을 배울 수 있다.
제 생명이 어디에 속해 있는지를 앞이 안 보여도 그들은 안다.

돌로레스: 1984년 4월 20일

기분이 나아졌다. 조금 가라앉아 있지만 괜찮다. 내일을 생각하면 불현듯 두려움이 솟구친다. 나는 알코올중독자이고 내가 어떤 상태인지 잘 알고 있다. 그러니 늘 주의해야 한다. 아, 그런데도 마지막으로 술 마신 날을 떠올리고 있다니! 더러운 거리에서는 나 자신도 더럽다. 미친 짓을 할 때조차 두려움이 엄습한다. 내가 나 스스로를 망치고 있다.

하느님, 당신이 바라는 사람이 되고자 최선을 다하다가 상처 입을지라도 오늘 하루에 감사드립니다. 당신은 제 곁에 꼭 계셔야 합니다.

돌로레스: 1984년 4월 22일

좋으신 하느님, 오늘을 허락해 주심에 감사드립니다. 당신 부활을 기념하는 이 아침, 하느님, 저를 도와주세요.

(부활절 밤.) 하루 종일 맑은 정신이었던 것에 다시 감사드립니다. 하느님, 저는 이곳(시설)에 있고 싶지 않아요. 너무나 힘든 싸움이에요. 내가 온전해지려면 당신 도움이 필요합니다. 무엇이든 할게요. 그런데도

도망치고 싶은 마음이 떠나질 않아요. 내일 아침에 상담을 받으려 합니다. 결심하고 무너지고 결심하고 무너지기를 반복하고 있어요. 모든 천사에게 지켜 달라고 애원하지 않을 수 없습니다. 궤도를 벗어나기란 얼마나 쉬운지 몰라요. 저는 지금 또 술 마실 계획을 하고 있고 거리를 배회하던 때로 돌아가기를 꿈꿉니다. **누군가와 대화를 하고 싶어요.**

돌로레스: 1984년 4월 23일

좋으신 하느님, 오늘 하루를 살아갈 힘과 희망을 주시길 청합니다. 유혹이 고개를 쳐들기 시작합니다. 당장 이곳을 벗어나고만 싶어요. 내 마음 한쪽에서는 '당장 도망가!' 하고, 다른 한쪽에서는 '싸워! 돌로레스, 넌 할 수 있어!' 합니다. 하느님, 저를 도와주세요. 정말 나가면 안 되나요? 이런 유혹이 오늘 처음이라면 벌써 뛰쳐나갔을 거예요. 이 끔찍한 갈등을 이겨 내도록 당신께서 말씀해 주시고 신호를 보내 주세요.

밤 …. 기분이 나아졌다. 컨디션도 좋다. 간 검사와 채혈을 하고 왔다. 반쯤은 마음이 편해졌다. 그래, 난 잘하고 있어!

행복한 하루가 무사히 지나간다.

1984년 4월 25일(시카고)

메이의 업소에 왔다. 이 암울한 곳에서 얼마나 더 버틸 수 있을지 모르겠다. 이 여성들과 함께 일할 것이라고 말하기는 쉽지만, 이 지옥에서 아무 도움도 되지 못한 채 언제까지 버틸 수 있을지 …. 이곳에는 다른 사람을 갈가리 찢어 놓는 언어폭력이 난무한다. 친절한 말은 어디에도 없다. 친절함이란 낯설고 머나먼 세상의 것이다! 뒤에서 끊임없이 험담을 하면서, 겉으로는 유머라는 얇은 막으로 가장한다. 때로는 재미있게, 때로는 잔인하게. 숲의 고요나 평화와는 전혀 딴판인 세상이다.

하지만 나는 하느님이 이곳에도 똑같이 현존하심을 믿는다. 이곳에서 하느님은 상처 입고 눈물 흘리신다. 숲에서 하느님은 노래하며 웃음을 터뜨리신다. 그러나 두 곳 모두에서 하느님은 사랑하고 계시다.

돌로레스: 1984년 4월 25일

나 혼자다. 지금 이곳에 나 말고는 아무도 없다. 이 멋진 날 선생들은 다들 외출했다. 직원들은 워크숍에 가고, 나는 책상 뒤편에 앉아 전화를 받고 있다. 정말 평화롭다. 고요함! 혼자 있는 것이 좋다. 이 평화와 정신적 안정이 필요했다. 많은 계획과 생각을 실행에 옮기고 있다. 나쁜 생각은 일체 들지 않는다. 아름다운 아침이다. 저녁에 열리는 세미나도 잘 진행되기를 소망한다. 오늘 아침은 울지 않았다. 행복한 미소.

1984년 4월 26일(시카고)

르네가 업소로 돌아왔다. 몸에 딱 붙는 휘황찬란한 모직 드레스에, 머리는 노랗게 염색했고, 팔은 온통 상처투성이다. 몹시 슬퍼 보이는 얼굴이다. 이곳에서는 하루 수입이 고작 10~20달러에 불과한 날도 있다. 100달러를 버는 날도 있긴 하지만 매우 드물다. 이들은 불안이라는 칼날 위에서 살아간다. 캐서린은 늘 쿨하고 멋지다. 그런 그녀를 두고 이렇게 말하는 여자들이 있다. "손님이 원한다면 무슨 짓이든 할 여자야." 리도 퉁명스레 말한다. "왜 그러는지 도대체 모르겠어." 리는 자신의 호불호를 분명하게 밝히는 사람이라 어떤 손님도 그녀에게 무리한 요구를 하지 못한다! 리는 말한다. "시키면 무엇이든 하는 여자들은 술이나 약 없이는 버텨 내지 못해."

이곳은 잔혹한 정서가 팽배해 있다. 여자들은 나와 편하게 이야기를 나누면서도, 나로 인해 빚어지는 미묘한 기류를 감지하지는 못하는 듯하다. 지난주에 메이가 손님 한 사람에게 "에드위나와 함께 있으면 내가 완전히 다른 사람처럼 느껴져"라는 말을 했다. 정말 그런가? 만약 그렇다면 그녀가 나에게 얻는 게 있다는 뜻인가? 죄책감으로 인한 그녀의 고통을 내가 줄여 주는 건가? 혹시 내가 교회와 사회의 공식적 대리자인 양 행동하면서 그들의 파괴적인 생활 방식에 면죄부를 주고 있는 건 아닌가? 아니면 그들을 사랑하는 몇 안 되는 사람 중 한 사람으로서 내가 그들 안에 있는 또 다른 모습이 드러나게 하는 것인가? 상류층을 상대하는 콜걸은 혹시 다를 수도 있겠지만, 성매매는 고통스럽고 잔인한 길이다. 여자들 대다수는 이 생활을 하면서 지독한 절망과 자기 파괴에 이른다. 인간다움, 따뜻함, 친절함, 부드러움, 보살핌 같이 우리를 여자로 살게 하는 요소들을 손상시키고 파괴하고 왜곡시킨다.

어떤 형식이든 성매매는 덧없는 것을 얻으려고 다른 사람에게 자신의 소중한 것을 내다 파는 행위다. 그것은 우리 몸이나 두뇌, 손일 수 있다. 하나의 '상품'이 다른 어떤 상품들과도 다르지 않은 것이 되어 버린다. 성매매는 진정 우리가 할 일이 아니려니와 하려고 해서도 안 되는 것이다. 성매매는 우리가 삶에 부여하는 가치들을 끔찍이 더럽힌다. 성매매는 삶을 빈껍데기로 만들고 의미를 앗아 가 버려 결국 우리는 수치와 죄의식 속에서 살게 된다. 사회가 우리에게 이러한 낙인을 찍어 버리게 되면, 우리는 자기 자신을 비하하는 이미지를 가지게 된다. 서구 사회에서는 우리 두뇌와 손을 팔라고 권장해 왔다. 회사와 정부에 우리 자신을 팔고 그 보수를 받으면서 … 인간의 가격은 동일해진다.

1984년 5월 5일(시카고)
돌로레스가 다시 무너졌다. 지금 치료를 받고 있다.

1984년 5월 6일(요크빌)
돌로레스가 거리로 돌아갔다. 나는 숲에 와 있다. 마음이 아프고 걱정스럽다. 내 고통을 나무들과 새로 돋아난 풀들과 새싹들에게 털어놓으리라. 그들은 나에게 한목소리로 생명을 외친다!

  죽음 한가운데 생명이 자리하고 있다. 이 생명의 상징들 사이에서 나는 비탄에 젖는다. 숲 속에 계신 하느님이 위대하고 크신 은총으로 그들을 충만케 하시고 변화시키실 때까지 고통을 견뎌 내야 한다. 아직 때가 아니다. 고통이 바로 나 자신이 될 때까지 상처를 다독여야 한다.

돌로레스

    돌로레스, 사랑하는 사람이여,
    당신을 걱정하며 당신 주머니에 있던
    테디 베어에게 한결같은 키스를 보내요.
    돌로레스, 사랑하는 사람이여,

당신의 젊은 꿈들을 안고

당신 뒤를 천천히 따라가고 있어요.

돌로레스, 사랑하는 사람이여,

브로드웨이를 헤매면서

독한 적포도주에 당신의 절망을 적시고 있겠군요.

돌로레스, 사랑하는 사람이여,

제발 … 죽지 말아요.

기도와 단식 이외에 내가 더 할 수 있는 일은 없다.

치유

혼자서 치유하기에는 고통과 상처가 너무도 깊습니다.

오직 위대하신 하느님의 권능만이

그 고통의 심연으로 꿰뚫고 들어오실 수 있고

부드럽고 온화하게 달래 주실 수 있으며

온 마음으로 우리에게 입 맞춰 주십니다.

하느님께서 주시는 그 모든 것이

우리에게는 너무도 크옵니다.

1984년 5월 7일(시카고)

잔뜩 취해 밤늦게 돌아온 돌로레스가 눈물을 흘리며 후회하다가 잠이 들었다. 내일은 진지하게 대화하면서 선을 분명히 해야 할 것이다. 그것이야말로 '강인한 사랑'이다. 술을 마실지 말지를 선택하는 것은 그녀의 몫이다. 우리가 할 수 있는 일이라곤 그녀의 선택을 존중한다는 사실을 보여 주는 것뿐이다. 그 선택이 빚어낼 결과에 대해서는 어떤 도움도 줄 수 없을지라도 말이다.

1984년 5월 8일(시카고)

돌로레스가 아침부터 거리로 나가 술을 마시고 있다. 그녀 스스로 삶을 선택할 때까지 얼마나 더 추락하는 모습을 지켜보아야 할까? 그걸 지켜보는 일이 너무 힘들다. 기도밖에는 할 수 있는 게 없다.

1984년 5월 9일(시카고)

오늘은 돌로레스의 생일이다. 그녀가 자기 생일에 대해서 얼마나 자주 얘기했는지 모른다. 생일 선물로 자전거도 샀는데 … 당장은 줄 수 없게 되어 버렸다. 테드와 함께 돌로레스의 상담가를 만나러 갔다. 그녀는 많은 조언을 해 주면서 '강인한 사랑'을 밀어붙이라고 우리를 격려해 준다. 전화 통화를 포함하여 돌로레스에게 제공해 온 모든 프로그램과 지원을 끊어야 한다. 결국 그녀는 혼자가 되겠지. 그때 그녀와 하느님만이 함께 있게 될 것이다. 돌로레스는 자기 자신과 하느님을 마주해야 하며 우리는 어떤 일이 벌어지든 개입하지 말아야 한다.

아, 정말 힘들다! 돌로레스는 나에게 너무나 사랑스럽고 소중한 사람이다. 그런데도 그녀가 죽어 가는 것을 손 놓고 바라볼 수밖에 없다. 내가 할 수 있는 일은 오직 기도뿐.

어머니 하느님이시여, 돌로레스를 곁에서 지켜 주시고 그녀가 자신감을 가지고 이겨 낼 수 있도록 은총의 불꽃을 타오르게 해 주소서. 제가 이토록 고통스러워할지 미처 알지 못했나이다.

1984년 5월 10일(시카고)

이런저런 계획을 짜기보다는 한 가지에 몰두하게 되는 고요한 날이다. 돌로레스를 위해 내 마음속에 하나의 매듭을 짓는다. 하느님이 그녀를 지켜 주시고 치유해 주시길 기도하면서, 나 역시 그분께서 보호하고 치유해 주십사 간청한다.

어머니 하느님

어머니 하느님,
당신의 크신 자비로
제가 사랑하는 돌로레스가 분발하게 해 주소서.
그녀를 지켜 주시고 치유해 주소서.
그녀가 포기하지 않게 해 주소서.
그녀에게 희망과 사랑을 속삭여 주소서.
당신의 속삭임으로
그녀를 울부짖게 하는 깊은 어둠을 흩어서 쫓아 버리소서.
오, 어머니시여,
이 사랑스러운 어린아이를 구하소서.
현실이 무겁습니다.

자비롭고 강하신 하느님이시여.

진정, 이 어둠과 고통과 슬픔 속에 있는
우리를 불쌍히 여기소서.
오, 찢긴 이 가슴을 가엾이 여기소서.
밤늦게 차를 몰고 비둘기 광장을 지나는데
그녀가 홀로 어둠 속에 묻혀
자신이 지나온 불행을 곱씹으며
벤치에 웅크리고 있는 모습을 보았습니다.
그 모습에 저는 고통스러워 숨이 막혀 옵니다.
오, 하느님이시여,
오늘 밤 그곳에 계셔 주시고
당신의 치유와 사랑의 힘으로 그녀를 붙잡아 주소서.
그녀가 "네!"라고 속삭이게 해 주소서.
그녀가 "좋아요!"라고 외치게 해 주소서.
그녀가 "아, 나는 반드시 살 거예요!"라고 소리치게 해 주소서.
비둘기 광장에서 그녀 곁에 앉아 계셔 주소서.
어머니 하느님이시여.

1984년 5월 13일(시카고)

지난주에 노숙자들과 업소 여자들을 교외에 있는 성당으로 초대했다. "에드위나가 설교를 한다니 우리도 가자" 하며 메이가 여자들을 선동했다. 성당 한가운데 좌석을 성매매 여성들과 업주가 차지하고 앉아 내 설교를 듣고 있을 생각을 하니 정신이 아득해졌다. "아, 아니, 아니에요. 전부 다 오지는 않아도 돼요 …." 당황하여 얼버무렸다.

드디어 주일이 되어 나는 제대에 올랐다. 성호를 그으면서 신자석을 바라보았다. 메이와 여자들이 성당 중앙에 앉아 웃으며 손을 흔들었다. 그 순간 나는 하느님의 웃음소리를 들은 것 같았다!

영성체 때 여자들이 앉아 있는 좌석 앞으로 사람들이 나오자, 그녀들은 황급히 복도로 나가더니 끝까지 거기에 서 있었다. 미사가 끝나고 그들에게 다가갔다. "왜 영성체를 하지 않은 거예요?" 하고 묻자 메이가 나직이 대답했다. "에드위나, 우리는 참회하지 않았잖아." 나는 속으로 결코 그렇지 않다고 생각했다. 메이는 흡족한 듯 말했다. "흠, 아침 장사를 놓쳤지만, 나름 의미가 있었어."

하느님이 다시 미소 지으셨다.

1984년 5월 14일(시카고)

앤을 데리고 그녀의 남편인 빈스를 만나러 병원에 갔다. 그는 약물 남용으로 거의 죽어 가다시피 했다. 앤은 덩치가 큰 인디언 여자로, 빈스와 함께 있는 동안 더없이 상냥한 모습을 보였다. 돈도 없고 약에 취해서 폭력을 휘두르는 빈스를 그녀는 여전히 사랑한다. 몇 주 전만 해도 앤은 빈스에게 엄청 맞았다. 그런데 지금 그녀는 그를 따뜻한 손길로 보살핀다. 자신은 그의 고통을 알고 있다고 말한다. 그가 어렸을 때 당한 폭력과 학대를 잘 알기에 자신이 고칠 수 있다고 확신하면서, 거듭거듭 그를 용서한다. 앤은 빈스를 통해 그녀 자신의 고통을 보고, 그의 폭력성을 자신의 것으로 여기면서 그와 자신을 동일시한다. 그녀 자신은 한없이 하찮게 여기면서 그를 대단한 사람인 양 여긴다. 앤과 빈스에게서 나는 결혼생활의 고통을 엿본다. 밖에서는 좀처럼 알 수 없는 고통.

여성 지원소에 쓰러져 있는 돌로레스를 봤다. 전에는 그곳을 맨 밑바닥에 있는 여자들이나 가는 곳으로 여겨 꺼리던 그녀였는데, 결코 돌이킬 수 없는 곳이라고 스스로 말한 바로 그곳에 그녀가 쓰러져 있다. 깨어났을 때 돌로레스는 속으로 무슨 생각을 할까? 정신을 차리면 자기가 어디서 무엇을 하고 있는지 알게 될까?

1984년 5월 16일(시카고)

메이의 독설이 활화산처럼 터져 나온다. "죽여 버릴 거야. 전부 다 깡그리 없애 버리고 말 거야!" 하고 쉴 새 없이 퍼부어 댄다. 딱히 누구랄 것 없이 모든 사람에게 퍼붓는 말이다. 성매매 여성들, 중독자들, 복지시설 이용자들, 마약 밀매인들 할 것 없이 그녀는 모든 사람을 싫어한다. 그녀의 마음은 철옹성 같다.

밤에 캐서린에게서 전화가 걸려 왔다. 30분 정도, 꽤 오래 통화한 셈이다. 캐서린은 예민하고 긴장해 있었다. 메이에게 틀린 주소를 알려주었다고 한다. 자신이 사는 곳을 메이에게 알리고 싶지 않았던 것이다. 대화와 희망의 작은 신호가 시작된 셈이다. 르네는 로이드와 동거 중인데 로이드가 그녀에게 굉장히 의존한다. 나이가 많고 마약 상습자에 겁도 많은 르네는 로이드가 자신을 필요로 하고 원하는지에 대해 자꾸만 확인하고 싶어 한다. 캐서린은 오전에 손님 세 사람에게 지명을 받았다. 정오 무렵 캐서린이 자기 손님에게 르네도 초대하여 삼인조로

하자고 제안할 때까지, 르네는 공치고 있었다.

참으로 아이러니하다. 연민 가득한 성매매 여성이 공치고 있는 다른 여성에게 손을 내민다. 이 일을 그만둔다면 르네는 무엇을 할 수 있을까? 마약 상습자로 죽음을 기다리는 것? 떨려 나간 무일푼의 성매매 여성에게 그것 말고 또 무슨 길이 있을까 …. 하느님, 당신이라면 거기서 어떻게 헤쳐 나가실 셈인가요?

돌로레스가 전화를 했다. 우리 사이에 선을 그은 후 처음 걸려 온 전화다. 그녀는 치료를 도와 달라고 했고 나는 안 된다고 거절했다. 그것은 스스로 할 일이라고 선을 그었다. 내가 그녀를 아무리 사랑한다 해도 그것은 스스로 해내야 하는 일이라고 덧붙였다.

치료 센터에서 다시 전화가 왔다. 그녀가 잘 참고 있다고 했다. 이틀 후 금요일에 그녀를 보러 가겠다고 했다. 나는 돌로레스를 하느님 손에 맡긴다. 그녀를 돌봐 주세요. 어머니 하느님, 그녀가 이겨 내게 해 주세요. 이번에는 기필코 술을 끊게 해 주세요. 오늘 베풀어 주신 축복에 감사드립니다.

나는 아주 서서히 배워 가는 중이다.

1984년 5월 20일(요크빌)

오늘은 내 생일이다. 숲 속 냇가에 앉아 있다. 이곳은 모든 것이 새롭고, 어린 생명들로 풍요롭다. 새들은 즐겁게 지저귄다. 풀들과 새로 돋아난 어린잎들의 향기를 느낀다. 지금 이 순간 고통과 불행을 맛보고 있을 돌로레스를 떠올린다. 라일락 향기를 맡으며 나는 라일락의 하느님, 새들의 하느님, 새로 돋아난 잎들의 하느님께 돌로레스가 헤매고 있는 곳으로 다가가야 할지 여쭙는다. 이 라일락 향기가 돌로레스에게 날아갔으면 좋겠다!

지극한 사랑

어머니 하느님,
당신의 피조물은 얼마나 경이로운지요!
울긋불긋한 빛을 뽐내며 숲 속을 날아다니면서
멋들어지게 노래하는 새들을 봅니다.

물가 진흙 속에 비버가 그려 놓은 그림을 보고
찬란히 빛나는 물 위에서 춤추며 날아오르는 나비들을 봅니다.

이토록 경이로운 생명들 모두가 당신께 찬양 노래를 바치고
나는 그 속에 앉아 산들바람의 입맞춤과
나를 둘러싸고 무르익어 가는 봄에 취합니다.

경외로이 앉아 있는 동안 내 일부,
중심에 자리한 일부가
감출 수 없는 지극한 사랑으로 뻗어 나갑니다.

밤에는 한 시간쯤 쉼터에 머물면서, 언제나처럼 슬픔과 우울함을 맛보았다.

1984년 5월 22일 (시카고)

봉헌

하느님 앞 제단 위 작은 접시에
치즈 세 조각과 작은 소시지가 올려져 있고
진토닉 반 잔과 빨간 초가 곁들여졌다.
연민을 자아내는 인간적인 봉헌물 같아도
그것은 바로 나이고
지금 이 순간 내가 가진 전부다.

내가 바친 치즈와 소시지와 술잔을
하느님은 어떻게 보실지 궁금하다.
그분은 그것들을 축복하고 받아 주실까?
깨끗이 풀 먹인 제의와
어두운 성당 구석에서 풍기던 향냄새를 떠올리며
서글픈 듯, 생각에 잠긴 듯
그것들을 응시하면서
어머니 당신을 생각하듯이.

사랑과 구원을 바라는 내 작은 영혼이
이렇게 외로이 남겨진 것들 속을 떠돌 때
나의 바람과 꿈을 하느님은 받아들이실까?

치즈와 소시지, 술잔과 빨간 초가
모든 것을 어루만지시는 하느님이 스쳐 지나시는 순간을
밝히 비추고 있다.

1984년 5월 23일(시카고)

메이의 업소에 갔다. 리와 캐서린뿐이었다. 내가 머무는 동안 손님은 없었다. 캐서린은 내내 조용했고, 리는 계속 농담을 하면서도 지루해 보였다. 그곳을 나와서 이렌느의 집으로 갔다. 술 취한 조니가 침대에 뻗어 있었다. 이렌느와 나는 식사를 하러 나왔다. 오늘 '2분 만에' 25달러를 벌었다고 식사를 대접하겠단다.

  밥을 먹은 다음 함께 창조의 집으로 와서 두세 시간쯤 이야기를 나누었다. 대화는 유익했지만 그뿐, 이렌느는 술을 끊지 않을 것이다. 또 다른 젊고 아름다운 여자가 죽어 가는 모습을 지켜보는 것은 고통스러운 일이다. 자신의 다른 가족들은 모두 좋은 직업에 잘나가는 사람들이고 큰 집에서 멋진 차를 굴리며 살고 있다고 그녀는 말한다. 종종 그들을 보러 가지만, 그들은 이렌느가 사는 방식에 무관심하다. 부유한 중산층 집안에서 딸이 거리의 매춘부가 되도록 내버려 두는 까닭은 무엇일까? 기쁨과 희망은 만나지 못했지만 작은 믿음을 체험한 날이었다.

1984년 5월 29일(시카고)

돌로레스가 여전히 거리에서 술을 마시고 있다. 자신이 얼마나 큰 사랑과 염려를 받고 있는지, 또 제대로 살아가기를 내가 얼마나 간절히 바라는지 그녀는 모를 것이다.

마크가 요크빌에서 맑은 정신으로 지내고 있다. 이 사도직과 부르심은 내게 기쁨과 아픔을 동시에 안겨 준다. 며칠 후에 오두막으로 가서 미래에 대해 생각할 시간을 가질 것이다. 나를 충만케 하시는 하느님과 단둘이만 머물러야겠다.

좋으신 하느님, 제발 돌로레스를 살려 주세요. 주위에 온통 죽음이 가득합니다. 절망의 순간들 ….

겨자씨가 될 신뢰 … 믿음 … 믿음 … 이 간절합니다!

1984년 5월 30일(시카고)

메이의 업소에서 르네를 만났다. 짧고 꽉 끼는 데다 그녀가 입기에는 너무 어려 보이는 드레스 차림이었다. 그녀가 미네소타의 시골 출신이며 열일곱에 가출했다고 메이가 말해 주었다. 자기 얘기를 하는 건 좀 꺼리는 듯하더니 조금씩 풀어놓기 시작하는 메이. 그녀는 자신의 인생과 연관된 모든 사람과 모든 사건을 부정적으로 이야기한다. 누구도 그녀의 악담을 피해 가지 못한다. 나에 대해서는 어떻게 말할지가 궁금하다. 아직은 호의적인 편이긴 한데 ….

매음굴의 하느님

매음굴에서 나는 하느님과 함께 있었다.
그곳에 있는 모든 것과 하느님을 향해
업주가 악담과 폭력을 퍼붓고

분노와 증오를 쏟아 놓는다.
여자들은 지독한 절망 속에 멍하니 앉아서
구겨진 마음과 냉정한 육욕을 지닌
손님을 기다리고 있다.
뻔뻔한 남자들은 어울리지도 않는 깔끔한 정장 차림으로
착취와 강도 짓에 열을 올린다.
그러다가도 때가 되면
아내와 자녀들과 함께 잔디밭에서 바비큐를 해 먹으러
집으로 돌아가겠지.
매음굴에 간 나는 하느님이 그곳에 계신 것을 보았다.
그 모든 약함과 죄와 악취 속에서 충격을 받으신 듯
하느님은 무서운 침묵으로 앉아 계셨다.

1984년 6월 2일(요크빌)

오두막에 와 있다. 이 은둔처를 다녀간 지도 꽤 되었다. 이곳에서의 많은 추억을 되돌아보면서 … 나를 이끌어 오신 그분을 생각한다.

하느님의 마음

무슨 일이 일어났는지 드러나지 않고
하느님은 아무 말씀 없으시지만
은총과 더불어 침묵과 어둠 속에서
하느님이 강력하게 활동하고 계심을

우리는 믿어야 한다.

신앙이란

아무것도 보이지 않는 가운데 모든 것을 믿는 것.

깊디깊은 침묵 속에 머물며

내 어머니인 대지의 강인함과 따뜻함을 느끼는 것이 좋다.

나는 침묵 속에서 대지의 품에 안겨 있다.

이곳에 있는 모든 것은 진실하며

이 진리를 깊이 호흡해야 한다.

우리의 세상은 너무나 많은 거짓과 사기로 가득 차 있어

똑바로 주시하지 않는다면

진리는 우리로부터 사라져 버릴 것이다.

그러나 대지와 여린 바이올렛이 우리를 일깨워 줄 것이고

우리 안에 계신 하느님도

기쁨과 조화를 찾아가도록 다정히 우리를 깨우쳐 주실 것이다.

나는 대지 위에 서서 기뻐하며 바이올렛에 입을 맞춘다.

하느님도 기뻐하시며 입 맞추신다.

더없이 가까이 계신 하느님,

우리가 몸을 굽혀 사랑을 담아 대지를 보듬을 때

그것이야말로 신과 일치하는 행위다.

우리는 어머니 하느님을 당신 마음속에 모신다.

우리는 이미 하느님을 당신 영혼 속에서 발견한다.

1984년 6월 4일 (요크빌)

귀머거리 하느님

갑자기 하느님에게 화가 납니다!
나는 거리의 비참함과 타락을 생각하고
우리의 신앙과 희망을 생각하며
당신의 사람들을 치유하고 변화시키며 귀 기울이신다던
하느님의 약속을 생각해 왔습니다.
그런데 최근에는 하느님이 혹시
살짝 귀가 먹어 버리신 게 아닌가 의심하게 되었나이다.
당신 사람들이 믿고 요청할 때
왜 대답해 주지 않으셨는지 궁금합니다.
왜 이렇게 느긋하신 거냐고
당신 사람들에게 실천과 응답을 요구하시는 거냐고
나는 당신께 여쭈었지요.
야이로의 딸과, 백부장의 종과
셀 수 없는 여러 기적을 떠올리면서 나는
하느님이 잠들어 버리신 건 아닌가 의구심이 들었습니다.

한쪽 구석에서 어머니 하느님을 만나
그분께 내 생각을 털어놓았어요.
폭발할 듯 응집된 어둠의 힘을 부인할 수 없군요.
대답해 주세요, 강하신 하느님!

대답해 주세요, 어머니 하느님!
하느님 나라의 약속을 믿고
그것이 이 순간 존재하며 존재할 수 있다고 믿는
정신 나간 당신의 소수 추종자들에게 귀 기울여 주세요.

강하신 하느님, 당신 친구들은 어디 있나요?
우리가 걷는 길 위에 놓인
악과 어둠과 가난을 흩어 버리고 무너뜨릴
당신의 영광과 힘은 어디에 있나요?
당신의 약속은 어디에 있나요, 하느님?
이 도시 골목의 쓰레기와 진창 속에서
사람들이 당신에게 절망하지 않게,
당신의 나라를 조롱하고 짓밟지 않게 하소서.
죽음을 냉소하며 바라보지 않게 하소서.
어둠 앞에서 쭈그러들고 무너지는
당신 자녀들을 멍하니 보고만 있지 마소서.
아, 강력하신 하느님이여, 당신을 일으켜 움직이소서!
우리 '믿음'은 어둠의 비명과 죽음의 울부짖음을
쫓아 버리기에 충분해야 합니다.
비둘기 광장과 브로드웨이의 술집 밖에다
하느님 나라를 세우기에 충분해야 합니다.

정녕 삶에서 우리는 어머니 하느님을 느껴야 합니다.
그분과 함께 달리고

그분과 함께 잠들고
그분과 함께 먹고
그분과 함께 울어야 합니다.
…
여전히 분명한 것은
우리가 이 숲길에서 구르고 웃으면서
함께 종말을 맞으리라는 것입니다.
그래요.
우리 안에는 하느님을 움직이게 하는 힘이 있고
우리에게 귀 기울이도록 하늘나라의 안뜰을
들썩이게 만들 힘이 있나이다.

1984년 6월 5일(요크빌)

숲 속에서 홀로 지내다 보면 종종 지루하고 불안해질 때가 있다. 동시에 그 무미건조하고 공허한 시간에 대한 보상이라도 되는 듯 의미 있고 풍요로운 것들을 체험하기도 한다. 흡사 거미줄처럼 서로가 교차하여 공존하는 것임에 틀림없다.

인간의 본성은 매 순간 하느님의 기쁨과 영광을 인식하지는 못한다. 지루하고 무심한 일상 속에서도 나는 늘 기대와 희망을 간직한 채 인내로이 기다릴 마음이 되어 있다. 하느님은 결코 실수를 하지 않으시며, 때로는 좀 느리게 일하시기도 하니까 ….

잎사귀들이 희미하게 흔들리는 소리와 멀리서 간간이 개 짖는 소리가 들려오는 지금 이 순간, 온전한 '평화'와 '단순함', '고요함'이 느껴진다. 드물게 찾아오는 이 거룩한 시간은 더할 나위 없이 아름답다. 촛불이 고요하게 타오른다. 몇 년 전에 석 달간 사하라사막에서 홀로 기도하며 보낸 날들이 떠오른다. 축복받은 그 시간에 얼마나 감사했는지 모른다. 모든 고독한 시간은 하느님의 열매가 무르익기를 기다리는 때라고 나는 확신한다. 비록 열매는 보지 못하더라도 씨앗을 뿌리도록 나는 부름 받은 것이리라. 땅에 뿌려진 씨앗처럼, 열매를 맺기 전에 나는 죽을 것이다. 죽음은 중요한 것을 기념하는 순간이다. 우리는 죽음 안에서 축하해야 할 삶의 의미를 발견한다. 죽음은 새로운 삶이다.

나는 하느님 나라를 위해 항상 기도하며 하느님 나라의 진주를 얻기 위해 크나큰 값을 치렀다. 온 삶을 지불한 것이다. 이보다 더 중요한 것이 또 있을까?

1984년 6월 10일(시카고)

돌로레스가 병원에 있다. 1년 반 전에 병원에서 우리의 만남이 시작되었지. 그때만큼 상태가 안 좋아 보인다. 그녀와 나 둘 다 무력하다는 사실이 서글프다. 그러나 회복될 것이라고 믿는다. 하느님이 그녀를 지켜 주시니까. 아직은 매우 어려운 상태다. 나흘 후에나 면회가 가능하다. 죽음 대신 삶을 선택해 주길 모두가 얼마나 바라는지 알아주면 좋으련만. 돌로레스와 함께 우리는 모두 삶과 죽음의 경계를 걷고 있다.

하느님, 하느님, 하느님, 하느님!

삶을 선택할 때라야 비로소 죽음은 그 의미를 지닌다.

1984년 6월 14일(시카고)

바에 갔다가 키티를 만났다. 그녀는 절망과 슬픔에 허덕이고 있다. 상처와 학대로 인한 고통을 매일 밤 술을 마시며 잊으려 하고 있다.

바텐더로 일하는 린다도 만났다. 린다는 가슴이 풍만한 금발 여자로 애인인 트럭 운전사가 오기만을 기다리고 있다. 웃고는 있지만 외로워 보인다. 따뜻하고 선량한 린다. 하지만 그녀는 애인이 오지 않을까 봐 몹시 두려워한다! 오늘도 언제나처럼 자신을 보러 올지 목을 빼고 기다린다.

무덤 파는 일을 하는 에드워드는 11월에 은퇴한다고 한다. 아주 온화한 사람이지만 외로움에 싸여 매일 밤 천천히 술을 마시면서 순식간에 조용히 죽음을 맞이하기를 희망하고 있다.

1984년 6월 16일(시카고)

당신을 보았나요?

내가 하느님 당신을 보았나요?
브로드웨이, 더러운 쓰레기와 깨진 유리가 발길에 채여
사방으로 흩어진 길가에서
하느님이 웃고 계시다고 생각했어요.

시끄러운 음악을 틀어 놓은 술집의
뿌연 담배 연기와 쉰 맥주 냄새 속에서

나는 하느님의 소리를 들었다고 생각했어요.

눅눅한 매음굴의 지루하고 절망 어린 기다림 속에서,
덧없는 농담과 비틀린 욕정과 욕설 속에서
나는 하느님과 닿아 있다고 생각했어요.

병들고 외로운 사람들이 모여든 무료 급식소에서
일회용 접시에 담긴 음식과 오렌지 주스를 받으려고
늘어선 줄에서
나는 하느님을 보았다고 생각했어요.

하느님, 하느님,
아, 나는 정말 하느님 당신을 본 것인가요?
나는 당신을 정녕 어디에서 보았던 것일까요?

1984년 6월 22일(시카고)

오늘 메이의 업소는 매우 분주하다. 르네와 리가 일하고 있다. 메이는 여전히 신랄하고 부정적이지만 평소보다 우울하고 슬퍼 보이는 것은 나의 착각인지 뭔지 모르겠다.

 돌로레스가 임시 숙소로 돌아왔다. 입을 옷을 가져다주었다. 많이 지치고 우울히고 수치스러워하는 것처럼 보인다. 그녀는 자신이 묵는 방을 보여 주고 싶어 하지 않았다. 과거 자신의 포주였던 제레미도 술에 취한 채 그곳에 머물고 있었다. 그녀는 완전히 절망에 빠져 있었다. 무언가 해 주고 싶은 마음이 간절하지만 내가 해 줄 수 있는 일이 없다는 것도 잘 안다. 이제는 오로지 하느님의 은총에만 의지할 뿐이다.

돌로레스와 헤어진 뒤 이렌느를 만나 저녁을 먹으러 갔다. 부어 있는 간 때문에 배까지 부풀어 있는데도 그녀는 인정하려 들지 않는다. 자신이 줄곧 죽음을 선택하고 있다는 것을 부정하면서 지옥은 영영 오지 않을 거라고 믿으며 웃기만 한다.

한밤중에, 영혼을 잃어버린 듯 몇 달간 시카고 시내를 방황하던 캐나다 출신 인디언 브렌다를 창조의 집으로 데려왔다. 그녀는 고작 스물두 살인데 노파처럼 보였다. 분명 멋진 여자였을 것이다. 우리는 아무 말 없이 그녀를 잠자리로 안내했다.

1984년 6월 23일(시카고)

종일토록 브렌다와 함께 있었다. 몇 통의 전화를 한 후에 우리는 그녀를 캐나다행 버스에 태워 주었다. 80달러도 넘게 들었지만, 성폭력의 표적이 될 이 거리에서 그녀를 탈출시킨 것만으로도 다행이라고 생각했다. 고맙다고 말하면서도 그녀는 자신이 겪을 뻔한 일이 어떤 것인지 전혀 모르는 듯했다.

저녁에는 길을 걷다가 선술집에서 벨린다를 만났다. 남부 시골 출신의 젊은 백인 여자로 오늘따라 표정이 험악하다. 어떤 여자를 총으로 쏠 계획을 세워 놨는데 이미 오래전부터 준비한 일이란다. 이 거리에서 살아남으려면 거칠어지지 않으면 안 된다고 주장하면서, 나더러도 그래야 살아남을 거라고 강조한다. 과연 그녀가 진실한 우정이나 신뢰, 사랑 같은 것을 알고나 있을지 안타까운 마음이 든다. 마음속에 어쩌다 그렇게 많은 분노와 미움이 생겨난 것일까? 적어도 오늘 밤에는 살인을 저지르지 않을 것이라 확신하면서 새벽 2시 무렵 그녀와 헤어졌다. 하느님, 어찌해야 이곳에 당신 나라를 오게 할까요? 저는 기진맥진합니다. 기도하자! 믿자! 기도하자!

> 주님께서 늘 너를 이끌어 주시고 메마른 곳에서도 네 넋을 흡족하게 하시며 네 뼈마디를 튼튼하게 하시리라. 그러면 너는 물이 풍부한 정원처럼, 물이 끊이지 않는 샘터처럼 되리라(이사 58,11).

1984년 6월 28일(시카고)

게슈탈트 테라피Gestalt therapy에서 주관하는 워크숍에 참석했던 일은 아주 유익했다. 나 자신, 나의 약함과 한계, 내가 누구이며 누구라 말할 수 있는지를 보았다. 지난 몇 주간 너무 큰 트라우마와 고통과 두려움 속에서 갈가리 찢기고 말라비틀어져 버린 듯하다. 가끔은 마음속 경계가 흐려지기도 했다. 타협이나 거래를 하지 말라고 타이르는 내 안의 진리를 직시하고 지켜 나가야 하겠다.

  이 거리의 혼란한 삶 속에서는 경계선들이 분명치 않다. 그런 게 있기나 한지도 모르겠다. 폭력과 혼돈이 난무하는 이곳에서는 누구나 악영향에 노출된다. 길거리에서는 무수한 거짓과 사기가 벌어지기에, 무엇이 사실이고 무엇이 그렇지 않은지 종종 헷갈릴 때가 있다. 내가 만났던 많은 사람들은 줄곧 사람과 세상에 속아 왔기 때문에, 그들이 아는 관계 맺기 방식도 그것뿐이다. 우리는 누구나 중독과 경쟁에 빠질 수 있으나, 이 와중에도 자신이 누구인지 기억하면서 '나'를 잃어버리지 않도록 주의해야 한다. 이 거리의 구세주인 양 나를 팔아먹지 않도록 지켜 내야 한다. 기적, 하느님의 기적을 믿어야 한다.

밤에 돌로레스가 맑은 정신으로 안부 전화를 걸어 왔다.

하느님, 저에게 작은 행운을 주소서. 이 미약한 빛과 떨리는 희망이 현실이 되게 해 주소서. 이것으로 우리를 살게 하소서.

그 빛이 비록 흐려질지라도, 나는 하느님 나라를 믿어야 한다.

1984년 7월 1일(시카고)

온전함

어둠에 감싸인 듯 모든 것이 한데 모인다.
그들을 환영하고 기꺼워할 때,
꿈과 상상과 기억, 희망과 고통이 떠오르고
다시 살아나 친구가 된다.
따뜻하고 빛나는 오늘로 지난 일들을 불러와서
너의 가슴속에서 방황하던 기억들을 입 맞추고 돌봄으로써
너만의 너 자신을 주장하게 하라.
친구가 되어
너의 온전함과 너 자신의 모든 아름다움을 다시 외치게 하라.

1984년 7월 3일(시카고)

잠들다

종종 기도가 어려워
나는 하느님 안에서 잠이 든다.
깊은 침묵,
어여쁘고 소박한 이 작은 방은
어린아이처럼 나를 엄마 품속에 놓아둔다.
그러니 나는 잠들 수밖에.
어린아이가 엄마 품에서 잠든 모습이야말로
모든 것 가운데 가장 아름답고 참된 그림이 아닐는지.
침묵.
다시 태어남.
성장함.

1984년 7월 6일(시카고)

돌로레스가 계속 마음 한구석에서 맴돈다. 그녀는 죽어 가고 있고, 나는 희망과 죽음, 신앙과 현실 사이에서 갈팡질팡하고 있다. 여기 하느님의 딸을 위해 끊임없이 기도해 왔다. 울고 소리치고 속삭이고 위협하고 요구하고 탄원하며 하느님 나라의 문을 두드렸다. 그래, 나는 할 수 있는 모든 것을 해 왔다! 그리고 돌로레스는 마치 죽음으로 뛰어들려는 듯이 돌진하고 있다. 그녀를 붙잡고는 있지만 그녀가 죽는다고 생각하면 너무나 두렵다. 그녀가 삶으로 되돌아와 치유받기를 원한다. 하느님이 그녀를 일으켜 변화시키실 것을 믿는다. 이 큰 믿음 덕분에 돌로레스와 나는 이 모든 시간을 견뎌 올 수 있었다. 하느님은 선택하신다. 그리고 내 자리에서는 하느님이 돌로레스의 삶에 필요한 은총을 주셨는지 어떤지를 알아내기가 어렵다. 혹시 하느님은 항상 은총을 주시지만 우리와 돌로레스가 거부해 온 것은 아닌가? 아니면 하느님 역시 곤경에 빠지신 건가? 하느님도 비탄에 젖어 울고 계신가? 하느님은 우리보다 더하실까? 인간의 자유에 간섭하지 않으신 채 하느님은 무한한 기회를 주실 수 있는가?

오, 하느님, 당신도 저만큼이나 지치셨나요? 그래도 포기하지 말아 주세요. 돌로레스는 참 많이도 "저를 포기하지 마세요"라고 말했지요. 당신은 정말로 그러시겠죠. 저도 그랬으니까요. 저는 절대로 돌로레스를 포기하지 않아요.

더 이상은 돌로레스를 향한 지지도 실망도 비난도 칭찬도, 돌로레스와 함께하는 계획도 기대도 없다. 돌로레스는 지칠 대로 지쳤다. 그녀에게는 엄연히 죽을 자유도 있다. 그것이 그녀가 주장할 수 있는 마지막 존엄성일 것이다. 하느님이 하느님이심을 돌로레스는 나에게 가르쳐 주었다. 하느님께 기도할 때마다 응답을 얻으리라는 유혹에 빠지지 않아야 한다. 억압당하고 무시당하는 사람들의 가난과 고통 속에 함께 머물면서, 무시당하고 방치된 이들에게 연민과 자비를 베푸시도록 하느님께 청하는 것 말고는 우리가 할 수 있는 게 없다.

자신이 사는 곳의 길거리와 뒷골목에서 자신이 만들어 낸 죄와 함께 아무 힘이나 위안 없이 앉아 있는 것이 우리에게는 필요하다. 그래야만 어떤 식으로 치유나 화해가 일어나는지 발견하게 될 것이다. 우리 각자가 억압받는 자인 동시에 억압자이고, 희생자인 동시에 가해자이기도 하다는 역설 속에 섰을 때만, 참으로 사랑과 연민을 알게 된다. 정직하게 자신의 강함과 약함을 직시한다면, 하느님을 통해서만 밝혀지는 실재를 보게 될 것이다. 그러나 우리 가운데 자신이 변화의 촉매자라거나 치유자라고 상상하는 이가 있다면 침묵 가운데 현존하기란 고통스러운 일이 될 것이다.

그러니 내가 어찌 감히 이 자리에서 다른 무엇이길 바라겠는가? 구원은 이미 주어졌다. 이 사실을 나는 자꾸만 잊어버리는 것 같다.

도주

물론 나는 도망치고 싶어요, 인정해요.
물론 나는 "이걸로 충분해"라고 말하고 싶고,
이를 시인하고 받아들여요.
물론 나는 인간이고 매우 유한합니다.
도대체 누가 성인이 되고 싶어 할까요,
인간이 되는 것만으로도 충분히 힘든데.
때로는 잠시 달아나는 것이
필요하고 유익하다고 확신합니다.

돌로레스: 1984년 7월 23일(시카고)

사랑하는 에드위나,

당신이 지금 내 곁에 있다고 생각하면서 말하려고 해요. 한때 나는 어둡고 상처투성이인 시간을 보냈어요. 이제는 다 지나간 시간이지요. 우리는 함께하며 아름다운 시간과 공간을 엮어 냈어요. 전에는 꿈도 못 꾼 것들을 보았지요. 어느 날엔가는 내가 멈춰 버린 곳에서 다시 시작할 수 있을 거라고 희망했어요. 당신은 의미 있는 것들과 좋은 이들을 내게 소개해 주었습니다. 그 의미들을 나는 지금도 마음에 새기고 있어요. 내 안에 얼어붙어 있던 것들이 녹아내리는 것을 느낍니다.

당신이 나를 완전히 포기하지는 않았다고 생각합니다. 내 안에는 아직 작은 희망이 남아 있어요. 에드위나, 나는 승부를 가려야 할 중대한 때를 맞았어요. 하지만 내 머리에서는 아무것도 나오지 않아요. 맑은 정신으로 있고 싶은데 과연 얼마나 갈지 혼란스럽기만 합니다. 당신이 해 줄 수 있는 게 없다는 것도 알아요. 다만 나를 바라보고 있어 주세요. 나는 도움이 필요하고 그래서 기도하고 있어요. 기도를 할 때마다 당신이 나에게 말해 준 것과 똑같은 응답이 들려옵니다. 돌로레스만이 해낼 수 있고, 반드시 스스로 결정해야 한다고 ….

알고 계시겠지만 나는 당신을 사랑해요. 온 마음을 다해 사랑합니다.

돌로레스: 1984년 7월 24일(시카고)

오랫동안 글을 쓰지 않았다. 어디서부터 시작해야 할지 잘 모르겠다. 술을 마시며 휘청댄 지 석 달쯤 지났다. 나는 마지막 동아줄에 매달려 있다. 추락하기 직전이다. 아니 벌써 추락한 건지도 모른다. 쓰레기 더미와 병원을 전전하며 살아간다. 친구들은 나를 포기했지만 그럼에도 여전히 나를 사랑한다. 나는 아직 희망을 포기하지 않았다. 내 작은 가슴속에는 미미하나마 희망의 불씨가 남아 있다. 나는 스스로를 얼간이로 만들어 왔다. 하느님, 어쩌면 좋을까요! 술은 내 삶이다. 내가 선택한 것이다. 술 마시는 것이 좋다. 친구들이 옳다. 나는 결코 술을 포기하지 못할 것이다. 잠깐 동안은 끊을 수 있을지 모른다. 소원이 있다면, 더는 술 마시려는 충동이 생기지 않았으면 좋겠다. 그렇다. 나는 죽는 게 겁난다. 죽고 싶지 않다. 가끔은 죽음이 그리 멀리 있지 않은 것 같다는 생각이 든다. 나에게 자원 선교사 운동과 같은 친구들이 있어 얼마나 다행인지 모른다. 내가 아플 때 그들이 돌봐 주는 게 고맙고 행복하다. 나 홀로 동떨어져 있다고는 생각하지 않는다. 나는 일 분 일 초 하루하루를 살아가고 있는데, 요즘은 최악이다. 다리는 부어 있고 눈은 황달에 걸렸다. 몸이 몹시 안 좋다.

나는 지금 자유다. 아무도 만나지 않고 어떤 프로그램도 상담도 없고 재활 센터에도 가지 않는다. 이것이 자유이긴 한가? 아니면 자신에게 벌을 주고 있는 건가? 이것이 내가 원하는 것이 맞기는 한가? 약간 혼란스럽다. 밤에 조금 더 적어 보아야겠다.

내 정신은 많은 것을 감당하기 버겁다.

돌로레스: 1984년 7월 25일(시카고)

더 이상 아무것도 소용이 없다. 나 말고는 아무도 나를 비난하지 않는다. 빌어먹을! 어지럽고 혼란스럽다. 더 이상 울음도 나오지 않는다. 나는 다시 일어날 수 없을 만큼 바닥을 쳤고, 그곳에 내팽개쳐져 있다. 나 스스로 팽개쳤기 때문에 별 유감은 없다. 이것이 오늘 나 자신에 대해 쓸 수 있는 전부다. 내일 당장 숨이 끊어질지도 모른다. 어떤 식으로든 희망이 남아 있다는 생각은 이제 부질없다.

돌로레스: 1984년 7월 26일(시카고)

아직 살아 있다. 오늘은 정신이 온전치 못했고, 조금도 행복하지 않았다. 왜일까? 에드위나가 찾아왔다. 저녁 시간은 분위기가 좋았지만 나는 그렇지 못했다. 나 스스로 일어서야 한다. 삶을 부정적으로 몰아가서는 안 된다. 내 앞에 올바른 길이 놓여 있다. 삶의 변화가 두려웠던 걸까? 자원 선교사 운동은 나에게 아무것도 기대하지 않으니 마음을 놓자. 그들은 나에 대한 기대를 완전히 접었다. 그래도 나는 노력을 그치지 않을 것이다. 혼자가 아니라는 것을 알면서도 외로운 것은 어쩔 수 없다. 낯선 느낌! 누군가와 만나고 싶다. 그러나 더 이상 누구에게도 상처를 주고 싶지 않다. 두렵다. 그럼에도 나는 괜찮다. 반드시 뭔가 해낼 것이다.

    감사합니다, 하느님, 오늘을 허락해 주셔서. 저에게 오늘 하루는 매우 고마운 날입니다.

돌로레스: 1984년 8월 2일(요크빌)

아직도 (조금) 아프다. 요크빌은 정말 근사한 곳이다. 이곳에 있으면 나 자신에게 퍽 너그러워진다. 이게 다 에드위나와 마리아의 배려 덕분이다. 하지만 나는 곧 돌아갈 것을 안다. 도시로 돌아가야 한다. 내 배에 문제가 좀 생겼다. 배꼽 주위에 덩어리가 만져지고 부어 있다. 어쨌든 내가 정말 행복한 건지 의심이 든다. 생명이 이렇게 약해지고 꺼져 갈 때 나는 어찌하면 좋단 말인가? 오늘 시카고로 갈 기회가 있었지만 다음으로 미루었다. 평온하고 싶다. 오늘 밤 내내 푹 잤으면 좋겠다.

1984년 8월 5일(시카고)

균형

다가가는 것과 다가오는 것 사이에 균형이 필요함을
많은 갈등을 겪으면서 깨닫는다.
나만을 위한 일들을 계획해야 한다.
그림 그리기와 악기 연주, 독서와 모래성 쌓기 같은 것.
나만을 위한 일들을 궁리하기 위해 잠깐 멈춰야 한다.
어디서 놓쳤던가? 어디서 잃어버렸던가?
기쁨을 추구하는 것이 사도직의 핵심이다.
기쁨이 사도직보다 앞서야 하고
사도직을 북돋우며 완성시킨다.
그러나 나는 (모든 것이 내 책임인 양)
사도직에 너무나 몰입하고
너무나 진지하게 접근하는 바람에
승패를 거듭하며
실망과 실패의 무게감에 짓눌려 버리고 만다.
진지함으로 기쁨을 질식시킨다. …
이 모든 것이 나에게 달려 있다.
모든 것은 하느님의 일이고
어머니 하느님이 이미 당신의 모든 피조물과
당신의 모든 사람을 돌보고 계실 때
우리는 나란히 걸으며 서로 존재하고 서로 사랑할 뿐,

치유하시고 성장케 하시고 완성하시는 분은
하느님이시다.
내가 균형을 잃고
모든 일(내지는 대부분의 일)이 나를 중심으로 전개된다고 생각할 때
나는 스스로를 작은 신으로 만들고
기쁨을 잃고 만다.
나는 결코 작은 신이 되도록 만들어지지 않았으며
오로지 위대한 하느님께 사랑받는 존재일 뿐이다.
나 자신을 사랑하는 법을 배우는 대신
너무나 정신없이 다른 사람을 사랑하려 애쓰는 것 같다.
자신을 사랑하는 법을 배울 수 있을 때
위대하신 하느님의 사랑이 어떤 것인지
이해하기 시작하리라.
내가 어둠과 두려움과 걱정을 뚫고 걸어갈 때
밖을 둘러보길 멈추고 안을 들여다보기 시작하며
나 자신이 지닌 사랑스러움과 부드러움으로
하느님께 초대받을 것이다.
나는 기쁨을 위해 이 사도직으로 부름 받았다.
기쁨이 줄어들 때는 사도직도 힘을 잃는다.
내가 자신에게서 재미와 즐거움을 볼 때
하느님도 그러하시리라.
그때에 비로소 나는
기쁨이신 하느님과 비슷한 모습을 갖게 되리라.

1984년 8월 13일 (요크빌)

하느님의 지혜

이렇게 많은 들꽃을 일찍이 본 적이 없다.
자주 꽃, 흰 꽃, 노란 꽃이
하느님과 함께 피고, 지고, 흔들리며 춤춘다.
따스한 미풍이 불어오고 모든 것이 어우러지는 동안
간간이 향기로운 내음이 퍼져 간다.
아, 하느님의 숨결이여!
"저에게 당신의 지혜를 보여 주세요, 하느님" 하고 기도하면
"이것이 나의 지혜란다" 하고 하느님이 대답하신다.
사방으로 들꽃의 벌판이 근사하게 펼쳐지고
초록 풀들이 온갖 모양으로 피어오른다.
산들바람이 부드럽게 그들을 흔들고
벌과 곤충과 화려한 나비들이 날아다니며
이 꽃 저 꽃들 속으로 파고들어
그 작은 것들의 생명을 이어 주고 자라나게 해 준다.
서로 다른 모습으로 한데 어우러진 꽃들은
그 다채로움 안에서 빛난다.
꽃송이마다 아름답고 독특한 자부심을 간직한 채
다른 모든 꽃들과 더불어
사랑스러운 미풍과 따스한 햇빛을 공유하고 있다.
들판에서는 자유롭게

조화로움이 빛나고
그 모든 것으로부터 은은한 장미 향이 피어오른다.
마치 하느님이 당신의 꽃들 사이에서
숨 쉬며 춤추시는 것처럼 그 향기는 이렇게 속삭인다.
"이것이 나의 지혜란다."

1984년 8월 15일(시카고)

깨달음

십자가 곁에 서 있는 많은 이들 가운데서
자비로운 여인이 예수의 죽음을 기다리고 있다.
죽음만을 기다리고 또 기다리면서 슬픔에 잠긴 채
그녀는 깨달음을 얻는다.
우리, 자비로운 여성들은
생명을 살리지도 못하고, 치유도 위로도 해 줄 수 없다.
죽어 가는 그리스도는
위로나 치유 저 너머에 계시고 그저 죽어 갈 뿐이다.
자비로운 여인은 그것을 알고 기다린다.
그녀는 죽음을 끌어안았다.
우리도 죽음을 끌어안는다.

1984년 8월 18일(시카고)

지옥의 거리

깊은 밤, 슬프고 외로운 사람들이
쓰레기가 뒹구는 더러운 거리에서 발을 질질 끌며 걷고 있다.
에스키모 조는 눈물 맺힌 얼굴로
깔고 잘 덤불을 무심히 찾고 있다.
제니스는 잘게 썬 감자튀김이 든 가방을 들고
잠자리로 삼을 만한 역 계단을 찾아간다.
짐은 큼지막한 가방을 둘러멘 채
일그러진 얼굴로 눈물을 흘리며 방황하고 있다.
길모퉁이에서 소리 지르는 뚱뚱한 흑인 여자와 나,
우리는 멈춰 서서 한참 대화를 나눈다.

그녀는 분노와 원한과 고통으로 가득 차 있다.
백인이고 부자인 우리 때문에
그녀는 소외당하고 절망에 빠져 있다.
이제는 눈물도 말라 버렸다.
아침까지 쓰레기 더미에 끼여 있을 슬픈 네 사람.

열네 살이나 되었을까?
작은 소녀 하나가
빨간 핫팬츠를 입고 약에 취해 비틀비틀 선 채로

흑인 포주에게 폭행을 당하고 있다.
아직 인형을 안고 있어야 할 어린아이가.

조니와 그의 패거리는 교회 계단에서 와인을 마시며
일거리와 머물 곳을 물색 중이다.

부서지고 외로운 사람들이 모인 이 지옥의 거리에서
하느님은 어디에 계신가?

1984년 8월 22일(시카고)

메이의 업소에서 몇 시간을 보냈다. 리가 자신의 가족사진을 보여 주었다. 아직 의붓아버지가 추근대기 전의 어리고 순수한 그녀가 있었다. 최근 사진들은 애인인 버넌과 반쯤 벗은 채 찍은 성적인 장면이 많았다. 웃고 있는 아이 적 사진과 최근 사진들 사이의 대조가 놀랍다. 그 차이는 바로 어린 시절에 겪은 근친 성폭력에 기인한다.

업소 여자들에게 별종으로 통하는 손님인 밥은 여섯 살 때 어머니가 돌아가셨다는 얘기를 내게 들려주었다. 그는 열일곱 살에 신학교에 들어가 사제가 되려고 공부를 했다. 밥은 어머니의 죽음을 여전히 받아들이지 못하고 있었다. 지금은 아내와 다 큰 자녀가 있는데도 번번이 성매매 업소에 온다. 이곳은 서글프고 잔인한 곳이다. 한나절 만에 나는 기진맥진해졌다. 리는 총을 구입한 얘기를 들려주었다.

어제는 이렌느와 에스키모 조와 앤을 대동하고 요크빌에 다녀왔다. 다들 좋아했다. 조는 늘 그렇듯이 침묵 속에서 깊은 슬픔에 잠긴 상처 입은 남자의 모습이었다. 밤 11시에 돌아와, 조는 창조의 집 지하 방에서 자고 있다. 이런 기회에 그들은 저마다 두려움에서 벗어나 거리낌 없이 노는 것이 무엇인지 체험하게 된다. 거리에서 사는 사람 대부분은 어렸을 때 제대로 놀아 보지 못했다. 그들의 삶은 대개 죽고 사는 심각한 문제를 안고 있었다. 그러니 다 자란 후엔들 무슨 수로 노는 법을 배울 수 있었겠는가?

현재 우리 창조의 집은 세 사람이 작은 공동체를 이루고 있다. (내가 1년 동안 신학교를 다닐 때 만난) 주디도 우리와 함께하게 되었다. 그녀의 상담과 경청 기술은 혼돈 속에서 갈팡질팡하는 사람들에게 큰 도움이 될 것이다. 환영해요, 주디!

1984년 9월 4일(요크빌)

살아 있음

한밤중 요크빌의 오두막에서 …
나는 귀뚜라미와 매미 수십 만 마리의
위대한 합창을 들을 수 있다.
오, 참으로 아름다워라!
평화와 안녕의
너무도 풍요로운 감각이여.
한밤중 숲 속의 모든 아름다움을 섬세하게 느끼며
나는 충만히 살아 있고 현존함을 깨닫는다.

이곳은 축복받은 공간이며 나도 이곳의 한 존재임을 느낀다.
모든 것이 단순하고 고요하며 고독하다.
이곳에는 에너지와 깨우침이 있다.
아, 진실로 살아 있음을 느끼나니
내 영혼이 춤을 춘다.

저녁나절,
나비 두 마리가 사랑을 나누는 모습을 지켜보았다.
같은 시각,
비탄에 빠진 돌로레스가 임시 숙소에서
서서히 죽어 가고 있는 것도 나는 알고 있었다.
이 모두가 하느님이 하시는 일이다.

1984년 9월 10일(시카고)

아름다운 아메리카

아름다운 아메리카,
국기에 대한 경례.
더러운 뒷골목을 헤매는 노파가
음식물 쓰레기 더미를 뒤지는 그 시간.
구부정한 아일랜드인이
다친 다리를 질질 끌며

더없이 소중한 담배꽁초를 줍는 그 시간.

아름다운 아메리카,
국기에 대한 경례.
땅거미 지는 추운 겨울날,
무료 급식소 앞에
지저분하고 수치심 가득한 이들이
점점 더 늘어 가는 그 시간.

아름다운 아메리카,
국기에 대한 경례.
지독히 병들고 늙고 가난하여
더럽고 냄새 나는 옷을 걸친
쇠약하고 굶주린 이들이 모인 쉼터 안에
그들 스스로 깃발을 세우게 하라.
아름다운 아메리카여,
너의 깃발을 장례 치르고 파묻어라.
가장 어린 너의 자녀들이
스스로 그 깃발을 세울 때까지.

돌루레스: 1984년 9월 14일(시카고)

다시 병원에 왔다. 이번에는 발이 말썽이다. 수술을 받아야 하는데 불안해 죽겠다. 내 간이 마취를 견뎌 내길 기도할 뿐이다. 어제 열두 시간을 기다린 끝에 밤 11시가 되어서야 겨우 병상을 얻었다. 배고프고 목마르다.

좋으신 하느님, 저는 겁이 나요. 이 통증과 수술을 잘 견뎌 내도록 도와주세요. 저는 살고 싶어요. 이 세상에 당당하게 서고 싶어요.

사랑하는 돌로레스와 테디 베어에게

기분이 어때? 네가 무슨 생각을 하는지 알아. 너는 달려갈 채비를 하고 있어. 그렇지만 이것이 정말 네가 원하는 것일까? 나아가지 말아야 할 이유도 없지만 말야. 준비가 다 되었나? 충분히 강해졌을까? 죽고 싶지 않다는 건 알아. 겁에 질려 있을 뿐이야. 그렇다고 영원히 이곳에 머물 수는 없어. 그러니 사랑하는 사람들에게 집착하거나 너무 가까워지기 전에 떠나는 편이 더 나아. 더 이상은 안 돼. 나도 그들도 더는 대가를 치를 수 없어. 그러니 지금 이 순간만이 나에게 주어진 셈이야. 정말 준비가 된 것일까? 이것이 무슨 의미인지 너는 알고 있어. 하루를 한순간처럼, 낮과 밤을 한순간처럼 살아야겠지.

돌로레스: 1984년 9월 15일(시카고)

오, 하느님, 이 삶(술 문제)을 어떻게 풀어 가야 할까요? 무엇을 해야 할지 모르겠어요. 나는 품위 있게 살고 싶어요. 술에 꼼짝 못하는 게 큰 문제입니다. 내가 정말로 술을 끊고 싶어 하는지도 모르겠어요. 술을 마신다는 것은 내가 모든 것을 잃게 된다는 의미겠죠? 어차피 더 잃을 것도 없는걸요. 하지만 나는 이 싸움에서 승리할 수 있어요. 분명 힘든 싸움이겠지만 나는 벌써부터 노력해 왔고 내가 이미 상처투성이라는 것도 인정해요. 언제쯤 일어나서 빛을 보게 될까요?

1984년 9월 21일(요크빌)

침묵의 노래

도전하고, 싸우고, 설명하고, 이야기하시려고
당신은 저를 이곳에 데려다 놓으신 건가요?

듣고, 논쟁하고, 고민하고, 탄원하시려고
저를 이곳에 데려다 놓으신 건가요?

네, 저 여기 있어요.
이곳이 제 생명에 숨을 불어넣어 줘요.
침묵과 함께하지 않고는
저는 살아갈 수 없어요.

이곳은 말이 없군요.
어떤 반응도 이야기도 없고
슬프디슬픈 사연이나 부서진 삶도 없어요.
다만 끝 모를 고회기
축축한 대지 속에서 귀뚜라미 울음소리로
온통 저를 둘러싸고 있습니다.

그래요, 이 지혜와 조화로 충분합니다.
아, 저 귀뚜라미 소리가 얼마나 그리웠던가요!

귀뚜라미 소리 사이에서
밤공기를 가득 채우며
새 한 마리의 지저귐이 들려오네요.
그러나 나의 노래는 침묵입니다.
하느님도 오늘 밤에는 노래하지 않으시는군요.

제 마음속에 이 모든 아름다움을 담을 수 있으면 좋겠습니다.
찬란한 빛깔들,
새와 귀뚜라미의 끝없는 노래에 잠기고 빠져들어 가면
그때는 저 역시도 그 빛깔과 끝없는 노래로 가득 차겠지요.

돌로레스: 1984년 9월 24일(시카고)

일주일이 훌쩍 넘도록 병원에 있다. 수술은 잘되었다. 수술 직후 엄청난 통증이 있었다. 의사가 발과 다리에 깁스를 해 주었다. 이제는 통증이 그리 심하지 않다. 지금은 약간 움직이는 정도다. 결정을 내려야 한다. 맑은 정신으로 지낼지, 계속 술을 마실지를. 제대로 서야 한다는 것을 안다. 나는 도움이 필요하다.

주디가 오늘 다녀갔다. 여기 있는 동안 들으라고 트랜지스터라디오를 가져다주었다. 모두가 나를 극진히 대해 준다. 정말 행복하다. 그들을 알고 있다는 사실이 너무나 기쁘다. 때로는 내가 그런 사람들(에드워

나, 주디, 테드, 수, 마리아, 자원 선교사 운동)을 알고 지낼 만한 가치가 있는지 의심스럽다. 그들은 하느님이 주신 선물, 내가 받은 최상의 선물이며 축복이다.

돌로레스: 1984년 9월 28일(시카고)

외롭다. 아무도 나를 보러 오지 않는다. 다들 일을 하느라 바쁠 것이다.

돌로레스: 1984년 9월 29일(시카고)

입원한 지 두 주일이 넘어 간다. 아무런 즐거움도 확신도 없다. 사무치게 외롭다. 우울하지는 않은데 고독하다. 깁스가 상당히 불편하지만 풀려면 좀 더 있어야 한다. 아직 아무 결정도 내리지 못했다. 맑은 정신으로 있는 것이 좋다. 발목이 부러지지 않았다면 이렇게 맑은 정신을 유지할 수 있었을까? 솔직히 아니었을 거다. 술을 절제하기 위해서 발목이 부러져야 했나 보다. 쉬면서 생각하라고. 하루하루 지날수록 점점 더 두려워지는 까닭은 결정해야 할 날이 가까워 오기 때문이다. 단주 모임에서 배운 바와 같이 하루는 한순간이다. 내가 겁내는 이유는 다음에 무슨 일이 벌어질지를 모르기 때문이고, 또 내가 해야 할 일이 무엇인지 알기 때문이다. 나 자신도 다른 누구도 상처 입히고 싶지 않다.

 알코올중독Alcoholic: 나는 알코올중독자다.
 지루한Boring: 나는 지루함을 느낄 때가 많다.
 혼란스러운Confused: 나는 거의 늘 혼란스럽다.

앞뒤 가리지 않는Daring: 나는 앞뒤 가리지 않고 미친 짓을 꽤 저질렀다.

끝없는Endless: 때로는 이 생활이 끝이 나지 않을 것만 같다.

두려워하다Frightened: 나는 삶에 대해 두려움을 가지고 있다.

어리석은Goofy: 나는 어리석은 짓을 자주 저지른다.

건강Health: 내 건강 상태는 최악이다.

불안정한Insecure: 내 분신인 테디와 함께 있지 않으면 불안정하다.

일기Journal: 나는 걱정거리가 생기면 일기를 쓴다.

끊다Kicks: 나는 술을 끊을 때도 있다.

사랑스러운Loving: 나를 돌봐 주는 사랑스러운 친구들이 많다.

변덕스러운Moody: 나는 변덕스러운 사람이다.

중립의Neutral: 나는 요즘 중립적이지 않다.

맞서다Oppose: 내가 맞서는 상황들이 있다.

주요 원인Principal: 내가 나로 서 있게 해 주는 주요 원인은 내 발이다.

그만두다Quit: 나는 술 마시기를 그만두어야 한다.

침착하지 못한Restless: 나는 병원에서 침착하지 못함을 느낀다.

겁먹은Scared: 나는 죽음에 대해 겁을 먹고 있다.

함께Together: 언젠가 나는 함께하게 될 것이다.

이해Understand

승리V

그릇된Wrong: 나는 항상 그릇된 일을 한다.

언젠가는 해낼 것이다. 그래야 한다. 무서운 일이 벌어지기 전에.

1984년 9월 30일(시카고)

겨울이 다가왔다. 랭커셔 주에 살던 어린 시절, 석탄 난롯가에서 몸을 옹크린 채 먹던 차와 핫케이크가 떠오른다.

   타미가 우리와 함께 지내게 되었다. 젊고 폭력적이고 완고하지만 그 모든 것 이면에 아주 어린아이 같은 모습이 있다.

돌로레스: 1984년 10월 3일(시카고)

지루해 죽겠다. 에드위나와 대화를 했다. 아침에는 곧 퇴원할 수 있을 거라는 생각이 들었다. 다양한 취미 생활을 시작했다. 최선을 다하려 노력 중이다. 무언가 내가 할 만한 일이 있을 것이다. 이것이 내가 여기서 찾아야 할 마지막 희망이라고 느낀다.

   좋으신 하느님, 오늘 하루를 주셔서 감사합니다. 저를 건강하게 만들어 줄 음식을 주셔서 감사합니다. 하느님, 제가 건강해지게 해 주세요. 깁스를 하는 동안 도와주세요. 함께 지내면서 좋은 시간을 가지도록 도와주는 수와 자원 선교사 운동이 고맙기만 합니다.

   나 자신 말고는 누구도 비난해선 안 된다.

1984년 10월 6일(시카고)

정신없는 한 주가 지났다! 돌로레스는 아직 병원에 있다. 타미는 밤샘 **술판**을 벌이리 세 번이나 가출했다. 나를 둘러싼 모든 상황이 폭력과 분노와 상처로 얼룩져 있다. 타미는 거칠고 상처투성이에 나쁜 습관이 있다. 다른 여자들과 비슷하게, 꿈 많고 순수한 어린아이였던 예닐곱 살 무렵 그녀는 할아버지에게 성폭행을 당했다. 아홉 살에 가출한 뒤로는 줄곧 거리를 전전했다. 타미와 같은 이들을 위해 우리는 무엇을 할 수 있을까? 그런 식으로 어렸을 때 당한 폭력을 어떻게 치유할 수 있을까? 그들은 자기 삶을 파괴하는 데 시간을 허비한다. 우리는 대부분 자기 자신을 속이면서, 우리 책임이 아니라고 말한다. "나는 아무도 다치게 하지 않았어. 성폭력이나 강도 짓을 하지 않았고, 내 일에만 신경 쓸 뿐이야!" 계속해서 그래 왔다. 그러나 이제는 더 이상 자신을 기만하지 말아야 한다. 우리는 어린아이들이 범죄에 노출되어 있는 현실에 대해 눈 가리고 귀 막으며 외면한다. 이 세상 어린이들이 다치는 것을 나 몰라라 할 때 우리는 억압자가 된다. 다른 이의 삶을 위해 내놓아야 할 것을 내 창고에 쌓아 놓는다면 우리는 강탈하는 것이다. 우리는 하나의 사회요 하나의 세계이고, 서로의 삶은 긴밀하게 이어져 있다. 우리는 형제자매들의 보호자다! 우리가 그들을 보호해 주지 못하면, 우리 자신도 보호할 수 없다.

1984년 10월 7일(시카고)

이렌느가 히스테리와 신경쇠약으로 쓰러지기 직전에 찾아왔다. 조니가 집에서부터 그녀를 따라왔는데, 그들은 함께 지내는 동안 힘든 시간을 보내며 상처로 만신창이가 되어 있다. 우리는 이렌느가 알코올중독 프로그램에 참여하도록 병원에 입원시키기로 결정했다.

돌로레스는 요크빌에서 다리를 절뚝이며 걷는 연습을 하고 있다. 격노한 제레미가 야구방망이를 휘둘러 그녀의 복사뼈를 부러뜨리는 바람에 수술을 받았다. 지금 돌로레스는 아무 희망도 없이 무기력하게 늘어져 있다. 그녀가 어떤 노력도 하지 않는 것을 보면 나는 마음이 내려앉는다. 걸을 수 있게 되면 돌로레스는 곧바로 다시 거리로 나갈 것이다. 나는 별 수 없이 지켜볼 테고. 그것이 얼마나 힘든 일인지 모른다.

오늘 밤 또 한 여자를 알게 되었다. 어너스틴. 43세, 흑인, 실업자, 한 달에 144달러를 벌려고 애씀. 이 여자들은 자기 자신을 망가뜨리려 한다. 삶을 못 견뎌 한다. 이제야 비로소 나는 이들을 이해하기 시작한 듯하다.

1984년 10월 8일(시카고)

이렌느가 알코올중독 프로그램을 이틀 만에 집어치우고 나와 버렸다.

돌로레스: 1984년 10월 8~9일(요크빌)

멋진 날이었지만 몹시 혼란스러웠다(이유는 모르겠다). 새벽에는 거리로 되돌아가고 싶다는 생각이 들었다(술을 마시러!). 수와 대화하고 싶었지만 너무 늦은 시간이라 이러지도 저러지도 못했다. 나는 늘 이 모양이다. 누군가와, 어느 누구라도 좋으니 함께 이야기를 나누고 싶다. 그러나 결국 시간도 공간도 여의치가 않다. 에드위나와 이야기를 하다가 마음에도 없는 말로 상처를 주고 말았다.

하느님, 저는 어디가 잘못된 건가요? 여기 있는 돌로레스는 다리가 부러지고, 긴도 걸반쯤 죽어 있는데도 거리로 돌아가고 싶어 합니다. 내 안의 이런 생각은 도대체 뭔가요? 이 끔찍한 것들을 좋아하는 저는 무시무시한 괴물인가요? 왜 저는 보통 사람들처럼 되지 못하고 바람직한 것 대신 나쁜 길을 선택하는 걸까요?

1984년 10월 9일(돌로레스의 일기에 에드위나가 남긴 글)

사랑하는 괴물 양에게

　당신은 스스로 무엇이든 선택할 수 있어요. 하지만 오랫동안 그 선택에 붙잡혀 있겠죠.

돌로레스: 1984년 10월 9일(요크빌)

밤 11시 30분. 비참한 화요일.

　과연 오래 지켜 갈 선택을 내릴 수 있을까? 그것을 참으로 확신할 수 있을까? 오늘은 정말 화가 치밀었다. 시카고로 돌아가고 싶은데 에드위나가 허락하지 않았다. 그녀가 날 위해 그러는 걸 안다. 사람들은 내가 패배자이며 일말의 희망마저 잃어버렸다고 생각하는 건가? 이런 삶을 바란 것은 아니었지만, 어쨌든 내가 선택한 것이고 내 똥 위에 주저앉아 버렸다. 물론 나는 친구들이 바라는 것을 알고 있다. 그들은 돌로레스를 응원하고 돌로레스가 성취하는 모습을 보고 싶어 한다. 문제는 나 돌로레스가 그것을 성취하느냐 아니면 똥에 처박히느냐다. 이 지점에서 나는 무엇을 해야 하나? 무엇을 할 수 있을까? 나는 오도 가도 못하는 상태다. 다리가 부러졌지만 이런 상황이 실감이 나지 않는 것 같다. 이것이 나 자신에게 기회가 될 것인가? 한쪽 발로 잘해 낼 수 있을까? 그래, 돌로레스야, 바보같이 굴어선 안 돼. 일단 기다리면서 전화위복의 계기로 삼아야 할까 보다.

깁스를 푼 다음, 거리로 돌아가기 전에 얼마나 여기 머물러 있게 될지 종종 생각해 본다. 하루나 이틀, 아니면 일주일? 시간이 문제는 아닐 듯하다. 어쩌면 기적이 일어나서 내가 계속 맑은 정신으로 지내게 되지는 않을까?

돌로레스: 1984년 10월 13일(요크빌)

너무 외로워서 에드위나 방에 와 앉아 있다. 작은 휴대용 텔레비전을 보고 있다. 오늘은 다만 외로울 뿐이다. 이곳에서는 늘 무언가 할 일이 있기 때문에 지루하지는 않다. 아무래도 조금 가라앉아 있는 것 같다. 안 좋은 기분이 되살아난다. 시카고에 너무나 가고 싶다! 얼마나 오래 이 상태를 지속할 수 있을지 모르겠다.

좋으신 하느님, 이 싸움을 계속해 나가도록 도와주소서. 저로서는 무지 힘이 듭니다. 상처투성이인 제가 무엇을 바라보며 변화하고 나아가야 할지 모르겠습니다. 하나의 길을 찾아가는 셈인데, 어느 비상구로 빠져나가야 할지 모르겠습니다.

돌로레스: 1984년 10월 14일(요크빌)

어떤 비상구도 이정표도 찾아내지 못했지만 그래도 유쾌한 하루였다. 주디가 왔다. 나가서 영화를 보고 저녁 식사를 했다. 외출은 무척 즐거웠다. 아름다운 주디와 함께하니 기분 최고였다. 같이 외출한 것은 처음이지만 둘이서 근사한 시간을 보냈다. 취하지 말고 맑은 정신으로 유쾌한 기분을 느낄 수 있어야 한다. 어디서부터 잘못된 건지는 모르겠다. 언제 첫 단추를 잘못 끼웠는지도 알 수 없다. 가끔은 인생을 다시 시작해 보고 싶은 마음에, 고통이 시작된 첫 순간을 되짚어 보지만 이렇게 돌아보는 것만으로도 너무나 고통스럽다.

사랑하는 돌로레스, 나는 네가 대단한 일을 하고 있다고 생각해. 네 정신이 맑은 것이 놀랍고 기뻐. 하지만 … 얼마나 지속될까? 다음 주까지 아니면 며칠간이겠지. 나는 너의 능력과 건강에 관심이 많아. 진심으로 너를 염려하고 사랑한다는 것을 알아주길 바랄 뿐이야.

1984년 10월 15일(돌로레스의 일기에 에드위나가 남긴 글)

사랑하는 바보 양에게

당신이 맑은 정신으로 지내는 것이 얼마나 기쁜지 몰라요. 정신이 맑을 때 당신은 멋지고 지적이기까지 하답니다!

그래도 나는 당신 안에서 무수한 거짓과 왜곡이 작동하고 있는 걸 알아요. 가령 이런 거죠. 거리는 근사하고 짜릿했는데 … 그때가 좋았어 … 요크빌은 활기도 없고 지루할 뿐 흥미로운 일이라곤 일어나지 않아 … 같은. 이 거짓 믿음을 가지고 당신은 자기 자신을 대하려고 합니다. 전혀 멋지거나 흥미롭지 않고, 오히려 혼탁하고 고통스럽고 거짓이 난무하는 세상에서 그렇지 않은 척 살면서 자기 자신을 바보로 만들려고 말이지요.

당신도 이제는 알 만한 나이가 되었어요. 당신은 진실이 무엇인지도 알고 진실을 완벽히 차단하거나 자기 자신을 완전히 바보로 만들 수 없다는 것도 압니다. 언젠가는 불안한 게임 대신 생명을 선택하고 자신을 진지하게 받아들여야 합니다. 그날이 너무 늦지 않게 오길 기도합니다.

나는 돌로레스 당신을 사랑해요. 당신이 남은 생을 파멸로 몰고 간다 해도 한결같이 사랑할 겁니다. … 당신은 무엇을 선택할지 알고 있어요. 당신이 선택하고 있는 것이 무엇인지도 압니다. 우리 모두 당신을 사랑해요.

돌로레스: 1984년 10월 16일(요크빌)

왠지 낯선 느낌이 드는 날이다. 내일 밤 중대한 선택을 할 것이다. 시카고로 돌아갈지 아니면 여기 머무를지. 어떻게 해야 하는지 알지만, 중요한 것은 그것을 내가 원하는가이다. 나중에 후회하게 되더라도 때는 이미 늦을 것이다. 내가 어떻게 할지, 또 얼마나 무서워할지 안다. 어째서 나는 이다지도 미련하고 답답한 걸까? 실은 거리에 있는 것을 두려워해야 하는 이유를 모르겠다. 나는 행복하지 않은 삶을 살아왔다. 불행이 무언지 몰랐던 걸까?

도와주세요!

나이는 먹어 가는데 지혜가 늘기는커녕 여전히 어리석기 짝이 없다.

돌로레스: 1984년 10월 17일(요크빌)

결정을 해야 하는 밤이다. 답은 알고 있지만 아직 망설이는 중이다. 미안한 마음이 든다. 내가 상처를 주는 사람들과 나 자신에게 미안하다.

이제 어디로 갈 것인가? 겁이 난다. 무슨 짓을 저지르고 있는지 알면서도 왜 멈추지 못하는 걸까? 나는 병들어 있다. 중증이다. 나도 바른길로 나아가고 싶다. 전화로 에드위나에게 말하기로 결심한 바를 오늘 아침 수에게 말할 때 나는 어땠던가? 이것이 마지막 기회임을 안다. 이제 떠난다면 다시는 되돌아올 수 없다.

돌로레스: 1984년 10월 18일(시카고, 지역 진료소)

시카고의 지역 진료소에 앉아 기다리고 있다. 일찍 도착했더니 조금 피곤하다. 지금 나는 혼자다. 수가 나를 이곳에 데려다 주고 갔다. 거리로 돌아갈 것이다. 이것이 내 결정이다. 부러진 발을 하고 앉아 있는 나는 앞으로 무슨 일을 할지 모른다. 이것은 내가 정말로 원하는 것이 아니기 때문에 슬픔을 느낀다. 나는 얼마나 어리석은가. 일기를 가져왔기에 내 느낌들을 기억할 수 있고 확인할 수도 있다.

돌로레스: 1984년 10월 18일(시카고, 임시 숙소)

다시 돌아왔다. 상황이 별로 좋지 않다. 에드위나와 통화를 했을 뿐이다. 그녀가 여전히 나를 사랑하고 관심을 가지고 있다는 말에 행복감이 밀려온다. 배가 고프다. 와인을 마실 생각이다. 누군가 나를 술자리로 데려가면 늘 와인을 마셨다. 그래서 지금 나가려 한다. 멍청한 짓이라는 건 나도 안다.

돌로레스: 1984년 10월 19일(시카고)

캘빈과 함께 있다. 주사도 몇 번 맞았다. 기분이 좋으면서도 여전히 조금 슬픔을 느낀다. 캘빈은 멋지긴 하지만 내게 도움이 되지는 않을 것이다. 하지만 그는 … 나를 환각 상태에 있게 해 준다. 캘빈은 일하러 나갔다. 배가 고프지는 않지만 춥다. 추운 날씨다. 술을 원대로 마신 다음에는 나도 밖으로 나가 돈을 벌 것이다. 비에 젖은 발이 아프다.

돌로레스: 1984년 10월 21일(시카고)

늘 그렇듯이 죄인이 된 기분이다. 이렇게 만들어 온 것은 나다. 나는 외롭고 미쳐 가고 있다. 무엇이 잘못된 걸까? 아침 11시부터 마약도 술도 하지 않은 채 이 상황에서 벗어날 궁리를 하는 중이다. 그래, 그들이 옳다. 나는 벗어날 수 있다. 그래도 계속 제자리를 맴돌 것이고 사태가 악화되어도 떠나지 않겠지. 이런데도 나는 왜 포기하려 하지 않는 걸까?

  배가 고프다. 누군가 찾아온다 해도 내 마음은 절대 모르겠지. 줄곧 혼자 있으면서 생각하려고 애쓰지만 결국 꿈을 꾸는 것일 뿐이다. 환각 속에서 살지 않는 누군가와 함께 걸어가면서 웃는 좋은 꿈들. 나는 지금 휴식을 취하고 있는 것이라고 생각한다. 골목길에서는 사람들이 마약을 하고 있겠지. 하루빨리 이 깁스를 풀고 싶다!

  비가 내리고는 있지만, 하느님, 오늘 하루를 살아 있게 해 주셔서 감사드립니다.

돌로레스: 1984년 10월 23일(시카고)

오늘은 컨디션이 별로 좋지 않다. 조금 흥분된 상대다. 술을 많이 마시지는 않았다. 춥다. 발은 점점 좋아지고 있다. 달걀을 몇 개 먹었다. 무슨 일이든 해야 한다. 수중에 돈이 없다. 텔레비전을 보고 있어서인지 크게 외롭지는 않다.

    오후 3시 20분. 씻고 블라우스로 갈아입었다. 방 청소도 했다. 기분이 좀 나아졌다. 캘빈은 나에게 잘해 준다. 그는 다른 남자들 같지 않다. 성 관계도 요구하지 않는다. 우리는 같이 잠을 잘 뿐이다. 내일쯤 식료품점에 들러 먹을 걸 좀 사야겠다. 집에 죽치고 있기보다는 무엇이든 하는 편이 낫고 또 우리에겐 음식이 필요하다. 어쨌든 나는 캘빈의 집에서 먹고 자기 때문에 여기 머물러 있는 동안 무엇이든 해야 한다.

    밤 11시 15분. 무사히 하루를 보냈다. 발이 나아 가니 모든 것이 잘될 것이다. 하루 종일 흥분 상태다. 약을 너무 많이 먹었다. 구세군에서 옷가지를 얻어 와야겠다. 생활이 엉망진창이라 다시 시설로 돌아가야 하는지 고민 중이다.

    오늘 하루를 허락해 주시고 모든 위험에서 나를 지켜 주신 것을 하느님께 감사하는 것 말고 더는 할 말이 없다.

돌로레스: 1984년 10월 31일(시카고)

사랑하는 에드위나, 주디, 테드에게

    안부 인사와 함께 그동안 나를 참아 준 데 대해 고맙다는 말을 전해요. 다들 아시다시피 나는 어리석었어요. 혼자 있을 때면 잘못이라는 걸 알면서도 나 자신에게 왜 나쁘게 행동하는지 고민한답니다. 그리고 이에 대해 스스로 무언가 할 수 있다는 것도 알아요. 정신이 맑을 때면 나는 이 현실에서 벗어날 생각에 술을 많이 마시지 않아요. 그 대신 약을 하고 있긴 하지만요. 내 발이 나를 지옥으로 데려가고 있어요. 발은 아직 낫지 않았고 나는 전혀 행복하지 않아요. 스스로에게 상처를 입히고 나서야 진실을 마주하게 되는군요. 그래도 당신들 같은 친구가 있어서 정말 기뻐요.

　당신들은 내 전 생애를 통틀어 가장 좋은 사람들이에요. 아름다운 사람들, 나는 당신들 생각을 자주 한답니다. 내가 살아온 방식은 결코 바람직하지 않지요. 누구를 탓하겠어요? 다 제 탓이지요. 혼자 있을 때면 벽을 뚫어져라 바라봅니다. 매일 울지는 않지만, 눈물을 흘리는 때가 많아요. 마음 깊이 나 자신에게 미안함을 느낍니다. 내가 미쳐 가고 있는 것 같아요. 여전히 혼란스럽기만 합니다. 도움이 절실히 필요해요. 어떻게 행동해야 하는지 알지만 두려워요. 쉬고 싶어요. 몹시 지쳐서 생각을 할 수도, 잠을 잘 수도 없는 지경에까지 이르렀어요. 잠이 잘 오지 않아요. 당신들이 바쁘지 않을 때 괜찮다면 만나러 가고 싶어요. 당신들 세 사람이 좋다면 말이에요. 나는 당신들 모두를 사랑하고, 진심으로 에드위나에게 고마워요.

　어찌해야 할 바를 몰라서 여러분에게 도움을 청합니다. 물론 잘 따르겠습니다. 더는 버틸 수 없다는 것을 절감하고 있어요. 이제 지쳐 나가떨어졌나 봐요. 나는 약하기 때문에 너무 큰 것은 이룰 수 없지만, 포기하지 말아야 한다는 건 알아요. 내가 이 편지를 쓴 진짜 이유는 누군가에게 내가 느끼고 있는 것을 알려 주고 싶었고, 당신들이야말로 내가 의지할 수 있고 나를 이해해 줄 수 있는 유일한 사람들이기 때문이에요. 전화로는 속마음을 다 말하기 힘들 것 같았어요. 어차피 당신들은 내가 바보에 지나지 않는다는 것을 아시겠지요. 내가 괜찮다고 말해도 사실은 그렇지 않다는 것을 더들 이미 아실 거예요. 나를 믿고 도와 달라고 젖 먹던 힘을 다해 마음을 전합니다. 그러나 아무 일도 일어나지 않겠지요. 그래도 나는 여전히 애쓰고 있어요. 죽을힘을 다할 거예요.

언젠가는 최고의 힘인 그분께 닿을 수 있음을 알기 때문입니다. 여전히 내 안에 신앙과 희망을 간직하고 있어요.

그래서 당신들에게 나를 위해 기도해 달라고 청합니다. 나에게 필요한 모든 것을 청합니다. 내 마음과 사랑을 가득 담아서 이 편지를 부칠 거예요. 괜찮지요? 특별히 키스와 포옹을 퍼부어서. 지금 무척 긴장해 있기 때문에 맞춤법과 띄어쓰기가 엉망인 것이 유감이네요.

당신들을 영원히 사랑하는 돌로레스 드림

1984년 11월 2일(요크빌)

존재의 시간

이파리 …
처음의 아름다움을 선사받았을 때는
성숙함 속에서 향기롭고 풍성하며,
낙엽이 질 때는 눈을 황홀하게 하네.
왔던 곳으로 되돌아가는 그것들을
어머니인 대지가 받아안아
새잎들이 돋아나도록 생명을 준비하시네.
우리는 모두 대지로 되돌아가
죽음과 부활이라는 순환의 일부가 된다네.
토양을 더욱 살지게 하고

새잎들을 더욱 강건하게 하면서.

더없이 소중한 이 순간에
집착이나 행위 없이 다만 여기 현존하며 존재를 만끽하라.
시간과 여유를 충분히 누리라.
낙엽이 지고
거미가 집을 짓고
나무가 바스락거리는 소리와
바람이 속삭이는 소리를 듣기 위해서.
살아 있는 존재들을
충만하고 경이롭게 느끼기 위해서.
아, 이것이야말로 나의 특별한 기쁨이니
살아가기 위해, 진실해지기 위해
깊이 그것을 알아듣고 소중히 여기라.
그리하여 우리를 둘러싼 무수한 생명을 깨달을 뿐 아니라
그들과 관계 맺고 있음을 깨달아야 하리.
우리는 소외된 채 살아가는 것이 아니라
하느님이 창조하신 세상의 모든 생명들의 도움으로 살아가는
작고도 상처투성이인 존재이니.

그러므로 지구를 학대하고 폭행할 때
우리 또한 학대와 폭행을 당하는 법.
무언가 터무니없이 죽거나 상처를 입을 때
우리 안에 있는 것들도 그리되고

우리와 하느님의 피조물과의 조화도 파괴되고 마는 법.
그렇게 서로 연결된 존재들은
커다란 기쁨과 동시에 커다란 고통을 줄 수 있으니.

1984년 11월 3일(요크빌)

현존

하느님이 현존하신다.
통나무 난로와 기름 램프 안에.
그늘이 드리워진 곳과 침묵하는 별들 속에.
그분이 내 마음과 영혼 속에 현존하지 않는다면
내가 하느님을 너무 많이 묶어 두었기 때문이리라.
나는 더 의식적으로
나무가 타닥거리는 소리에 귀 기울여야 하고
더 유심히
램프의 심지가 깜박이는 것을 바라보아야 하고
하느님의 현존이 나를 감싸도록 허용해야 하리라.
나는 하찮고 대수롭지 않아 보이는 것에서
하느님의 영광을 다시 찾아낼 수 있을까?
이 축복된 날들을 하느님께 감사드리며
아무것도 하지 않은 채 다만 숲길을 거닐면서
당신의 나무들이 지닌 새로움과

당신의 낙엽들의 풍성한 아름다움에
놀라움을 금치 못하고 있다.
나는 시냇가에 앉아서
당신의 시냇물이 졸졸 흐르는 소리를 듣고
나뭇가지 사이로 다람쥐들이
사랑스럽게 바삐 움직이는 것을 바라본다.
나는 한밤중에 깨어
당신 하늘의 광활함과 수많은 별들의 선명한 반짝임을 경외하고
그 모든 것의 겸허함을 느낀다.
당신 나라에서 일하며 이 모든 것을 알게 된
날들에 감사드립니다, 하느님.

우리는 자꾸만 엉뚱한 곳에서
하느님을 찾는다.

우리가 전혀 보지 못한다면
차라리 더 나을지도 모른다.
너무 급하게 훑어보면 알아채지 못한다.
하느님이 말없이 가 버리셨다고 느껴질 때
우리는 슬픔과 의심에 휩싸이기도 하지만
희망을 간직한 채 미소 짓고 기다리면서
하느님은 너무도 가까이
너무도 깊은 데 계심을 알고
너무도 밀접히 엮여 계심을 기억해야 한다.

그분은 우리를 차지하고 계시기에
우리 핏줄을 따라 달리시고
우리 호흡 속에서 함께 숨 쉬고 계시며
우리 가슴속에서 뛰고 계시다.
그러니 하느님이 말없이 지나쳐 가시는 듯 느껴질 때면
우리는 반갑게 속삭이고
우리가 하나임을 깨달아야 한다.
하느님은
우리의 몸과 마음속 깊은 곳에서
고동치며 숨 쉬고 계시다.

1984년 11월 7일(시카고)

타미가 우리와 두 달간 함께 지내다 미니애폴리스로 떠났다. 다들 서운해했다. 그녀는 아직 세상과 직면할 준비가 되어 있지 않다. 이 사도직은 우리를 자주 실망에 빠지게 한다. 하지만 타미가 여기에서 참된 사랑과 보살핌을 체험한 것은 좋은 일이었다. 분명 이전과는 달라질 것이고 여기에서 지낸 시간을 기억할 것이다. 어쩌면 이것으로 충분하리라. 이렌느도 우리와 함께 지내는데, 그녀는 삶의 목적이나 기대 따위는 잃은 채 지치고 쇠약한 상태다. 돌로레스는 악화되고 있다. 약물 때문에 몸이 무척 망가졌고 혼란에 빠져 있다. 지독한 파괴!

   내 영혼은 평온한 상태이다. 여기 존재하는 것에 확신을 느끼고 모든 일 한가운데서 은총을 체험한다. 완전히 무너져 버린다 해도 하느님이 우리와 함께 계시다. 때로 우리는 사람들을 우리 사도직 밖으로 제쳐 놓은 채, 가난하고 상처 입고 파괴된 이들이 예수의 이름이 들리는 데서 살면서 변화되기를 기대한다. 예수를 만난 사람들 가운데는 변화를 받아들일 만한 에너지와 희망을 가지고 있기에는 너무나 약하고 상처투성이인 이들이 많았다. 거리에서 지내는 성매매 여성, 노숙자, 가난한 이들과 장애인들을 예수가 사랑으로 바라보았을 때, 그들이 과연 그의 사랑을 받아들이고 싶어 했을지 궁금하다. 나로서는 짐작하기 어렵지만, 사랑이 그들을 결국 변화시킨다는 사실을 예수가 알고 있었는지도 궁금하다.

돌로레스: 1984년 11월 7일(시카고)

무난한 하루였다. 이번 주 내내 약과 알코올로 흥분 상태에 있었다. 내가 제대로 생각할 수 없다는 것 때문에 매우 혼란스러웠다. 나는 기억력이 나쁘다. 무슨 일을 했는지 곧잘 잊어버린다.

주말 내내 길 한복판에 있었다. 쉼터에서 두 번 잤다. 하룻밤은 에드위나가 있는 곳에 머물렀다. 다 포기하고 병원에 갈 준비가 되어 있지만 겁이 난다. 그래야 하는 건 알지만 기분이 좋지 않다. 내가 무얼 잘못하고 있는 거지? 왜 이러는 걸까?

1984년 11월 8일(시카고)

오늘 밤, 창조의 집에는 성매매 여성 세 명, 사제 두 명, 주디, 나, 테드, 포주 한 명이 모여 있다. 저녁 식사를 마치고 지하 기도실로 내려가 다 함께 기도했다. 매우 특별하고 은혜로운 순간이었다.

우리는 거실에 둘러앉았다. 성매매 여성들과 사제들, 포주와 사목자, 흑인과 백인이. 그 순간 나는 이것이야말로 하느님 나라라고 생각했다. 평소에는 결코 함께 모일 수 없는 사람들이 한데 모여 침묵 속에서 서로의 고통에 잠긴다.

> 늑대와 새끼 양이 함께 풀을 뜯고 사자가 소처럼 여물을 먹으며 뱀이 흙을 먹이로 삼으리라. 나의 거룩한 산 어디에서도 그들은 악하게도 패덕하게도 행동하지 않으리라(이사 65,25).

이 순간 우리는 함께 하느님 나라에 사는 것이다.

1984년 11월 16일(시카고)

데비가 우리에게 도움을 구하러 왔다. 포주가 그녀 머리를 두 번이나 가격해서 머리가 터져 버렸다. 결국 일흔여덟 바늘이나 꿰매야 했다.

주디와 내가 돌로레스를 병원에 데려다 놓았다. 그녀에게서 코를 찌르는 악취가 진동했다.

리, 이렌느, 타미가 들락날락하며 이곳을 보금자리처럼 느끼고 있는 것이 좋다. 그럼에도 우리는 많은 문제와 모순에 직면해 있다. 이렌느는 여기 머무르면서 여전히 성매매 업소에서 일을 하는 건 아닌지 의심스럽다.

창조의 집은 어떤 곳인가? 성매매에서 벗어나고 싶어 하는 여자들을 위한 보금자리인가? 자신의 생활 방식을 바꿀 결심이 아직 서지 않은 이들도 받아들일 수 있는가? 우리가 세운 한계와 규범을 무너뜨릴 수도 있다는 위험을 감수할 자신이 있는가? 우리는 이 작은 혼돈의 현실을 충분히 끌어안을 만큼 정직한가?

  누구든 받아들일 마음이라면 재고 따지는 짓은 그만두어야 한다. 어려움에 처한 여자들을 외면해서는 안 된다. 만약 그렇다면 여자들과의 건강한 관계란 헛짓에 불과할 뿐이다. 아무런 차별과 억압 없이 일할 수 있는 여자들의 공간이 있는가? 우리의 경계선은 어디까지인가? 우리가 서 있는 자리를 분명히 인식하고 말과 행동을 명확히 해야 한다. 이 여자들은 살면서 너무 자주 이중적인 메시지를 받아 왔으므로, 우리까지 그래서는 안 된다.

  점점 추워지고 있다. 노숙인들은 와들와들 떨면서 초라한 외투깃을 단단히 여민다. 다들 추위를 두려워한다. 이미 너무도 많은 것을 참고 있는 그들에게 더 큰 비참함을 안겨 주기 때문이다.

소풍

> 자동차들이 경적 소리를 남기며 급히 달려가는
> 사거리 오른쪽 골목, 교회 돌계단에
> 어울리지 않는 옷과 큰 신발을 신은
> 나이 든 여자 다섯 명이 모여 있다.
> 가까이 있는 길가에는
> 종이와 병과 낯익은 쓰레기를 높이 쌓아 올린
> 그들의 쇼핑 바구니가 서 있다.
> 자동차 경적 소리 따위에는 무관심한 이 여자들은
> 지금이 이른 아침이고

남들은 자기 집 침대에서 쉬고 있는 현실에는 아랑곳없다.

그들은 정성 들여 꼼꼼히 손질한
커다란 플라스틱 술병을 가운데 놓고
그날 주워 맥도날드 화장실에서 닦아 온
플라스틱 병 다섯 개를 그 곁에 늘어놓는다.
그런 다음 뿌듯한 듯 예의를 갖추어
병마다 차례차례 술을 붓는다.
누군가 말한다. "절반씩만 부어."
술은 골고루 돌아갔다.
여자들은 병을 붙잡고
그날의 소득을 축하하며
특별한 기쁨으로 홀짝거린다.
술맛이며 거품이며 찬사를 늘어놓는다.

약간의 농담과 가벼운 말들,
깊어 가는 어둠,
잦아든 자동차 소리,
그리고 플라스틱 병들의 흔들림과
점점 더 파고드는 추위와
빈 술병들의 완벽한 고독이
밤의 동반자인 이 여자들의 지독한 슬픔으로 자리 잡고
그들의 무거운 영혼 속에서
거대한 침묵의 비명이 터져 나온다.

1984년 11월 17일(시카고)

돌로레스가 퇴원하여 우리에게 돌아왔다. 얼마나 머무를까? 자신이 다시 시작할 수 있음을 믿고 있을까? 리가 저녁 식사를 하러 왔다. 이렌느도 돌아와 있다. 그렇다. 우리는 모두 한두 군데쯤 다쳐 있다.

1984년 11월 19일(시카고)

대단히 정신없는 날이었다! 돌로레스는 하루 종일 우울하다. 타미는 안마 시술소에서 '큰돈'을 받고 일을 시작하게 되어 온통 신바람이 났고, 새로 얻은 기회를 뽐내며 자랑스러워했다. 이렌느는 나이 든 고객 데이브와 하루 종일 외출했다가, 약에 취해 흥분하여 난동을 벌인 조니와 함께 돌아왔다. 타미는 늦도록 이곳에 머물렀다. 마크(집시)도 함께 있고, 리도 저녁에 돌아왔다. 오늘 이 집에는 사람이 열 명이나 있다.

밤에 쉼터에 갔다가 타미를 다시 만났다! 그녀를 그토록 흥분시켰던 새 일자리도 결국은 성매매였다. 여자를 물색하던 포주에게 속은 것이다. 타미는 상처 입고 낙담했지만 애써 태연한 척한다.

돌로레스: 1984년 11월 20일(시카고)

일주일 동안 약과 술을 끊었다. 지난 금요일 이후 닷새를 병원에 있었다. 이제는 깁스를 풀고 붕대만 두르고 있다. 지금은 창조의 집에 머물면서 건전한 생활을 하고 있다. 기분이 아주 좋다. 여기 있으면 편안하고 나쁜 생각도 들지 않는다. 최근 몇 달간 이렇게 마음이 편한 적이 없었다. 사흘째 이곳에 있는데도 전혀 지루하지 않다. 함께 있는 이들에게도 최선을 다한다. 이렌느와 3층을 함께 쓰고 있다. 우리는 아주 잘 지낸다. 어쨌든 나는 행복하고 이곳에서 나를 받아 주어 무척 고맙다.

1984년 11월 24일(시카고)

주변 교회들로부터 추수감사절 선물로 먹을 것을 잔뜩 받았다. 칠면조가 두 마리나 들어 있다. 세상은 탐욕과 폭력이 넘쳐 나지만 그래도 사람들은 선량하고 너그럽다. 우리 잔이 넘친다 ….

돌로레스: 1984년 11월 25일(시카고)

창조의 집으로 돌아오니 얼마나 행복한지 모른다. 그러나 때때로 단 하나, 내가 여기서 나가면 어디로 갈지가 걱정이다. 나는 어디로도 가고 싶지 않다. 여기 있는 게 좋다. 계속 여기서 지내면서 할 일을 하고 싶다. 언제까지고 여기 있는 것이 내 꿈이지만, 우왕좌왕하지 않으면서 제대로 일을 시작하기에는 내가 너무 부족하다. 지금으로서는 창조의 집을 떠나는 날이 결코 오지 않았으면 좋겠다. 나는 늘 이 집이 좋았다.
 나의 하느님, 이렇게 아름다운 주말을 허락해 주셔서 감사합니다. 특별히 오늘 밤과 낮 동안 살아 있게 해 주셔서 고맙습니다.

돌로레스: 1984년 11월 26일(시카고)

내가 새사람이 된 것만 같다. 맑은 정신으로 창조의 집에서 지내고 있다. 변화를 원하지는 않는다. 할 수 있는 한, 나 자신으로 존재하려 한다.

돌로레스: 1984년 11월 27일(시카고)

술을 마셨다. 부끄러운 마음이다. 창조의 집에서 나가고 싶지 않기 때문에 겁이 났다. 여기 있는 것이 좋다. 그러나 과연 언제까지 있을 수 있을까? 내가 저지른 일 때문에 매우 유감이다. 모든 게 내 탓이다.

제발 하느님, 제가 해야 할 일을 하도록 도와주소서. 또 지금 여기 창조의 집에 있게 해 주셔서 감사합니다.

1984년 12월 5일(시카고)

지난 두 주일 동안 창조의 집이 북적북적했다. 토비는 서른 살이라고 했지만 마흔은 되어 보이는 외향적인 여자다. 평소 엄청난 활기와 에너지로 여자들을 움직이고 조직하는 스타일인데 그런 그녀가 오늘 울었다. 이유는 아무에게도 말하지 않았다.

미르나는 흑인이고 늘 겁에 질려 있으며 자기 피부색과 몸무게 때문에 줄곧 화와 불안에 짓눌려 있다. 돌로레스는 언제 또 무너질지 모르는 상태지만, 창조의 집에 대한 애착이 강하고 소속감을 몹시 느끼고 싶어 한다. 브렌다와 리, 킴도 오늘 잠깐 이곳을 방문했다.

하느님, 우리가 이들을 북돋울 방법을 찾도록 도와주소서.

어린아이들

갑자기 우리 집이 꽉 치고
우리는 텅 비어 버려 두렵습니다.

타니아와 그녀의 두 아들은
많이 상처 입고 겁에 질려 있어
어떻게 도와주어야 할지 모르겠습니다.
다시 시작하려 해도
아이들은 너무나 어리고 상처를 크게 입었습니다.
엄마가 포주에게 얻어맞으며 내지르는 비명 속에서
아이들은 구석에 처박혀 있었습니다.

절망적인 분노를 쌓아 온 큰아이는
일곱 살이 되었을 때
빨간 플라스틱 장난감 트럭으로
엄마를 성폭행하는 포주를 때렸습니다.

분노로 으르렁대던 아이는
포주의 주먹에 얼굴을 맞고는
방 저편에 나동그라졌습니다.

하느님, 우리가 어찌해야
상처 입은 그 아이를 다독여 줄 수 있을까요?
우리가 어찌해야
뿌리부터 멍들고 찢긴 그 상처를 보듬어 줄 수 있을까요?

아, 제가 그런 두려움과 고통을 보고 아느니
차라리 잠들게 해 주세요.

이러한 슬픔과 깊은 고통을 감당하기에
저는 너무나 작고 부족합니다.

작은 흐느낌이 새어 나오는 내 부엌에서
나는 어디를 쳐다보아야 할지 몰라
공연히 식탁과 빈 커피포트에 눈길을 고정시킵니다.

어린아이들이
증오심을 가득 품은 채 침묵 속에 앉아 있습니다.
그토록 큰 고통과 두려움이 아기들 가슴속에 존재한다는 걸
나는 모르고 있었습니다.

1984년 12월 5일(시카고)

열여덟 살인 리사를 오늘 밤 경찰이 데려갔다. 포주가 디트로이트까지 가서 그녀를 스카우트해 왔는데, 그녀는 도망치려고 빨래방과 식당에 숨어 있었다. 두 주일 만에 경찰이 그녀를 찾아 데려갔으니 리사는 이제 자유를 얻었다. 그녀가 집으로 돌아가도록 내일 기차에 태워 줄 것이다. 나이가 들면 리사도 더욱 현명해지고 악을 알아보는 눈을 갖게 되리라. 리사에게 집이란 어떤 의미일까? 그도 여느 소녀들처럼 해체된 가정과 근친 성폭력과 알코올중독 같은 상황에 놓여 있다. 이 어린 이이들이 그렇게 많은 괴물과 싸우고 있는데도 우리들 대부분은 실정을 제대로 알고 있지도 못하다.

돌로레스: 1984년 12월 6일(시카고)

성탄절까지 19일 남았는데, 나는 아무것도 안 하고 있다. 친구들에게 줄 선물을 아직 사지 못했다. 사실 은행에 있는 푼돈 말고는 가진 게 없다. 나는 그동안 잘해 왔다. 친구들에게 신뢰심을 얻으려 노력하고 있지만 성급하게 굴지는 말아야겠다. 이들에게 질투심도 조금 느끼는 것이 사실이다. 안 그러도록 노력해야지. 내일은 하늘에서 꽃이나 눈이 내릴 것이다. 내가 웃음이 넘치게 할 것이기 때문이다.

돌로레스: 1984년 12월 7일(시카고)

에드위나, 몇 가지 이유로 당신에게 사과를 하려고 해요. 미안해요, 에드위나. 나는 도움이 필요해요. 나는 치료 프로그램을 하고 싶지 않아요. 그렇지만 단주 모임이 필요하다는 것은 압니다. 나를 지원해 주길 바랍니다. 그래요, 이미 너무나 큰 지원을 받고 있는 것도 알아요. 그래도 간절히 바랍니다. 도와주세요.

1984년 12월 7일(요크빌)

밤

오두막에서,
내게 내려 주신 축복에 놀라워하며
나 자신을 발견한다.

밖은 춥고 꽁꽁 얼어 있다.
낙엽이 절반쯤 떨어진 대지에 눈이 얇게 덮여 있다.
저 높이 하얗게 뜬 달이
깜깜한 하늘의 별들 사이에서 돋보인다.
나무들은 헐벗은 채 고요히 서서
길고 구부러진 그림자를 드리운다.
늦었지만,
나는 순결한 달 아래 밤빛이 비치는 것을 보고 싶다.
늦었지만,
나는 어둠 속에서 빛의 환희를 보고 싶다.
늦었지만,
나는 그 온화한 힘이 드러나고 변하는 모습을 느끼고 싶다.
이 모든 것이 거대한 침묵 속에서 영혼을 달래 준다.
믿을 수 없는 밤의 아름다움을 깊이 들이마시고
나도 빛과 사랑스러움으로 가득 차는 것을 느낀다.
그 모든 축복에 놀라워하면서.

1984년 12월 8일 (시카고)

벌거벗음

몸을 파는 그 여자에게는
아주 적나라하고 순박한 무언가가 있다.

그녀는 아무것도 숨기지 않고
어떤 것도 덮어 버리지 않는다.
그녀는 욕망과 힘에 이끌려
보잘것없게 된 것 모두를 드러낸다.
그렇게 그녀는 대담하고 무심하게 자신을 내보이고
아무것도 숨기지 않은 채
자신을 위해 아무것도 남겨 두지 않는다.
그녀는 자기 자신을 알기에
어둠 속에서 홀로 눈물을 흘리며
적나라하게 발가벗는다.

하느님이 슬그머니 찾아오셨다

아무도 보지 않는 틈을 타서
하느님은 성매매 업소에 슬그머니 찾아오시어
커피를 마시고 마리화나를 피우는
여자들 사이에 앉으셨다.
큰 소리로 시끄럽게 떠들던 농담과
귀에 거슬리도록 왁자하던 폭소가
데비의 정신없는 울음소리에 잦아든다.
손님 하나가 악담을 퍼부으며 그녀를 쫓아냈기 때문이다.
그때 한 손이 다가와 그녀를 지탱해 주었다.
흐느낌 속에서 한 목소리가 다가와
"우리는 너를 사랑해"라고 조용히 속삭였다.

나는 알았다.

하느님이 슬그머니 찾아오시어

침묵과 고통스러운 연민으로

이 여자들 사이에 앉아 계시다는 것을.

1984년 12월 10일(시카고)

거리로 돌아가 술을 마시는 돌로레스는 벌써 후회하고 있을 것이다. 이런 일이 얼마나 더 되풀이될까? 그녀의 결심은 고작 며칠간 지속될 뿐, 우리 모두에게 큰 상처를 남긴다. 덕분에 우리는 더욱 단단해지고 충실해진다. 이 길고도 고통스러운 체험을 통해 조금씩 더 현명해지고 있지만 우리가 지불하는 대가는 크다.

1984년 12월 12일(시카고)

돌로레스가 길에서 돌아왔다. 그녀는 몸이 많이 상했고, 금세 깨 버릴 것이 분명한 금주에 돌입했다.

돌로레스: 1985년 1월 1일(시카고)

새 출발. 나는 오늘 맑은 정신이다. 2주 동안 지속해 왔다. 이번에는 성공하고 말리라. 마지막 기회다. 이번에 실패하면 정말 끝이다.

1985년 1월 5일(시카고)

돌로레스가 다시 술을 마시기 시작했다. 마침 내가 플로리다로 휴가를 떠나기 직전이다. 그녀를 붙잡아 일으켜 주십사 하느님께 기도를 올린다. 이런 기도를 올리지 않아도 되는 날이 빨리 오게 해 주십사고도 기도드린다.

플로리다는 회색빛이고, 추위와 바람이 세차게 휘몰아치고 있다. 그러나 이 분위기야말로 지금 내게 가장 어울리는 듯하다. 아, 요즘 같아서는 빛나는 태양과 맑고 푸른 하늘을 마주할 자신이 없다! 한층 성난 하늘과 휘몰아치는 바람 속에서, 그동안 함께 요동치고 뒹굴게 했던 지겹고도 끔찍한 고통이 적나라하게 드러난 데 대해 감사드리고 있다.

1985년 1월 9일(플로리다)

바닷가 근처 아름다운 콘도에 머물고 있다. 이러한 풍요로움과 여유 앞에서 느긋하게 즐기는 마음이 반, 저항하는 마음이 반이다. 극단적인 두 가지 상황이 있다. 거리에는 경악할 만한 가난과 비굴한 생활이 존재한다면, 야자수와 수영장이 있고 두터운 카펫이 깔린 이곳 콘도에서는 온갖 설비가 원활히 돌아가고 있다. 불의에 몸을 떨고 계신 하느님은, 이런 곳에는 올 수도 없거니와 올 엄두조차 내지 못하는 이들을 위해 울고 계실 것이다. 그리고 나는 이 두 가지 상황 속에서 살고 있다. 아름다움과 균형을 지향하면서, 폭력과 파괴가 난무하지만 야자수와 수영장이 있는 거리를 꿈꾸고 있다.

1985년 1월 20일(시카고)

쉼터

한밤중 쉼터에는
마른기침들이 가득하고
씻지 않아 지독한 냄새를 풍기는 몸뚱이들이
재활용 옷들을 쌓아 놓은 3층 구석에 처박혀 있다.
애처롭게 끌고 다니는 비닐 가방을
세심하게 두들기고 부드럽게 매만져
베개 모양으로 만든다.
옷을 차려입고 자는 것은
그들의 욕심이요 야망이다.
그들은 큼직한 외투를 입고 무거운 장화를 신은 채
차가운 눈이 녹아 떨어지는 콘크리트 바닥에서 잠을 청한다.
터져 나올 구멍을 찾아 부글거리는 분노를 삼킨 채
훔쳐 둔 쿠키나 담배가 떨어져
가끔씩 화를 터뜨리는 것이 고작이다.
살아가려면
쿠키나 담배 한 개비를 놓고 싸우길 삼가야 하건만,
무감한 세상은
안심히고 잠들어 있다.

1985년 1월 21일(시카고)

추운 밤 거리의 여성들은 비참하고 외롭다. 크리스털은 분노로 씩씩거리며, 잠가 놓아야 할 쉼터의 낮 시간에도 떠나지 않겠다고 맞서고 있다. 나는 거리에 있는 남자 세 사람에게 도움을 요청했다. 릴러는 히스테리를 부리면서 경찰을 호출했다. 추운 날에 그들 모두를 내보내면서 "숙녀 여러분, 이제 시간이 되었습니다"라고 말하기란 어렵다. 시간은 흐르고 그들이 머물 장소는 없다. 이런 현실이 나를 절벽 끝에 서 있는 듯한 기분이 들게 한다. 잠에서 깨어난 아침에 이런 기분을 느낀다는 것, 이것 말고 중요한 것이 무어란 말인가?

1985년 1월 29일(시카고)

오늘 아침에는 노숙인 200명을 위한 만찬으로 비프스튜를 만들었다. 조시의 장례식에 쓰일 음식이다. 조시가 새해 첫날 맥도날드 뒤편 쓰레기장에서 동사한 채 발견되었다. 나는 장례식에서 추모사를 읽었다. 장례식에는 노숙인이 잔뜩 참석했고 텔레비전에도 보도되었다. 그렇게 조시의 죽음은 사람들에게 훌륭한 만찬을 마련해 주었다. 슬프고도 역설적인 사건이다. 이곳에는 수많은 루저가 존재한다. 저녁나절은 여성지원소에서 머물다가 쉼터에서 남은 밤을 지새웠다.

나는 스스로에게 놀라고 있다. 내가 이토록 화를 낼 수 있는지 몰랐다. 분노로 부글부글 끓고 있다. 우리가 빚진 조시의 존엄성은 어디 있는가? 나를 자극하고 분노하게 한 그녀의 비참한 죽음에 대해 무엇을 더 어떻게 할 수 있을까? 하느님이 그녀를 사랑하시고 이제 그녀는 안식을 얻었다는 말은 얼토당토않다. 우리가 어떻게 쉴 수 있겠는가? 우리는 그녀에게, 그녀의 삶과 그녀의 죽음에 책임이 없다는 것인가?

나는 끊임없이 삶의 균형을 찾으려 한다. 온갖 폭력과 고통을 그대로 받아들인다면, 나는 무가치한 존재가 될 것이다. 그렇지만 나는 점점 무뎌지고 있다.

1985년 1월 30일(시카고)

길거리에 있는 돌로레스를 주디와 함께 데려왔다. 그녀는 누렇게 떠서 정신을 잃은 채 악취를 풍기고 있다. 우리는 그녀를 씻겨서 병원에 데리고 갔고 나는 밤새 그녀 곁을 지켰다. 이렇게까지 악화된 모습을 본 적이 없다. 힘든 밤이다. 그녀는 몹시 고통스러워하고, 나는 두렵다.

1985년 2월 1일(시카고)

돌로레스가 무척 아파해서 돌보는 데 심혈을 기울이고 있다. 하느님이 기적을 펼쳐 주시길 소망한다.

1985년 2월 2일(시카고)

돌로레스가 지난밤 아주 심각한 상태였고 아직도 통증과 싸우고 있다. 병원에 머물면서 차도를 지켜보고 있다. 공포스러운 시간이다. 모든 것이 삶과 죽음 사이에서 흔들리고 에너지와 생기가 완전히 소진되었다. 이토록 힘들어하는 모습은 처음이다. 그저 기도할 뿐이다.

치유

열에 들뜬 그녀가 병원 침대에 축 늘어져 있다.
그녀의 피부는 부풀어 올라 누렇게 떠 있고
바늘을 꽂은 자국과 부주의하게 베인 상처가 보인다.
그녀는 얕고 거칠게 숨을 내쉬면서
귀한 숨과 달아나려는 생명을 움켜잡기 위해
젖 먹던 힘을 다해 끈질기게 버티고 있다.
튜브와 약병들이 매달려 있는 지쳐 버린 몸뚱이가
소중하기 그지없는 생명을 위해
그녀와 함께 싸우고 있다.

나는 슬퍼하시는 하느님께 탄원한다.
"한 번 더 기회를 주세요.
그녀를 데려가지 마세요. 그녀를 죽게 하지 마세요.
주사와 약병과 튜브를 달고 있는 그녀를 잊지 마세요."

나는 뜨겁게 부풀어 오른 그녀의 손을 잡고
생명의 힘에 희망을 품고서
병들어 죽어 가는 몸을 살리고 책임져 달라고
신앙으로 밀어붙인다.
나는 그녀의 경련과 깊고 지친 한숨을 보았고
그녀는 베개에 의지하여 잠 속으로, 축복된 잠 속으로 들어갔다.
바로 그 순간, 연민 가득한 생명의 하느님이

그녀 안의 살아 있는 아이에게
구부려 입 맞추시는 것을 나는 분명히 보았다.

1985년 2월 10일 (요크빌)

창조의 하느님

숲의 하느님이시여,
아름드리 빽빽한 참나무의 높은 가지에서
당신이 속삭이는 소리를 듣습니다.

창공의 하느님이시여,
대지를 뒤덮은 은빛 햇살을 통해
당신이 응시하고 계심을 봅니다.

지구의 하느님이시여,
대지에서 피어난 부드러운 어린 붓꽃에서
당신의 생명이 뻗어 나옴을 느낍니다.

물의 하느님이시여,
바위 틈새로 맑고 시원히게 흐르는 시냇물에서
당신의 고결한 은총을 맛봅니다.

그 모든 것의 하느님이시여,
대지와 하늘과 잎사귀들과
우리가 숨 쉬는 바로 이 공기 속에서
당신의 두근대는 가슴을 끌어안습니다.

1985년 2월 11일(요크빌)

조용한 하루가 내 안에 슬픔을 자아낸다. 깊숙이 넣어 두었던 수많은 기억들이 떠오른다. 침묵, 내 마음속 깊은 곳의 견고한 침묵을 그 기억들이 건드린다. 아름다움과 고통, 성취와 좌절. 나는 침묵과 그 신비로운 가능성들을 체험한다. 이런 고독은 흔하게 찾아오지 않는다. 나는 이를 감지하고 환영하지만, 명확하고 충분하게 이해하거나 그 속으로 들어가지는 못한다. 그것을 느끼고 그것에 닿고 가볍게 스치는 것이 고작이다. 그것은 어디에도 가지 못하게 하고 무엇도 만들지 못하게 한다. 그것은 헤아릴 길 없는 깨달음이다. 그렇다. 이것이 내가 찾아낼 수 있는 가장 근접한 표현이다. 이는 확실히 하느님께 달려 있는 것이리라. 또한 이것은 경외와 신비로부터 오는 감각이다. 그렇다면 나는 하느님과 함께 앉아 있는 것인가? 이렇게 가장 심원한 기도이기에, 나는 그것을 인지할 수 없다. 그렇지 않겠는가?

돌로레스: 1985년 2월 13일

글을 쓰는 것이 기쁘다. 일리노이 대학 병원에 입원해 있다. 거의 죽을 뻔했다가 이제 회복되는 중이다. 여기 들어와 열 가지 검사를 했다. 오늘까지 두 주일째 입원하고 있다. 창조의 집에서 이리로 온 후, 많은 지원을 받고 있다. 매일 사람들이 문병을 온다. 여기 있는 동안 조금 가라앉아 있다. 사실은 가라앉았다기보다 외롭다. 지난주부터는 다시 술을 마시는 것이 매우 두렵게 느껴진다. 더는 술을 마시고 싶지 않다. 제자리로 돌아간 것처럼 보여도 속으로는 그렇지 않다.

이 병원 의사들은 마음에 든다. 돌봐 주는 사람이 있고 퇴원 후 돌아갈 집이 있다는 사실이 행복하다. 내가 아직도 살아 있는 것은 기적이다. 창조의 집은 살면서 만난 가장 좋은 곳이고 나는 그곳을 사랑한다.

돌로레스: 1985년 2월 16일

낯설고 춥고 느리게 흘러간 하루였다. 그래도 테드가 찾아와 생기를 좀 되찾았다. 엊저녁 6시 반부터 일찌감치 잠자리에 들었더니 우울증이 좀 나아진 것 같다. 나는 맑은 정신을 유지하려 노력하고 있고 앞으로도 그럴 것이다. 아직도 내 삶에 남아 있는 좋은 것들을 잊지 않고 기다릴 것이다.

1985년 2월 18일(시카고)

밤에 테드와 함께 돌로레스를 퇴원시켜 집으로 데려왔다. 그녀는 아직 많이 아프고 쇠약한 상태다. 나는 그녀에게 대단히 깊은 연민을 느끼면서 더 잘해 주고 싶다. 그녀가 죽어 가는 모습을 보는 것은 참으로 끔찍한 일이다.

돌로레스: 1985년 2월 20일(시카고)

월요일에 퇴원해서 돌아왔다. 기운이 좀 없다. 그래도 매일 조금씩 나아지고 있는 걸 느낀다. 줄곧 휴식을 취하면서 몸에 좋은 음식을 먹고 있다. 지금은 창조의 집에 있다. 공동체 식구 전체가 나에게 아주 친절하다. 약을 먹으면서 하루에 네 차례씩 다리의 붕대를 갈아야 한다. 이렇게 큰 은혜를 입게 되어 뭐라고 감사해야 할지 …. 이 공동체와 함께하는 한 오래도록 여기서 살 계획이다. 나는 이 세상에서 홀로 존재할 수 없으니 오랫동안 이들과 함께하길 바란다. 어디를 가든 누구를 만나든 두렵기만 했던 지난날의 공포가 요즘도 가끔 찾아온다.

1985년 3월 2일(시카고)

글을 쓴 지 한참 되었다. 나 자신을 위해 조금 더 시간을 내야 한다는 것 말고는 특별한 이유가 없었다.

    돌로레스는 아직도 많이 아프고 누렇게 떠 있다. 영영 회복되지 않을 것만 같다.

하느님이 달아나시다

우리가 당신을 가두고
교회라 불리는 상자 속에 넣어 버릴 때
하느님은 달아나신다.
우리의 수준과 한계를 뛰어넘어 그분은 말씀하신다.
"나는 이곳을 빠져나가

보다 단순하고 가난한 땅에 나 자신을 심으리라.
지금 보는 이들과 장차 보게 될 이들,
지금 듣는 이들과 장차 듣게 될 이들이 그곳에 있다.
나는 믿음직한 하느님이 될 것이다.
나는 자유로우며, 원하면 어디든 갈 수 있기 때문이다.
나의 자유와 내가 모두에게 부여한 자유 속에서
나의 선함이 드러날 것이다.
피부색, 성별, 지위와 무관하게,
권력이나 돈과 상관없이.
아, 나는 하느님이다.
나는 자유롭기에
나로부터 자유를 받은 모든 이가 나를 발견할 것이고
방랑하고 헤매면서 노래하게 되리라.
와서 나와 함께 걷고
와서 나와 함께 춤추어라!
노래하고 춤추고 사랑하라고 나는 너를 창조했다."

만일 네가 노래할 수 없고
춤을 추거나 사랑할 수 없다면
그들이 너 역시 상자 속에 가두었기 때문이니
너의 하느님이 그 상자를 벗어나 도망쳤음을 기억하라.
그리하여 네 정신을 떠나보내고
어머니이신 그분과 함께 춤추어라.
하느님과 함께 춤추고 노래하라.

그들이 길들이거나 묶어 둘 수 없도록.
그들이 네 용기를 거대한 돌담 속에 가둔다 할지라도
춤을 추어라.
춤을 추고 사랑하여라.
아, 춤을 추어라!

돌로레스: 1985년 3월 8일(시카고)

지금까지는 괜찮다. 행복하지만 좀 지겹기도 하다.

아파서 도통 잠을 이루지 못했다. 뜬눈으로 밤을 지새웠다. 내가 가진 모든 것과 잡동사니를 상자 하나와 세탁 바구니 하나에 정리해 넣었다. 마음속에서 우러나와 한 일이다. 내 마음속에 사랑이 차 오른다.

하느님, 저에게 베풀어 주신 모든 은혜와, 특별히 오늘 이렇게 살아 있게 해 주셔서 감사합니다.

1985년 3월 13일(시카고)

혼돈의 도가니! 경찰이 모로코 소녀인 아이샤를 데려왔다. 그녀는 결혼시켜 주겠다는 꾐에 빠져 이 나라로 팔려 왔다. 모로코에서 오는 동안 포주에게 넘겨져 성매매를 강요당했다. 또 다른 희생자다. 그녀는 굴욕감과 당혹감으로 울고 있다.

1985년 3월 15일(요크빌)

약간의 변화

아, 안식처란 우리에게
하느님과 끝없이 맹렬하게 싸우라고
요구하지 않는 곳이리라.
우리가 아는 하느님의 모든 명령을
가차 없이 따르지 않아도 되는 곳.
우리는 그저 듣고, 고민하고, 희망하고, 기도하면서
우울하고 칙칙한 하루에
약간의 변화만 보여 주면 되는지도 모른다.

1985년 4월 15일(시카고)

예수는 깊은 믿음과 충실함으로 인해 아무것도 이루지 못하고 끝났다. 그는 하느님이 되길 거부했다. 그들의 하느님이 되려 하지 않았다. 예수는 광야에서 지낸 후에 공생활을 시작했고, 하느님 나라를 강하고 열정적으로 선포하면서 치유하고 해방시키고 초대했다. 기적을 베풀고 고통과 죽음과 예루살렘에 대해 선포하던 무렵 그를 둘러싼 모든 것은 힘과 열정이 넘쳤다. 그러던 예수가 무력해지자 사람들은 이해하지 못했디! 실망했디! 모두 떠났디! 예수는 모든 것을 잃었다. 아무것도 남지 않았다. 나도 그 길을 가야 한다. 이것은 모두 하느님의 일이다.

돌로레스: 1985년 4월 18일(시카고)

꽤 오랜만에 일기를 쓴다. 예상한 것과는 조금 다른 분위기에서 지내고 있지만 요즘은 컨디션이 좋다. 많은 지원과 사랑과 보살핌을 받으며 행복을 누리고 있다. 아직도 쇠약하긴 하지만 그래도 많이 튼튼해졌다고 자부할 수 있다. 최근에는 외출을 하지 못했다. 조금 두렵기는 하지만 잘 극복해 낼 것이라 생각한다.

1985년 4월 20일(요크빌)

오두막의 종말

만물이 자신을 뽐내면서 솟아 나오는 봄,
나는 기쁨에 들떠
오두막 주위 아름드리 꽃밭에서 자라는
나팔수선화와 튤립 몽우리 사이에 앉아 있다.
몇 년 전에 내가 심은 것들이다.

꽃들은 오두막 키만큼 쑥쑥 자랐건만
오두막은 낡고 내려앉아 그 자취가 스러져 가고 있다.
지붕은 새고 나무는 뒤틀리고
외벽에는 굵다란 틈이 생겼다.
거룩하고 근사한 나의 공간은
생쥐와 거미와 귀신들의 보금자리가 되었다.

오두막은 스러져 가지만
나팔수선화는 그 주위에서 춤을 추고
나는 홀로 앉아서 그 모습을 지켜보며
애도가를 부른다.

오두막이 무너져 사라질 때
내 안에서는 무엇이 사라질까.

돌로레스: 1985년 4월 20일(요크빌)

오늘은 특별한 날이다. 마크의 예순여섯 번째 생일이다. 이날을 기념하기 위해 에드위나와 스텔라와 함께 요크빌에 왔다. 3개월째 맑은 정신을 유지하고 있다. 나는 행복하다. 정말 잘 지내고 있다.

돌로레스: 1985년 4월 21일(시카고)

매우 유쾌한 날이다. 따뜻한 날이라고도 말하고 싶다. (어제 요크빌에서 완전히 지쳐 버렸기 때문에) 게으른 아침을 보냈다. 오늘 우리는 바비큐를 했다. 주디와 에드위나와 나 이렇게 셋이서.
    스테이크! 샐러드와 아티초크, 아이스티를 먹고 극장에 갔다. 특별한 즐거움과 아이스크림콘.

1985년 4월 29일(시카고)

여성 쉼터

좁은 나무 계단은 닳고 닳아 부서져 있고
코를 찌르는 악취가 공기 중에 퍼져
케케묵은 카펫 위에 떠다닌다.

추레한 계단 벽이 길고 좁은 방들을 이어 주고
단출하고 꾀죄죄한 방에는 망가진 가구들이 들어차 있다.

깨진 창문 안쪽에는 제대로 망가진 이들이
찢긴 패드와 튀어나온 스프링을 감추려 담요를 덮어 놓은 침대에
아무렇게나 인사불성으로 뻗어 있다.

거리의 여자들이 추위와 위협과 고단함을 피해 모여 와서는
나눠 준 커피를 마시고 담배를 구걸하며
구석에 옹기종기 숨어든다.

여자들은 담요를 뒤집어쓰고
옹크린 채 지친 몸뚱이를 파묻으며
푹신한 매트에서 누리는
사랑과 향수와 맑고 푸른 하늘을 꿈꾸리라.
미소와 희망에 가득 차 자기 침대에 누워 있던

과거의 잔인한 기억을 선명하게 떠올리면서.

그러나 이제 그들은 수치심으로 분노한 채
씻지 않은 몸 냄새와 끔찍한 현실을 확인하며 깨어난다.
여기에는 어떠한 희망도 미래도 없다.
한 주간의 최고 이벤트,
모두에게 제공되는 화요일의 브랜디가
그들의 유일한 꿈이다.

마거릿, 어떤 비극이 당신을 덮쳤기에
이 음울한 곳에서 몸을 꼬부린 채 죽어 가나요.
리, 어떤 슬픔이 당신을 마비시켰기에
한때 아름다웠을 눈동자는
죽음의 공포로 무감각하게 텅 비어 버렸나요.
주디, 무엇이 당신 영혼을 죽였기에
이 불결한 도시를 헤매면서
아직은 건강한 당신 몸을
절망의 약물로 쉴 새 없이 취하게 만들고 있나요.

아, 거리의 여성들은
탐욕과 폭력과 무정함의 희생자!
당신의 생기 없고 그늘진 삶이
우리 제단의 촛불에 어둠을 드리우리니.
당신의 외로운 눈물과 고독이

아늑한 시골집의 온기를 얼어붙게 할지니.
당신이 아무 데서 아무렇게나 침묵의 죽음을 맞는다 해도
어찌 잊어버릴 수 있으리.

돌로레스: 1985년 5월 9일(시카고)

내 생일. 오늘 나는 서른 살이 되었다. 아름다운 날. 결코 잊지 못할 날. 많은 선물을 받았고, 음식도 훌륭했다. 모인 이들은 대부분 내 친구들이다. 나는 환호하고 싶었고 환호했다고 생각한다. 서른 해. 서른 살!
 하느님, 오늘 이렇게 행복한 날을 맞이하게 해 주셔서 감사합니다.

돌로레스: 1985년 5월 16일(시카고)

배가 아프다. 이렇게 나빠진 것을 아무에게도 말하지 않았다. 소변에 피가 약간 섞여 나온다. 아침이 되면 의사를 불러야겠다. 병원에 또 입원할까 봐 걱정이다. 병원 침대를 다시는 보고 싶지 않다.

1985년 5월 17일(시카고)

집이 꽉 차 있다. 돌로레스, 알마, 샌디, 로리와 리. 투산에서 온 데이비드가 우리 모두에게 엄청 비싼 아이스크림을 사 주었다. 이것은 마치 어린아이들에게 사랑을 주는 것과 같다. 우리는 모두 환호하며 천진난만하게 기뻐했다.
 이 여자들은 깊은 상처를 입고 폭력에 시달려 왔다. 리와 로리는 성

매매 여성, 샌디는 소매치기, 돌로레스는 알코올중독자, 알마는 노숙인이다. 다들 아이스크림을 처음 먹는 것처럼 맛나게 먹으면서 킥킥거린다. 리와 샌디가 기도하고 싶어 해서 함께 지하 기도실로 내려갔다. 그들은 자기 삶에서 하느님이 어떤 의미인지 자유롭고 진지한 어조로 털어놓기 시작했다. 리는 열을 내며 말했다. "하느님은 호통 치지 않아. 그분은 야단을 치지 않는 유일한 분이야. 내가 하느님에게 말하고 하느님이 나에게 말하는 동안, 나는 그분 음성을 들을 수 있어. 버넌과 텔레비전을 보고 있을 때면 내가 아주 조용해지곤 하는데, 그러면 버넌이 나에게 뭘 하냐고 물어. 나는 그때 하느님 말씀을 듣고 있어. 거리에 있을 때도 하느님이 바로 내 곁에 계시다는 것을 알아. 안 그랬다면 나는 지금까지 살아 있지 못했을 거야. 나한테는 책도 성당도 필요 없어. 하느님만 계시면 돼."

샌디는 매일 밤 무릎을 꿇고 기도한다고 했다. "무릎을 꿇지 않으면 기도라고 할 수 없어. 나는 하느님께 순종해."

이 여자들은 아무런 가식이나 위선이 없이 신실하다. 그들은 어떤 심판이나 만족을 위해 하느님을 찾는 것이 아니다. 그들의 신앙은 매우 돈독하다. 그들의 존재는 나에게 은총이다.

1985년 5월 18일(요크빌)

돌로레스가 전혀 좋아지지 않는다. 몸이 붓고 출혈이 시작되었다. 몹시 불안하다. 내 주위로 서늘한 두려움이 다시 스멀스멀 밀려온다. 그녀는 여전히 나의 기쁨이다. 엄마의 마음이 이럴까.

당신이 죽어 갈 때

당신이 죽어 갈 때
내가 당신 손을 잡게 해 줘요.
당신이 죽어 갈 때
내가 당신과 미소 짓게 해 줘요.
당신이 죽어 갈 때
내가 당신과 함께 걷게 해 줘요.
당신이 죽어 갈 때
내가 당신을 부축하고 입 맞추게 해 줘요.
아, 나도 당신과 함께 죽어서
사랑이 무엇인지 배우게 해 줘요.

정녕 나는 광야에 길을 내고 사막에 강을 내리라(이사 43,19).

돌로레스: 1985년 5월 19일(시카고)

거의 하루 종일 잤다. 설사와 두통, 등의 통증. 나는 고통으로 기진맥진하다. 에드위나는 요크빌에 있다. 내일 그녀의 생일 파티가 있을 예정이다. 생일 파티까지는 컨디션을 회복하도록 최선을 다해야겠다.

1985년 5월 27일(시카고)

창조의 집이 북적거린다. 많은 사건이 벌어지고 일종의 치유도 일어나고 있다. 우리와 함께 지내고 있는 조는 여자인 줄 알았다가 사흘 만에 남자라는 것이 밝혀져 지하 방으로 내려갔다. 우리가 그(그녀?)에게 줄 수 있는 도움은 미미하다. … 우리 그리스도인들보다 성매매 여성들이 성전환자를 더 잘 이해해 준다.

열여섯 살짜리 도망자인 마이클도 이곳에 있다. 우리는 정말 한 가족이긴 하지만 감당하기가 벅차다! 나는 그들을 가능한 한 친절히 대하려 하고, 우리 사이에는 존중심이 있다. 밤이 이슥하다. 피곤하다.

1985년 6월 2일(요크빌)

대량 학살된 숲에서

바람이 남쪽 땅 깊숙한 곳에서 벌어진
형제 나무들의 대량 학살 소식을 전해 준다.
바람은 날카로운 비명을 지르고
펄럭임 속에서 울부짖으며
슬픈 소식을 북쪽으로 전해 준다.

북쪽 나무들이 놀라자
바람이 껴안으며 달래 주었다.
인간의 탐욕이 빚은 어리석은 행위에
하늘과 땅이 전율했다.
바람은 부드럽게 속삭이며

굳건히 서 있는 나무들을 떠나가고
검붉은 하늘이 슬픔을 토해 내었다.
숲이여, 어느 누가 당신을 위해 이렇게도 울어 주었던가요?
어머니시여, 당신을 폭행하는 우리를 용서하소서.

1985년 6월 5일(시카고)

대조적인 사건들로 가득한 흥미로운 날이었다. 아침에 나는 근친 성폭력에 대한 워크숍에 참석했다. 그런 다음 메이의 업소에 가서 점심 식사를 했다. 여느 때와 같이 여자들이 손님을 기다리고 있었다. 베티와 침대에서 어떻게 해 왔는지 떠들어 대다가 갑자기 자기 딸에 대한 걱정을 늘어놓는 젊은 세일즈맨을 보았다. 그곳을 나와서는 선교 사목 초안에 대해 보고하려고 주교들을 만나러 갔다.

근친 성폭력과 매음굴과 주교들이라 … 꽤 어울리는 조합!

1985년 6월 6일(시카고)

비상

로욜라 호수로,
나는 마치 도망자처럼
사람과 사건으로 얼룩진 날들로부터 달아납니다!
그들의 빛나는 아름다움과 솔직함을 위해서라면

내 모든 힘과 인내심을 바닥까지 퍼낼 수 있는
알코올중독자들과 성매매 여성들로부터.

내 속에서 꿈틀거리는 피로감과 초조함을 느끼면서
파도치며 춤추는 물소리를 나 홀로 듣습니다.
아, 나는 피로를 부드럽게 쓸어내리고
내 너덜너덜해진 심신을 달래 주는
따스한 미풍을 느낍니다.

수평선에는 작은 배들이 떠 있고
나는 나 자신을 물속에 던져 그 배에 싣고서
바다와 하늘에서 뛰놀도록 내 영혼을 느슨하게 풀어놓고는
자유분방하게 달립니다.
내 속으로 스며드는 에너지와 생명을 모아서
새롭고 온화한 지혜와 함께 걸어갑니다.
그래요. 온화한, 더욱더 온화한 지혜와 함께.

1985년 6월 7일(시카고)

가끔씩 이곳은 서커스를 연상시킨다. 항상 무슨 일이 일어나고 저녁이면 하나의 '위기'가 다른 위기로 이어지는 일이 발생하곤 한다.
 젊은 성전환자인 조는 현재 상황에 적응하지 못한 채 헤매 다니다 늦게야 집으로 돌아온다. 예민하고 발랄한 샌디는 밝고 활달하지만 냉정함을 '겸비하고 있다'. 로리는 자신을 하찮게 여기고 전혀 배려해 주지

않는 로이에게 매달리고 있다. 그에게 비정상적으로 의존하고 있기 때문에 그녀의 삶에 대한 논의를 친척시킬 수가 없다. 그녀는 무척 혼란스러워하면서 늘 고민에 사로잡혀 있는데, 언제 무너질지 모른다.

돌로레스, 그녀가 안정을 되찾은 데 대해 하느님께 감사드린다.

길고도 깊은 밤이 이 여자들의 두려움과 외로움으로 채워진다.

1985년 6월 12일(시카고)

밤에 음악을 들으며 창조의 집 거실에 혼자 앉아 여유를 누리는 일이 얼마 만인지 모르겠다. 거의 드문 일이다! 그런데 오늘 돌로레스, 샌디, 로이, 조 모두가 밤 11시에 침대로 들어가다니!

한동안 완벽한 고요와 정적, 평화와 충만감이 찾아왔다. 얼마나 좋은지 모른다. 우리는 작은 공간에서 함께 지내는 법을 배우고 있다.

돌로레스: 1985년 6월 14일(시카고)

나 자신이 아주 자랑스럽다. 오늘 대학에 가서 '어휘 향상' 과목을 등록했다. 술을 마시려는 어떤 시도도 없이 길을 걸었다. 그렇게 오후의 대부분을 밖에 있었다.

돌로레스: 1985년 6월 15일(시카고)

오늘부터 수업이 시작되었다. 기분 좋게 학교에 갔다가 주디가 중국 식당으로 나를 안내했다. 내가 나타날 줄 몰랐던 에드위나를 놀래 주고 식사를 한 다음 그녀 차를 타고 돌아왔다. 이렇게 즐겁고 분주하게 하루가 지나갔다. 정말 행복하다고 세상에 외치고 싶다!

돌로레스: 1985년 6월 17일(시카고)

잠깐 외출하고 돌아왔다. 저녁 식사 준비를 했고 산보도 나갔다. 한동안 침체되어 있었지만 지금은 꽤 활력이 느껴진다. 에드위나와 주디가 나를 신뢰하고 있다는 기분이 든다.

1985년 6월 21일(시카고)

돌로레스가 사흘 전에 떠났다. 그동안 잘해 왔는데…. 우리는 많이 지쳤지만 희망을 버리지는 않는다. 그녀가 얼마나 더 살 수 있을지 장담하지 못하겠다. 내가 할 수 있는 일이라고는 기다리는 것밖에 없다. 기다림. 잠시 고요한 시간을 보내고 있다. … 지금은 밤 9시이고, 모두 나가 있다. 한 시간쯤 나 혼자 있을 것이다. 이 집이 비어 있을 때는 거의 없다. 스탠드 옆에 앉아서 음악을 듣는 동안, 두려움 가득한 슬픔이 명치 끝에서 올라온다.

내 마음은 돌로레스에 대한 염려로 너덜너덜하고 미칠 지경이다. 그럼에도 나는 이 마음을 끌어안고 다시 살아가야 한다. 내가 줄곧 이래 왔다는 것을 하느님은 잘 알고 계시다.

이토록 고요한 순간이 얼마나 고마운지 모른다. 말라 버린 바위에 물이 흘러들듯이 나는 촉촉이 젖어 들고 있다.

1985년 6월 22일 (요크빌)

돌로레스

돌로레스한테서 아무 소식도 없다.
나는 숲길을 걸으며 새들의 노래를 듣고
무성한 잎들과 들꽃들을 보며,
그녀의 불행이 곧 끝나서
그녀도 이 새소리를 듣고
무성한 잎들과 들꽃들을 보게 되길 기도한다.
머지않아 그녀와 나는 둘 다 자유롭게 될 것이다.
하느님이 크신 연민으로 몸을 구부려
당신 팔 안에 그녀를 부드럽게 끌어안으실 때.

그것으로 충분하다. 그것이면 족하다!

1985년 6월 23일 (시카고)

길가에서 술에 취한 돌로레스를 발견했다. 이전보다 더 망가지고 기운 없어 보인다. 끔찍한 파괴! 꽃이 짓뭉개지고 있다. 나는 슬픔으로 멍해져 버렸다. 이제는 하느님이 그녀를 돌보실 때다. 나는 그녀를 정말 사랑했다.

1985년 6월 24일(시카고)

대학교에서 거리 사도직에 대해 강연하는 문제로 예수회 짐 도일 신부님과 만나려고 전화를 걸었다. 그런데 신부님이 지난 토요일에 저세상으로 가셨다는 답을 들었다. 또 다른 죽음! 그는 내가 거리 사도직을 시작할 수 있도록 산파 역할을 하신 분이다. 전에 내가 오랜 기간 피정과 식별을 하면서 거리 사도직을 놓고 힘겹게 고민할 때도 지지와 격려를 아끼지 않으셨다. 나는 그분을 사랑하고 존경했다. 그의 죽음, 그를 상실한 슬픔이 나를 마비 상태로 몰아넣는다.

1985년 6월 25일(시카고)

아침 나절 메이와 함께 있으면서 그녀의 폭언을 잠자코 들어 주었다. 그런 다음 로욜라 대학교 예수회 사제관의 경당에 누워 계신 짐 신부님을 보러 갔다. 내가 누군가와 그렇게 깊이 많은 것을 공유할 수 있으리라 생각하지 못했었다. 그는 내 꿈을 공유했고, 무엇보다 내 꿈을 믿어 주었다. 그래서 내가 할 수 있었던 것이다. 그가 없었다면 해내지 못했을 것이다. 그곳을 나와서는 미시간 호숫가에 앉아 호수를 바라보았다.

1985년 6월 26일(시카고)

당신이 해 주시겠습니까?

내가 너무 지쳐서 당신을 바라볼 수 없고

내 눈이 무거워 끔벅끔벅 졸 때

하느님 당신이

나 대신 보아 주시겠습니까?

내 마음이 너무 꽉 차서 당신을 생각할 수 없고

상념과 기억들이 나를 삼켜 버릴 때

하느님 당신이

나 대신 생각해 주시겠습니까?

내가 너무 바빠서 당신께 귀 기울이지 못하고

내 하루가 요구와 소음들로 뒤범벅되어 있을 때

하느님 당신이

나 대신 들어 주시겠습니까?

내가 눈이 멀어 당신의 어렴풋한 모습을 보지 못하고

좁은 길을 급히 가다 비틀거릴 때

하느님 당신이

내 앞에서 걸어가 주시겠습니까?

아, 하느님 당신이 나를

병아리를 돌보는 어미 닭처럼 품고서

언제까지나 기꺼운 열정으로 사랑해 주시렵니까?

1985년 6월 30일(시카고)

돌로레스가 퉁퉁 붓고 몹시 겁에 질려 집으로 왔다. 그녀는 침대 위에서 울며 속삭인다. "내가 오늘 밤 죽지는 않겠죠, 그죠?" 겁이 나긴 나역시 마찬가지다. 그래도 그녀가 집에 있으니 좋다. 이것이 그녀가 집으로 돌아오는 마지막이리라. 나는 지금 말도 못하게 피곤하다.

1985년 7월 1일(시카고)

그게 마지막이 아니었다. 돌로레스가 오늘 다시 나갔다.

돌로레스: 1985년 7월 6일(요크빌)

아, 나는 또 저질렀다. 또 술을 마시러 나갔다가 잡혀 왔다. 주디와 마리아가 길거리 벤치에 있는 나를 데려왔다. 나는 지금 이곳 요크빌에서 치료 중이다. 사흘이면 회복될 것이다. 오래 글을 쓸 수가 없다. 그동안 글쓰기를 까먹고 있었다. 손이 너무 떨려서 마쳐야겠다.

1985년 7월 7일(요크빌)

하루를 마감하면서 밤의 고결한 침묵을 예고하는 듯 새들이 서로 경쟁하며 최고의 화음을 넣어 부르는 풍요로운 저녁 찬가가 들려온다. 아, 하느님의 신실하심을 선포하면서, 쩌렁쩌렁 거칠게 숲을 진동시키는 폭포의 음률보다 더 아름답고 마음을 달래 주는 소리는 그 어디에도 없으리라. 그 순간 바보가 기적을 일으키려 태어나고, 현자는 단순함의 길과 기쁨의 근원을 알려 준다.

1985년 7월 8일(요크빌)

오두막에서 보내는 마지막 날이다. 다음 달 말로 자원 선교사 운동 공동체가 요크빌에서 이사를 한다. 소유주인 수도회가 이곳을 팔았기 때문에 우리는 떠나야 한다. 우리 평신도들은 다시 집 없는 신세가 될 것이다. 사도직의 부름을 받은 평신도가 위계질서가 있는 교회 안에 속하기란 더없이 어려운 일! 내 오두막도 잃게 될 것이다.

아쉬운 추억으로 남겠지만 그동안 좋은 경험을 했다. 나무와 새들, 오솔길과 시냇물, 이 숲의 위대한 신선함에 작별 인사를 건넨다. 그러나 안녕을 고하면서, 그동안 여기서 충분히 생명을 누렸음을 느꼈고, 이제는 하느님께 감사하며 이 선물을 되돌려 드릴 시간임을 깨닫게 되었다.

당신께 되돌려 드립니다

당신, 창조주 하느님께 되돌려 드립니다.
이 사랑스러운 장소를
이 거룩한 모퉁이를
저녁과 이른 아침에 듣던 새들의 노래를.
당신께 돌아갑니다.
이 숲의 침묵과 깊은 밤의 칠흑으로부터.
당신께 돌아갑니다.
무성한 덤불 속에 언뜻 보이는 싱그러운 들꽃과
물 위를 날아다니는 기쁨에 찬 나비들로부터.

그러나 창조주 하느님이여,
나는 이곳의 아름다움이 품은 매혹과
놀라운 기억과 신비한 순간들을 간직할 것입니다.
나무들 사이에 쏟아지던 아침 햇살과
산책 길에서 본 거미집의 반짝이는 신비로운 광경을
간직할 것입니다.

아, 나는 순간순간 스치던 눈물과 웃음을,
이 멋지고도 멋진 곳에 내 영혼을 붙들어 맨
경이로운 깨우침을 기억할 것입니다.

나무의 영이여,
당신은 나에게
주위 환경을 거스른 견고함과 뿌리 깊음,
용감한 충실함을 나누어 주었습니다.

지구의 영이여,
당신은 나에게
풍요롭고 촉촉한 따스함,
현재를 끌어안는 법과 북돋움을 나누어 주었습니다.

풀들의 영이여,
당신은 나에게
리듬감 넘치는 부드러움과

생기 있고 기쁨에 찬 춤사위를 나누어 주었습니다.

들꽃의 영이여,
당신은 나에게
가냘픈 건강함과
풍성하고도 독특한 향기를 나누어 주었습니다.
황혼 무렵, 태양이 마지막 빛을 던지는 순간에만
피어오르는 그 향기를.

모든 창조의 영이시여,
당신은 나에게
하느님의 위대하신 사랑을
살짝, 정말 살짝만 풀어놓으셨습니다.

대지와 하나임을 지속적으로 체험하려면 대지와 맞닿는 기회가 필요하다. 대지와 친해지는 것은 자신의 독특한 창조성에 친숙해지고 자신이 모든 피조물에 속한다는 감각에 익숙해지도록 이끌어 준다. 내가 밖으로 나가 대지와 마주할 때면 내 영혼에만 사로잡혀 있지 않게 된다.

내가 너에게 준 선물만
내가 너에게 보여 준 아름다움만 붙들고 있지 말라.
나는 어느 곳에나 있으니.
너는 내 아름다움을 어디서든
새롭고 신선하게 늘 기쁨으로 발견할 것이다.

새들은 다른 노래를 부를 것이고, 그뿐이다.
대지는 여전히 촉촉하고 산뜻한 향기를 머금을 것이고
새싹들은 새로울 것이니, 그뿐이다.
나무들의 하느님인 나는
지구에 있는 모든 것의 하느님이기도 하다.

살아 계신 하느님, 숲의 오두막에서 경험한 모든 기쁨과 슬픔과 방황에 감사드립니다. 이 모든 멋진 선물에, 넘쳐흐르는 잔에 감사드립니다. 살아 계신 하느님, 이 성스러운 집을 주셔서 고맙습니다. 제 영혼을 반기게 하시고, 지구의 자궁으로 돌아가게 해 주소서. 위대한 숲이여, 나를 하느님의 도성으로 이끌어 주시어 감사드립니다.

돌로레스: 1985년 7월 10일(시카고)

창조의 집이다. 신경이 조금 곤두서 있다. 단주 모임에 갔고 나 자신에 대해 더 잘 보고 있다. 겁이 나지만, 다 내가 겪어야 하는 과정이다. 내 방 내 침대에 누워 있으니 참 좋다.
 하느님, 이 모든 것에 감사드립니다.

돌로레스: 1985년 7월 11일(시카고)

오늘을 니의 첫날이라 부르련다. 상담시인 잭과 몇 가지 약속을 했기 때문이다. 잭을 만나고 온 뒤로 내 상태가 훨씬 좋아졌음을 느낀다. 그는 내가 만나 본 최고의 상담사다. 나를 이해해 주는 사람.

아무튼 하루하루가 좋다. 집에서만 지내니 지루하긴 하지만 술을 마실 생각은 들지 않는다. 오늘 나는 행복하고 기분이 좋다. 맑은 정신으로 하루를 보낸 것이 다행스럽다. 아직도 몸이 약하게 떨리지만 곧 모든 것이 지나갈 것이다.

잭과 나눈 대화는 무척 유익했고, 원래 일주일에 두 번 만날 것을 세 번 만나기로 합의했다. 하루를 맑은 정신으로 보낸 것이 참 행복하다.

돌로레스: 1985년 7월 12일(시카고)

유쾌한 하루였다. 병원에 다녀왔다. 술을 마셨다고 말하자 주치의가 당혹해했다. 모든 게 내 탓이다. 오후에는 혼자 있었다. 몰래 나가서 술을 마실까 생각했지만, 그러지 않았다.

돌로레스: 1985년 7월 17일(시카고)

힘겨운 하루! 그래도 그럭저럭 보냈다. 저녁 7시까지 하루 종일 혼자 있었다. 누군가를 만났어야 했다. 몹시 겁이 난다. 지금 나는 신중해야 한다. 한잔하러 가려는 나 자신을 느낄 수 있기 때문이다. 이럴 땐 아무것도 도움이 안 된다. 잭에게 전화를 걸었지만 받지 않는다. 자제하려고 노력 중이다. 나는 알코올중독자이고 자신을 기만하려 한다는 것을 안다. 스스로를 통제하기 힘들지만 노력해야 한다. 최선을 다하지 않는다면 무너지고 말 것이다. 마치 끝없는 전쟁을 하고 있는 것 같다. 나 홀로 이 대전을 치르고 있는 느낌이다. 내가 잘못 행동하고 있는지 어떤 지조차 모르겠다. 돌로레스가 맑은 정신을 유지할 수 있도록 온 신경을 쓰고 있다. 하지만 돌로레스가 얼마나 버틸 수 있을지 ….

돌로레스: 1985년 7월 21일(시카고)

무난한 하루였다. 일리노이 주 웨인에 있는 교회에 갔다. 거기서 에드위나가 두 가지 설교를 했다. 그곳에 모인 사람들은 배경이 아주 다양했는데 노숙인이나 알코올중독에 대해서는 전혀 모르고 있었다. 한 여자와 대화하면서 내가 알코올중독자라고 말하자 나를 마치 벌레 보듯 쳐다보았다. 나는 상처를 받았지만 "그녀를 긴장시켰군" 하고 중얼거렸다.

돌로레스: 1985년 7월 24일(시카고)

며칠 동안 아무것도 쓰지 못했다. 잭에게 보여 줄 다른 일지를 쓰기 시작한 이후 너무 바빠서 정작 내 일기는 손도 못 대었다. 그러나 나는 행복하고 건전한 정신 상태다. 내일 잭을 만난다. 다시 나 자신이 좋아지기 시작했다. 아직 완전히 사랑하는 건 아니지만 ….

하느님, 오늘을 허락해 주시고 또 다른 날을 살게 해 주셔서 감사합니다. 이 집도 정말 고맙습니다.

돌로레스: 1985년 7월 26일(시카고)

놀라운 하루! 에드위나와 집시를 포함하여 친구 몇 명과 호수에 가서 배(특별한 보트)를 탔다. 호숫가에 내 모든 문제를 내려놓고 배에 머문 네 시간 반 동안 즐거움을 만끽했다. 하나의 구원이었다!

1985년 8월 9일(시카고)

돌로레스가 다시 집을 나가 길거리에서 술을 마시고 있다. 최근에 나는 이런 일이 일어날 때마다 약간의 마비 증상이 일어난다. 마음속 깊은 곳에서부터 슬픔이 올라오고 불길한 예감에 사로잡히지만, 다른 일에 전념하기보다는 내 감정을 조절하려 힘쓴다. 일이 벌어지더라도 하던 일을 계속하면서, 돌로레스 생각으로 나 자신이 만신창이가 되는 것을 허용하지 않는다. 고요 속에서 슬퍼하면서도 침착함을 잃지 않는다. 이 모든 게 끝나고 우리 둘 다 쉴 날이 언제나 올까?

샌디가 관에서 운영하는 쉼터에 들어가지 않으려 도망쳐 버렸다. 그녀는 자신을 육체적으로 학대한 친엄마가 결국 법정 선고를 받은 열 살 이후로 쉼터에서 쉼터로 옮겨 다녔다. 몸에는 담뱃불로 지진 흉터가 남아 있고 마음속에는 사랑을 받지 못한 상처가 여전히 뚜렷하다. 아, 법과 사회란 얼마나 잔인하고 무심한가. 그녀는 우리와 함께 잘 지냈지만 우리는 허가받은 시설이 아니어서 미성년자를 받을 수 없다. 그녀는 여러 관공 시설들의 명단에 이름과 번호가 등록되어 있다. 관료 사회에서 배려나 연민은 찾아볼 수 없다.

샌디가 자긍심 있는 인간으로 성장할 수 있으려면 엄마와 가족이 필요하다. 해변에 서 있으면 바닷물에 젖어 들듯이, 나는 창조의 집과 우리가 돌보는 여자들이 지닌 문제점들과 고통에 젖어 든다. 사회는 희생자들을 위해 충분한 조치를 취하지 않는다. 창조의 집은 피난처이지만 여자들이 이곳을 벗어나면, 세상은 너무도 냉정하게 그들을 거부하고 사랑을 주는 일에 대해서는 일말의 관심조차 두지 않는다.

1985년 9월 20일(시카고)

감옥에 있는 메치의 편지를 받았다. 메치는 거리에서 성매매를 했고 마약중독자다. 그녀는 아기 때 버려져 고아원에 있다가 두 번 입양되었는데, 두 집에서 여덟 살과 열한 살 때 각각 성폭행을 당했다. 당연한 수순으로 열두 살에 거리로 뛰쳐나와 26년을 떠돌면서 자신이 아는 방식대로 살아남기 위해 기를 쓰고 있다. 그녀는 감옥을 수도 없이 들락거렸으나, 그 모든 난폭함과 적개심과 분노에도 불구하고 아름다움과 지혜로움을 간직하고 있다. 깊은 상처를 입은 그녀는 창조의 집에 와서 새 삶을 시작하기 전까지 단 한 번의 기회도 얻지 못했다. 단번에 새 삶을 실현하기에는 그동안 받은 상처가 너무나 깊다. 경찰이 오래된 체포영장을 가지고 그녀를 잡아다 가두었다.

사랑하는 에드위나에게

   친숙한 이곳에 앉아 있어요. … 세상에 나가게 되면 무언가 변화를 겪겠지요. 어쩌면 하느님이 내 안에 믿음을 불어넣으시기 위해 지금 내가 여기에 있는지도 모릅니다. 하느님은 말씀하세요.

   "나는 필요 없는 존재는 만들지 않는단다. 다만 메치, 너의 낡은 옷에 구멍이 뚫려 있어서 수선이 좀 필요해. 너 스스로를 치유하도록 내가 인도해 주마."

   에드위나, 나는 편안함을 느낄 만한 여유가 없답니다. 마약에 중독된 나 자신을 받아들이고 있어요. 내 삶을 돌아보고 내가 완전히 비틀어져 버린 순간을 똑바로 돌아보아야 합니다. 그러나 내 안에 숨어 그동안 나를 만들어 온 긍정의 힘도 중요하게 생각합니다. 이 힘 덕분에 나 자신을 무가치하고 부정적인 존재로 생각하지 않을 수 있을 거예요. 당신이 나를 바라보듯이 나 자신을 바라볼 것입니다.

당신은 나를 믿어 주었고 나도 노력했어요. 언젠가는 나도 당신을 온전히 신뢰할 것입니다. 나는 이 감옥에서 죽거나 마약에 찌든 얼굴로 죽고 싶지 않아요. 설령 죽게 되더라도 당신이 나를 사랑한다는 것을 내가 알고 있었음을 기억해 주세요.

당신은 어렸을 때 부모님의 신뢰를 받았겠지요. 나에겐 아무도 없었어요. 마약쟁이 남자를 믿었었지만 그는 나를 수렁에 빠뜨리고 내 핏속에 자기 유산을 남겨 놓았더군요. 나는 갈수록 스스로를 신뢰할 수 없었지요. 에드위나, 내가 실패하더라도 당신 일을 포기하지 마세요. 내가 당신을 만났을 때가 서른여덟 살이었던 걸 기억하나요? 나와 같은 여자들을 위해 고군분투하는 당신의 꿈을 잘 보듬어 주세요. 희망을 포기하지 말아요.

강의를 하러 다닐 때, 사람들에게 우리의 메시지를 전해 주세요. 우리 모두 하느님의 자녀이고, 이 세상을 망가뜨리려고 태어난 사람은 아무도 없다고 그들에게 말해 주세요. 우리 역시 저마다 행복하고 의미 있는 삶을 사는 원대한 꿈을 품고 있다고 그들에게 말해 주세요. 그들이 우리의 치유를 도울 수 없고 삶에서 행복을 찾을 수 없다면, 우리를 상처 입힐 수도 없다고 똑똑히 알려 주세요.

사랑을 담아 메치가

이미 치명적인 상처와 학대를 당한 이들을 우리가 아프게 하지 않는 날이 언제나 올 것인가!

6

새로운 창조

1985년 10월 4일(시카고)

그저께 밤에서 어제 새벽 사이에 돌로레스가 임시 숙소에서 죽었다.

모든 게 끝났다.

사랑하는 사람, 브로드웨이에 피어난 장미여, 내가 너무 늦었군요.

평화를 빕니다. 사랑하는 이여, 편히 쉬어요. 이제 모두 끝났으니….

더 이상 애쓰지 않아도 되니 고통도 없겠지요. 하지만 그토록 아름다웠던 당신과 함께하는 기쁨도 더는 누릴 수 없게 되었습니다.

1985년 10월 7일(시카고)

오늘 돌로레스 장례식을 치렀다. 그녀를 보내는 아름다운 예식이었다. 노숙인들과 지역 주민들까지 거의 백 명이나 모였다. 사제들, 포주들,

수녀들, 성매매 여성들, 백인과 흑인, 부자와 가난한 자 모두가 돌로레스 시신을 둘러싸고 어깨를 나란히 했다. 모두가 돌로레스와 만나 사랑을 나눴던 이들이다.

그녀의 가족도 만났다. 그녀의 어머니, 자매와 형제들이 모두 왔다. 이제 여덟 살이 된 그녀의 아들까지 누가 죽은지도 모른 채 따라왔다. 그들은 돌로레스가 왜 그렇게 상처를 입었는지 이해하지 못했다. 이 많은 여자들의 훌륭한 가정은 그 가정의 치부가 식구 중 한 사람에 의해 드러날 수 있다는 사실을 이해하지 못한다.

뉴욕에서 여기자 하나가 취재가 아니라 돌로레스에게 작별 인사를 하러 왔다. 그녀와는 1년 전 취재 때 친분을 쌓았다. 자신의 플라스틱 가방을 쓰레기로 채운 노숙인들이 그들이 알았던 테디 베어에게 작별 인사를 하러 하나둘 모여 왔다. 마크, 에스키모 조, 창조의 집에 사는 여자들, 수, 마리아, 주디, 자원 선교사 운동 공동체와 나는 이 브로드웨이의 장미가 우리 마음속에서 살아갈 것이라고 세상에 선언했다.

돌로레스, 당신은 사랑을 많이 받았군요. 당신은 정말 아름다웠어요. 오랫동안 고통스러운 나날이었지요. 나는 형언할 수 없는 슬픔에 빠져 있어요. 아, 너무나 고통스럽지만 그보다 그리움이 더 클 거예요. 다시는 돌아오지 않을 그리운 날들 ….

1985년 10월 8일(시카고)

혼자 있다. 무슨 생각을 하고 있는지 모르겠다. 몸이 많이 약해져서 조심조심 걷고 있다. 최근 몇 년간, 나는 그녀가 죽을 때까지 함께 있기를 원했다. 그녀도 내가 자신과 많은 시간을 보낸 것을 알 것이다. 내가 자신을 얼마나 사랑했고 자신으로 인해 얼마나 힘들어했는지를 이제 그녀도 알리라.

1985년 10월 10일(시카고)

예수의 제자

예수의 제자는 지친 채 침묵 속에서 깨닫습니다.
실패한 도전과 채우지 못한 열망의 어둠 속에서
자신이 젊음과 생기를 가지고 희망에 불타서
파견되었을 때의 정열을 기억하면서.

예수의 제자는 지친 채 침묵 속에서 자각합니다.
세상은 변하지 않았고 여전히 깊은 어둠 속에 있으며
꿈들은 사라졌고 시야는 흐려져 버렸음을.
이제 당신과 함께 어찌해야 하나요?

나는 첫 정열의 반짝임과 불꽃 뒤에서
질질 끌려 다니다 지쳐 버렸고
오랜 사랑의 줄다리기로 맥이 다 풀렸습니다.
그럼에도 지금은 가장 멋지고도 위대한 순간이며
궁극적 죽음의 때입니다.

이제 하느님 앞에 선 예수의 제자는
기진맥진한 채 침묵하며 홀로 서 있습니다.
"나는 거기 있었어요"라고 되뇌면서.

1985년 10월 14일

인적이 끊긴 아름다운 바닷가를 걸으면서 하느님의 현존과 돌로레스가 웃으며 나를 다독이고 있음을 느낀다. 덕분에 나는 평화와 고요한 기쁨을 체험한다. 이제 하늘나라에는 천사가 하나 살고 있다. 앞으로는 내가 그녀의 보호자가 아니고 그녀가 나의 보호자다. 그녀의 특별한 보살핌이 자원 선교사 운동과 창조의 집에 미치고 있다. 우리는 많은 축복을 받게 될 것이다. 돌로레스로 인해 피어날 장미들을 보게 될 것이고, 브로드웨이에 장미가 피어날 때마다 그녀를 떠올리게 될 것이다.

1985년 10월 15일(시카고)

죽음은 끝이 아니고 영원한 평화의 시작이다. 그것은 우리 삶의 최종 마무리이다. 우리 자신과 얼굴을 맞댈 때, 자신을 숨겨 온 가면을 벗을 때 그 순간은 온다.

그녀에게 삶에 대해 조언하고 그녀의 길을 바꾸기에는 우리는 너무 늦게 만났다. 그러나 이제 그녀는 삶을 안다. 이제 그녀는 자기 자신을 안다. 그리고 나는 그녀를 사랑했고 그녀도 그것을 안다. 그녀는 자신이 사랑받고 있음을 알고 죽었고, 이것은 내가 그녀에게 줄 수 있었던 가장 귀한 것임이 분명하다. 이 모두가 하느님의 기적이었다.

1985년 10월 26일(시카고)

한동안 글을 쓰지 않았다. 대신에 돌로레스를 기억했다. 기쁨에 가득 차서 웃고 있는 그녀를. 내가 돌로레스와 만나며 체험한 것과 그녀를 향한 내 사랑은 이 거대하고 외로운 도시에서 다른 여자들을 위한 열매를 맺게 해 줄 것이다. 무수한 테디 베어와, 수많은 돌로레스가 있다. 우리는 단지 시작했을 뿐이다.

1986년 1월 7일

모든 것이 얼어붙은, 아무 기척도 없이 하얀 눈으로 빛나는 바닷가를 걸었다. 햇빛이 환하게 비쳤지만 매우 추웠다. 아름다웠다! 나는 돌로레스를 생각했다. 몹시도 사랑했던 호숫가를 즐겨 산책하던 그녀의 모습이 떠올랐다. 얼어붙은 침묵 속에서 나는 마치 그녀의 현존을 느끼듯 미소 지었다. 새로운 창조가 생생하고 자유롭게 피어나는 것처럼 ….

　새해가 시작되었다.

맺으며

20년도 더 지나서 이 글들을 다시 읽으니, 내가 걸어온 여정에서 겪은 고통과 기쁨, 경이와 깊은 열정이 되살아남을 느낍니다.

내가 꿈꾸었던 지난 모든 시간을 깊이 들여다보자, 당시 함께했던 이들이 또렷한 모습으로 하나하나 되살아나네요. 돌로레스(테디 베어)는 여전히 나를 눈물짓게 하는군요. 거리의 술꾼 집시도 고통과 지혜가 담긴 크고 맑은 갈색 눈으로 나를 바라보네요. 성매매 업소에서 만난 고통에 찌든 여자들의 공허한 웃음소리도 여전히 귓가에 울립니다.

이 책에 나오는 모든 이들, 알코올중독자와 노숙자와 정처 없이 떠도는 여자들, 포주와 고객과 성매매 여성들이 내 삶에 가까이 다가와 많은 영향을 미쳤습니다. 그들은 나에게 영원히 잊을 수 없는 상처를 남긴 동시에, 인간 영혼에서 발견한 생명력과 희망을 향해 나아가게 해주었지요. 그들은 폭력과 눈물과 고통에 짓눌려 있었지만 어떤 울림과 진정성을 간직한 채 반짝이는 사람들이기도 했습니다. 가혹한 현실 속에서 무너졌음에도 꿈을 잃지 않았던 평범한 사람들이었습니다. 이런 점들이 나와 독자들의 마음을 흔들어 놓았는지도 모르겠습니다.

책에서 꿈꾸며 일구어 낸 창조의 집은 이제 존재하지 않습니다. 내가 시카고를 떠나올 때 새로운 프로그램으로 탈바꿈했지요. 애초에 창조의 집은 환대와 연민의 정신이 많이 부족했습니다. 그러나 창조의 집과 인연을 맺었던 여자들끼리 공동체를 이루고 그들의 모임은 지금도 계속되고 있어서, 서로 연락하고 치유해 주고 지지해 주고 있답니다. '소피아 서클'이라는 작은 재단 덕택으로 우리는 정규 모임과 피정도 진행하고 있습니다. 여자들 중 하나가 내게 그러더군요. "당신의 꿈은 죽지 않았어요. 우리가 당신 꿈이고 지금 이렇게 살아 있잖아요"라고요.

정말 그래요. 우리는 살아 있습니다. 여자들은 함께 긴 여행을 하면서 각자 짊어진 폭력과 학대, 약물중독과 성매매라는 굴레에서 회복되어 가고, 각자의 새로운 꿈과 가능성들을 서로 축복해 줍니다. 현재 우리에겐 집이 없지만, 하느님이 우리와 함께 계시고 항상 함께하실 것을 알기에 늘 기뻐합니다. 치유와 꿈꾸기가 계속되고 있답니다.

과연 『씨앗이 자라는 소리』가 뿌리를 내리고 꽃이 피어나는 모습을 나는 봅니다. 더 이상 자신의 몸을 팔지 않는 많은 여자들의 눈동자 속에 그 꽃이 피어 있습니다. 그들은 이제 자신이 하느님의 딸이라는 진실을 압니다. 이러한 깨달음이 이 책에 나온 모든 고통과 절망의 순간들을 상쇄하고도 남습니다.

예전의 일들을 기억하지 말고 옛날의 일들을 생각하지 마라. 보라, 내가 새 일을 하려 한다. 이미 드러나고 있는데 너희는 그것을 알지 못하느냐? 정녕 나는 광야에 길을 내고 사막에 강을 내리라(이사 43,18-19).

하느님은 광야에 길을 내십니다. 우리가 받은 참된 축복에 감사드릴 뿐입니다.

하느님의 영에 귀를 기울이면서 충실히 나의 길을 가려 합니다. 나를 이끌어 주시는 '여전히 작은 목소리'를 따라 이 세상과 교회 안에서 하느님의 딸이라는 자리를 찾으려 노력 중입니다. 최근에 펴낸 책, *In God's Womb*(Orbis 2009)에서 그 이야기는 계속됩니다.

에드위나 게이틀리